涉外经济法新问题研究

石小娟　著

燕山大学出版社

2020·秦皇岛

图书在版编目（CIP）数据

涉外经济法新问题研究 / 石小娟著. —2 版. —秦皇岛：燕山大学出版社，2023.6
ISBN 978-7-5761-0464-6

Ⅰ．①涉… Ⅱ．①石… Ⅲ．①涉外经济法－研究－中国 Ⅳ．① D922.295.4

中国版本图书馆 CIP 数据核字（2022）第 256913 号

涉外经济法新问题研究

石小娟 著

出 版 人：陈 玉			
责任编辑：张岳洪		策划编辑：唐 雷	
责任印制：吴 波		封面设计：吴 波	
出版发行： 燕山大学出版社 YANSHAN UNIVERSITY PRESS		地 址：河北省秦皇岛市河北大街西段438号	
邮政编码：066004		电 话：0335-8387555	
印 刷：涿州市殷润文化传播有限公司		经 销：全国新华书店	

开 本：700mm×1000mm 1/16		印 张：13.75	
版 次：2023年6月第2版		印 次：2023年6月第1次印刷	
书 号：ISBN 978-7-5761-0464-6		字 数：238千字	
定 价：56.00元			

前　言

2020 年，新型冠状病毒肺炎疫情全球大流行，对世界的影响，可以用"史无前例"来形容。这是一场"综合性危机"，是经济危机、社会恐慌、国家治理危机的"三合一"并发症。从经济层面上来说，疫情使人们对全球化产生了怀疑。20 世纪 80 年代开始的这波全球化，毫无疑问创造了史无前例的巨大财富。但此次疫情使得"逆全球化"已经是一个世界性的趋势了，中国再怎么努力恐怕都很难逆转。欧盟原本是作为欧洲区域人类共同体的典范的，但这次疫情一来，欧盟国家又都回到了主权国家的时代。未来 10 年，将会是一个民粹主义高涨的时代，也是一个动荡的时代。因此，包括贸易的经济与人权之间的物质性和制度性关系引起国际社会的普遍关注，所以对未来的中美关系不能那么乐观，中国需要两条腿走路，一条腿是合作，另一条腿是斗争，后者不可避免。未来的全球化，或许是"一个世界、两个市场""一个世界、两个体制"。本书就是在这样的背景下诞生，并有着自身独特的研究进路与结构安排。

在结构上，本书共分四章。

第一章的标题是"新型冠状病毒肺炎疫情下涉外经济的法律与人权问题"，以介绍有关问题的现状和意义为主旨。首先对此次疫情对中国涉外经济，特别是实体贸易领域的影响进行论述，接着对涉外经济法中经济、法律与人权的关系进行分析，最后探讨中国如何在法律上协调涉外经济与人权的关系，适应新型冠状病毒肺炎疫情后涉外经济的发展。

第二章的标题是"涉外经济法发展中几个关键理论问题"，以介绍在涉外经济发展中几个关键重要的理论问题展开，首先对涉外经济法中的国际法与国内法的适用问题进行分析，接着对现有国际经济框架下 WTO 金融规制理论与金融监管制度、金融工具的使用进行论证，对国内法下涉外经济法主体的理论功能进行分析，最后梳理了涉外经济纠纷解决的传统模式。

第三章的标题是"涉外经济主体的国内法规制"，首先从中国共产党在涉外经济法建设中的指导作用，政府通过反垄断规制涉外经济主体，进行探讨。其次，通过涉外经济主体对劳动者权益保护、劳动秩序保障等角度，分析了涉外经济法主体的内部规制。最后论述了涉外经济法律关系主体外部实践，说明对外规制的必要性。

第四章的标题是"新型冠状病毒肺炎疫情后的'一带一路'下涉外经济法的新发展"，首先呼应第一章经济发展中，特别是人权的保障已经是国际贸易考量的一部分情况下，论述涉外经济法中的人权保障。其次在新型冠状病毒肺炎疫情后，面对中美贸易争端困境、中国走出企业的风险，论述中国必须进一步改革开放。最后，提出了在国际经济领域合作的新趋势及涉外经济争议解决的新机制。

目　　录

第一章　新型冠状病毒肺炎疫情下涉外经济的法律与人权问题

第三章　涉外经济主体的国内法规制

第四章　新型冠状病毒肺炎疫情后的"一带一路"下涉外经济法的新发展

第一章
新型冠状病毒肺炎疫情下涉外经济的法律与人权问题

　　北京时间 2020 年 1 月 31 日，世界卫生组织将新型冠状病毒肺炎（COVID-19）疫情列为"国际关注的突发公共卫生事件"，2 月 28 日，又将疫情程度调至"非常高"，如今疫情已蔓延全球，世界各国先后限制人员流动，纽约股市、国际油价大幅下跌。我们可以看出，新型冠状病毒肺炎（COVID-19）疫情对中国进出口企业产生的巨大影响，是史无前例的。此时，个人权利保护与全球经济发展的关系突出显现。笔者通过对疫情影响涉外经济现象的梳理，对移民全球流动理论进行回顾、论述，探讨新型冠状病毒肺炎疫情下，法律与人权的平衡在涉外经济下的嬗变。

第一节　新型冠状病毒肺炎疫情对中国进出口贸易的影响

世界卫生组织宣布，将新型冠状病毒肺炎（COVID-19）列为"国际关注的突发公共卫生事件"即 PHEIC（Public Health Emergency of International Concern）。世界卫生组织总干事谭德塞宣布，主要基于中国感染者数量增加、多个国家都出现疫情两个事实，宣布将新型冠状病毒疫情列为国际关注的突发公共卫生事件。同时，强调不建议实施旅行和贸易限制，并再次高度肯定中方的防控工作举措。

一、国际公共卫生紧急事件（PHEIC）

（一）PHEIC

根据 2005 年世界卫生组织发布的《国际卫生条例》第 1 条规定，"国际关注的突发公共卫生事件"系指按本条例规定所确定的不同寻常的事件；通过疾病的国际传播构成对其他国家的公共卫生危害；可能需要采取协调一致的国际应对措施。该定义意味着出现了以下的局面：严重、突然、不寻常、意外，对公共卫生的影响很可能超出受影响国国界，并且可能需要立即采取国际行动。根据《国际卫生条例》第 15 条至 18 条的规定，一旦疫情被确认为 PHEIC，世界卫生组织能够对疫情发生国及其他各国提出临时或长期建议，具体涉及一系列加强防控、检疫、隔离观察等措施。截至目前，世卫组织共发布了 6 次 PHEIC，分别为 2009 年的 H1N1 流感病毒疫情、2014 年的野生型脊髓灰质炎病毒疫情、2014 年的西非埃博拉病毒疫情、2016 年的巴西寨卡病毒疫情、2018 年的刚果（金）埃博拉疫情以及此次的新型冠状病毒肺炎疫情。

（二）世界卫生组织发布此次 PHEIC 的主要内容

1. 此次 PHEIC 是临时建议

2020 年 1 月 31 日，世卫组织官网公布的关于此次 PHEIC 的官方报告分为 6 个部分，分别是"会议记录""结论和建议""WHO 的建议""致中国""致所有国家""致国际社会"，从中我们可以读出以下几点：这是临时建议而不是长期建议。公告在"结论和建议"部分①，委员会一致认为：现在符合国际关注的突发公共卫生事件的标准，并建议作为临时建议发布以下建议。在"WHO的建议"最后加粗部分表述："总干事宣布2019-nCoV的暴发构成了国际关注突发公共卫生事件，并接受了委员会的建议，并将其作为《国际卫生条例》的临时建议发布。"②从报告看，WHO的建议明确系临时建议，有效期限为三个月，根据《国际卫生条例》条例规定，该程序随时撤销，如果到期WHO没有延长，该临时建议自动失效。

2. 临时建议的主要内容

总干事提出的临时建议主要围绕疫情防控、加强监测、信息共享展开，包括：第一，没有理由采取不必要的措施干涉国际旅行和贸易。第二，必须支持卫生系统较弱的国家。第三，加快疫苗、治疗学和诊断学的进展。第四，打击谣言和错误信息的传播。第五，审查准备计划，确定差距并评估为确定、隔离和护理病例以及预防传播所需的资源。第六，与世卫组织和全世界分享数据、知识和经验。第七，战胜这场疫情的唯一途径是所有国家本着团结与合作的精神共同努力。世卫组织针对此次PHEIC向中国及其他国家发布的建议中并未限制国际旅行及贸易，甚至在对其他国家的建议中强调各国应谨慎采取限制人员和物资流动的措施。因为WHO报告陈述的七条建议，其中第一条"没有理由采取非必要的对国际旅行和国际贸易加以介入的措施"，表明世卫组织并不建议限制贸易和活动。

二、此次PHEIC给中国的对外贸易带来的影响

值得注意的是，虽然世卫组织强调不建议各国采取不必要的措施来限制国际旅行和贸易，但是这一则消息毫无疑问会对贸易伙伴和旅客的心理产生影响，从而导致外方取消订单或出口清关难度增加等情况发生。因为，此次发布PHEIC后，世界各国可据此更具正当性地对中国采取发布旅行建议，限制航空、船舶、车次，限制货物出入境等举措，冲击最明显的属于跨国旅游和国际贸易，对于已购买出发地（或目的地）为中国城市的国际航班的旅客而言，此次PHEIC后可能面临

---

① 原文表述"The Committee agreed that the outbreak now meets the criteria for a Public Health Emergency of International Concern and proposed the following advice to be issued as Temporary Recommendations."

② 原文表述"The Director-General declared that the outbreak of 2019-nCoV constitutes a PHEIC and accepted the Committee's advice and issued this advice as Temporary Recommendations under the IHR."

合同变更或解除的法律风险；对涉外企业来说，则可能因此次 PHEIC 面临国际贸易合同履行、变更或解除的法律风险，甚至在后续货物出口过程中可能将面对更为严格的船舶、船员和货物的检验和检疫，相应成本及法律风险也随之增加，货物买卖合同、租船合同的解除法律风险也随之增加。

（1）旅客国际旅行受到一定影响。目前看，基于两个原因：疫情及由于人员减少的商业考量。美国、加拿大、英国、俄罗斯等国主要是停止了向中国飞行的航班。同时，也有一些旅客旅行警告（美国已拒绝来自中国的外国人入境）。

（2）从当前形势看，新冠疫情对我国外贸企业的影响已经显现，部分外贸企业被迫停工停产无法完成订单。

（3）依据《国际卫生条例》的临时建议，可包括遭遇国际关注的突发公共卫生事件的缔约国或其他缔约国对人员、行李、货物、集装箱、交通工具、物品和（或）邮包应该采取的卫生措施，其目的在于防止或减少疾病的国际传播和避免对国际交通的不必要干扰。因此，出口货物无论电商小件运输，还是国际海运货物，在到岸港都有可能被强制消毒，船员、船舶检疫登港加大成本，未来引发索赔。

（4）海外买家开始拒收中国的产品。如果疫情在短时间内得不到控制，出口电商卖家的大量包裹将可能被拒收，退货退款情况将越来越多，产品无处可销；各国海关如加大对中国商品的清关限制，也将对我们的跨境物流企业带来致命打击。

三、针对 PHEIC 的影响，中国企业需谨慎应对

在此疫情下建议外贸企业从商业措施的采用到法律手段的使用，分情况、分区域、分阶段应对。

（一）商业应对建议

针对 PHEIC 的影响，中国贸易企业加强商业行为防控，进行商业应对，规避法律风险。

（1）区分订单情况，分别处理，外贸企业当务之急是对手里的订单和客户进行梳理，然后采取相应的后续补救措施。

（2）积极坦诚地与客户沟通，取得客户理解和支持。为不影响双方长久合作，与客户积极坦诚地进行沟通显得尤为重要，从而取得客户的理解和支持。受到疫

情影响导致合同履行困难的一方当事人，应当及时将疫情及其造成的合同履行困难通知对方，以减轻可能给对方造成的损失，也防范自身对损失扩大的赔偿责任。通知的时间、内容、形式及所附证明应当严格按照合同约定（如无约定，则按准据法）执行，避免丧失后续主张免责的权利。如果希望同对方当事人协商变更合同，应当及时向对方提出协商请求，提出合理的解决方案。

例如，若预期可能无法如期履约，可用如下表述："很显然，这次疫情短时间内不会结束。恐怕您的订单的排期会因为生产的推迟而改变。我们会竭尽所能组织货源并进一步告知进展。"[1] 如果已经确定延误，可用如下表述："我们很遗憾地通知您货期因疫情会延迟。我们在跟进中，会及时告知进展，同时也在竭尽所能加快进度。对此造成的不便表示歉意，谢谢您的耐心等待。"[2]

（3）前述沟通无效时，进出口企业还可以通过中国贸促会在各地的贸促机构，获得"疫情事实性证明"，进一步与客户沟通。"疫情事实性证明"近则可以获得客户谅解，维持贸易关系，远则在未来可能面对的诉讼或仲裁中作为免责的证据。

（4）航运企业与租船合同各方、保险企业、外国检疫部门积极沟通，争取出港航船、到港船舶放心进港。

（5）为保证未来上海、天津等港口继续作为国际邮轮母港，建议港口企业树立 WHO 认可的中国母港防疫措施的"零拒绝＋零感染"港口。除航运企业，港口企业应积极建立港口隔离区，采取船员登记制度、限制上岸措施等，为未来我国发展邮轮经济奠定基础。

（二）法律应对建议

世界卫生组织对 2019 新型冠状病毒肺炎的定性升级为"国际关注的突发公共卫生事件"，进一步加剧了中国经济面对的外部压力。预计，各国政府和企业可能会依据世卫组织的新宣布减少与中国的经贸往来。若通过沟通无法取得客户的理解和配合，出口企业、进口企业现在、未来需更多运用法律方式保护自身的合法权益。

---

[1]　原文表述 "Apparently the coronavirus issue will not be resolved in short period，we are afraid that the schedule of your order maybe changed due to the delay of production.We'll try our best to arrange the shipment and keep you updated."

[2]　原文表述 "We regret to inform you that the delivery will be delayed due to the novel coronavirus.We'll keep tracking the status and try our best to expedite.Sorry for the inconveniences caused and thanks for your patience."

1. 出口企业加强商业行为防控，规避法律风险

第一，避免未来产生对方的运输工具、运输人员、运输货物的检疫索赔纠纷。此次疫情暴发时间处于 12 月底，存在部分企业货物在疫情暴发时已发货、目前未到港的情形，而该批货物到港后，可能面临 WHO 有关文本条例提及的额外卫生措施。根据《国际卫生条例（2005）》第 41 条第 1 款的规定，对行李、货物、集装箱、交通工具、物品或邮包采取卫生措施的，将按照缔约国制定的价目表收费。故建议企业及时跟进货物运输情况，提前做好准备工作，以避免货物无法如期入境、交付买方的情形。如有必要，可与买方或运输方签订补充协议，明确货物检验、检疫、消毒、除污等权利义务的分配。

第二，进出口企业未来 PHEIC 期间审慎订立国际货物买卖及运输合同。由于《国际卫生条例（2005）》对进出口口岸有明确能力要求规定，因此建议企业订立国际货物买卖及运输合同前，提前核实拟定进出口口岸（包含机场和港口、陆路口岸）是否符合《国际卫生条例（2005）》第 15 条要求。因此出口企业应在合同中明确货物运输中的权责范围。

2. 出口企业通过境外贸易方的国内法维护权益

当我国企业面临境外贸易方以我国目前疫情为由要求解除或者变更贸易合同时，通过境外贸易方的国内法规则维护权益。例如，要求贸易外方企业，提供证据证明这次疫情使其所在国出台了禁止性强制规定，或者这次疫情导致货物本身品质下降以致不符合合同约定，或者这次疫情导致出现了其他可以解除或者变更合同的约定事由或法定事由。否则，境外贸易方无权以这次疫情为由要求解除或者变更贸易合同。

3. 出口企业面对贸易国限制措施，用好 WHO 及其规则，及时维护自身权益

依据《国际卫生条例（2005）》条款，缔约国有权采取包含检验检疫、拒绝货物入境等额外的卫生措施以保护其国民安全，但此次 PHEIC 中，世卫组织对中国及其他国家均未做出限制人员、货物流动的措施建议，如若出现因此次 PHEIC 造成货物在港口积压、无法入境、无法出境或相对方借故违约的，企业也有权积极维护自身权益。中国出口企业可以及时根据《国际卫生条例》的第 43 条第 3 款及第 5 款的规定："如果有国家实施额外的卫生措施，明显干扰国际交通，该国有义务在事件发生的 48 小时内，向世贸组织解释其行为的公共卫生原理及理由，世卫组织将审查理由，并可要求各国重新考虑其措施。"及时维护权益。

4. 合理适用不可抗力作为违约免责事由

第一，不可抗力和合同受阻，通常也是双方主张免责和解除合同的理由。不同于大陆法，英国法下并没有不可抗力的概念，因此要想引用不可抗力解除合同要看合同针对性的约定。现实合同中对于不可抗力的约定和措辞五花八门，有些直接简单地写不可抗力可以免责或者解除合同，有些会把相关的不可抗力情形详细列举，因此这里不能一概而论。无论如何，一般而言不可抗力要满足"不能预见、不能避免和不能克服"的要求。

第二，《国际商事合同通则》作为商事合同规则的国际统一私法文件，集中了各国合同法制度的最新发展。该通则第 7.1.7 条在规定不可抗力时，区分了若干不同情况，并规定了不同的法律后果：若不能履行的一方当事人证明其不履行是由于非他所能控制的障碍所致，而且在合同订立之时该方当事人无法合理地预见，或不能合理地避免、克服该障碍及其影响，则不履行一方当事人应予免责；若障碍只是暂时的，则在考虑到这种障碍对合同履行影响的情况下，免责只是在一个合同的期间内具有效力。我国《合同法》第九十四条、第一百一十七条、第一百一十八条以及《民法通则》第一百零七条、第一百五十三条以及《民法总则》第一百八十条都有不可抗力及民事免责的规定。我国法律语境下，不可抗力指不能预见、不能避免并不能克服的客观情况。

第三，通常说来，各国国内以及国际统一私法的国际立法中，均只概括性地给不可抗力下一定义，并同时确立不可抗力免责的原则，而很少具体列举属于不可抗力的情形。反而是，国际上通用的一些标准合同则通常会较详细地列举属于不可抗力的各种情形。如，国际咨询工程师联合会（FIDIC）拟订并在国际建筑界具有广泛影响的《生产设备和设计－施工合同条件》（1999 年版）第 19 条便是这样的规定。它列举了作为不可抗力的各种特殊事件或情况：战事、敌对行动（不论宣战与否）、入侵、外敌行动；叛乱、恐怖主义、革命、暴动、军事政变或篡夺政权，或内乱；骚乱、喧闹、混乱、罢工或停工；战争军火、爆炸物质、电离辐射或放射性污染；自然灾害，如地震、飓风、台风、活火山活动。

第四，在 PHEIC 的影响下，我国企业不能当然以新型冠状病毒肺炎疫情是不可抗力，未来主张合同违约责任的免除。因为，从各国立法、司法实践和国际标准合同的列举规定看，这其中并没有列举类似"新型冠状病毒肺炎疫情"或WHO 宣布疫情成为 PHEIC 情况下，合同一方不履行合同或不正确履行合同，会当然认定为不可抗力而免责。从 2003 年"非典"后，中国最高法院处理案件的司法实践和最高院于 2003 年 6 月发布的《最高人民法院关于在防治传染性非典型肺炎期间依法做好人民法院相关审判、执行工作的通知》以及相关案例，可知，认定 2003 年"非典"疫情本身是不可预见、不可避免，且在当时卫生医疗技术条件下为不可克服的，属于"不可抗力事件"。但不可抗力事件的存在，不必然导致免责，只有当不可抗力事件导致合同不能履行时，不可抗力事件方成为免责事由①，故此次 PHEIC 情况下新型冠状病毒肺炎疫情，是否当然可以适用不可抗力制度来寻求法律救济，未来仍需个案讨论、处理。对于企业而言，尽管不可抗力免责的情形判断是个案处理判断，但企业可以根据前述《合同法》《民法通则》和《民法总则》的相关规定，把握不可抗力制度的构成要件：一是客观性、不可预见性、不可避免性、不能克服性；二是不可抗力事件与合同无法履行后果之间存在因果关系；三是及时通知并在合理期限内提供证明。特别是不同法域下对不可抗力的理解差异较大，特别是普通法系下，是不是不可抗力无法律明文规定，通常是当事人在合同中约定。

合同、法律将是处理民商事合同法律事务和纠纷的基本依据。进出口企业，无论是贸易企业还是航运企业需要检视合同约定和法律规范，有助于及早判断自身享有的权利和面临的法律风险，有利于及早确定应对疫情影响的方案措施，从而赢得主动。因为，根据意思自治原则，如果当事人对不可抗力、情势变更的定义、法律后果、责任分担等作出约定，一般应优先适用当事人约定。如果合同没有约定或约定不明，应注意研判合同可能适用的外国法律、国际公约等，明确在域外法背景下企业自身的权利和义务。

5. 合理适用情势变更作为合同解除事由

第一，情势变更是大陆法系的概念，在英美法系中，情势变更与合同受挫、合同阻碍或合同落空相近。情势变更制度的本因在于衡平，但在 1999 年我国制定《合同法》时，没有作为一方解除合同的法定条款规定，直至 2009 年 5 月 13 日最高人民法院《合同法解释二》的司法解释出台，才最终明文规定了情势变更制度，使得情势变更终于有法可依。

第二，与不可抗力制度相近，民法上的情势变更制度，也是合同当事人在合同订立后因为自己不可预见，且无法避免和克服的原因，导致合同无法继续履行。如前所述，此次新型冠状病毒肺炎疫情下的合同，一些情况可以归为不可抗力，

---

① https: //nam11.safelinks.protection.out-look.com/?url=https%3A%2F%2Fmp.weixin.qq.

而另一些情况，则可能属于情势变更的范畴，应该以这一制度予以解决。

第三，情势变更制度的构成要件为：一是须有情势变更，合同依据的客观情况发生重大变化。二是该情势变更须有不可预见性，即重大变化系当事人在订立合同时无法预见的、非不可抗力造成的。三是该情势变更之发生须不可归责于当事人，该重大变化不属于商业风险。"情势变更"和"商业风险"的区别主要在于"情势变更"是双方当事人或一方当事人在合同签订时无法预见，因未预见或不应当预见，所以不可归责于该当事人；"商业风险"是双方当事人或一方当事人在合同签订时能够预见的，如未预见，则该未预见的后果应当归责于该当事人。四是若维持合同原有效力，显失公平。

第四，进出口企业把控情势变更制度的构成要件的同时，注意固定和收集疫情、防控措施及其造成（或不足以造成）合同履行困难的证据，例如政府部门通知、公告、命令等，企业自身受疫情及其防控措施影响而停止生产销售或者经营成本剧增等证据，造成未来合同目的落空，合理合法提出解除合同的应对措施。

受此次新型冠状病毒肺炎疫情影响的中国进出口企业，未来无论是依据不可抗力还是情势变更寻求法律救济，都应个案处理。因为，不可抗力制度的价值在于免责，情势变更制度的价值在于衡平。从法律救济上看，不可抗力的法律救济办法为解除合同并免除违约责任；而情势变更的法律救济为合同的变更或解除。从事件的影响范围来讲，不可抗力既适用契约关系，也适用侵权关系；而情势变更仅适用契约关系。从诉讼时效上看，不可抗力会导致诉讼时效的中断；而情势变更则不能。中国进出口企业，把握好这二者的区别，学会运用国际法、外国法及国内法相关规则，妥善收集、保留证据资料，做足事先法律风险预防评估，未来通过诉讼、仲裁、调解多渠道、多方式规避法律风险，应对纠纷，最大限度维护自身权益。

第二节　全球新型冠状病毒肺炎疫情下医疗物资出口的涉外法律问题

当前，全球疫情呈加速扩散蔓延态势。在做好自身疫情防控的基础上，有序开展医疗物资出口是深化疫情防控国际合作、共同应对全球公共卫生危机的重要举措。在疫情防控特殊时期，为有效支持全球抗击疫情、保证产品质量安全、规范出口秩序，除了国家相关部门加强医疗用品的生产、运输等管理外，已经从事医疗用品出口的企业或医疗用品出口捐助者，自身也要清楚医疗物资出口各个环节的潜在风险并及时防范。特别是，在对西方国家捐助或发生商贸往来之前，有必要注意我们与它们在制度、法律规则以及文化背景方面存在的差异，规避法律风险。

一、出口医疗物资企业生产流程中的注意事项及潜在的法律风险

（一）医疗物资出口的企业资质、生产能力问题及风险

疫情发生前，我国就有企业依据欧盟 CE 认证和美国 FDA 的申请程序，进行口罩生产、出口，但疫情暴发，特别是全球疫情暴发后，我国又有大批企业进入口罩的生产领域。在这种情形下，口罩的出口面临的不仅是标准问题，更重要的是质量若出现良莠不齐的情况，在海外的出口中，可能造成一定影响。因此，为有效支持全球抗击疫情，保证产品质量安全、规范出口秩序，商务部、海关总署和国家药品监督管理局于 2020 年 3 月 31 日联合发文《关于有序开展医疗物资出口的公告》（2020 年第 5 号）。基于此，建议企业：

1. 审视、检查和登记，避免出口清关受阻、延迟运输，防范潜在违约风险

依据《关于有序开展医疗物资出口的公告》（简称"国家三机构 5 号文"）这一行政规章，自 2020 年 4 月 1 日起，出口新型冠状病毒检测试剂、医用口罩、医用防护服、呼吸机、红外体温计的企业，向海关报关时，须提供书面或电子声明，承诺：（1）出口产品已取得我国医疗器械产品注册证书。（2）符合进口国（地区）的质量标准要求。因此，企业应当自身首先审视本企业是否是符合"国家三机构 5 号文"规定的医疗物资出口企业范围。（3）如果具备，立即在国家药监局官网进行网上注册登记[①]，并填写出口医疗物资声明模板[②]。

出口企业保证相关注册审批信息可在国家药监局网站上查询。防止由于疏忽，造成出口清关困难，影响运输，以及影响合同的按期履行，构成未来违约追责的风险。

2. 审视自身生产能力，防范未来对外的高额赔偿和对内的涉嫌犯罪

除医用口罩外，一般民用口罩技术要求含量低，很多企业容易转产生产。但企业须确定：一是自身是否具备生产出口民用口罩的能力，如生产的无菌条件要

---

① http://www.cirs-group.com/Uploads/image/20200401/1585732305_97477.png.
② www.nmpa.gov.cn.

求等。二是制造口罩的生产原料是否具备欧盟或 FDA 的销售质量要求。民用口罩按现有的"国家三机构 5 号文"规定也不强制要求法定检测，出口欧盟、美国国家都是以企业自身承诺检验，保证获得 CE 认证和 FDA 许可就可销售。因此，生产、出口此种口罩的质量担保义务是制造商自担的，企业要有清醒的认识。民用口罩也是防疫物资，生产企业要严把自身质量关，同时还要把控供货商或者合作商资质并尽到审查义务。即使企业把口罩对外销售出去、收到货款，如果销售出去的民用口罩不符合欧盟、美国、中国的基本质量要求，不仅出口企业未来会受到境外的索赔控告，而且在当前形势下，国内司法机关可以依法追究企业及相关责任人或控股股东的刑事责任，涉嫌犯罪，可以以生产、销售伪劣商品罪定罪处罚。此中风险企业一定要重视，如果无保证质量的能力，可以选择为有能力的企业做配套，万不可为"挣大钱、快钱"，最后倾家荡产。

（二）把控医疗物资出口标准问题及风险

实际上出口到欧盟和美国的医疗物资，除个别是获得进口许可证外，其他产品无论是口罩还是医疗器械都是通过自行申报获得 CE 认证或 FDA 等许可。对于合格的、有能力生产医疗物资的出口企业来说，只有充分了解欧盟法律对制造商的责任规定，了解认证、正确选择认证机构，才能规避现实和未来的法律风险。

1. 符合什么标准才能出口

正常时期，出口医疗器械质量，按照国际惯例，由进口国进行监管。我国《医疗器械监督管理条例》第四十四条明确规定："出口医疗器械的企业应当保证其出口的医疗器械符合进口国（地区）的要求。"在医疗器械产品出口的过程中，部分进口国（地区）有时要求出口医疗器械的企业提供由企业所在国政府主管部门出具的销售证明。为服务我国医疗器械生产企业产品出口，药品监管部门根据企业需求出具出口销售证明，这种销售证明属于服务性事项，不是许可事项，与产品通关无直接关系。因此，出口从民用口罩、医用口罩、医用防护服，到呼吸机、红外体温计等医疗器械的企业需获得欧盟的 CE 认证和美国 FDA 的登记。但现在居于全球疫情的非常时期，为解决目前出口的某些问题、保证出口质量、支持全球抗击疫情，依据"国家三机构 5 号文"，原则上出口企业出口新型冠状病毒检测试剂、医用口罩、医用防护服、呼吸机、红外体温计等医疗物资除符合欧盟的 CE 认证标准和美国 FDA 的登记标准外，也需要符合我国的质量标准。

2. 标准的认证及风险

就口罩而言，欧洲的检测标准分为 FFP1、FFP2 和 FFP3 三级，过滤效率由低到高。这与中国的 GB（国标）在分类方式等不少方面并非百分之百一致。因此，出口企业一定注意出口欧盟的产品需符合欧盟的法律、出口美国的产品需符合 FDA 的规定。

第一，欧盟的法律及 CE 认证。

目前市场上新近完成的医用口罩 CE 证书基本上都是基于欧盟医疗器械指令 MDD93/42/EEC 进行发放的。然而现在这其中存在一个潜在的危机：市场上部分口罩的 CE 证书可能还有一个多月就要换版了，将使用 MDR（EU2017/745）进行 CE 认证发放。当然，新指令 MDR（EU2017/745）和老指令 MDD93/42/EEC 之间有个三年的过渡期。即已经按照老指令 MDD93/42/EEC 认证过的，可以继续使用 CE 认证。在 2020 年 5 月 27 日之前得到认证，可以依据老指令 MDD93/42/EEC。如果没有 CE 证书的产品，到 2020 年 5 月 27 日 MDR 强制执行起，还没有认证结束的，必须按照 MDR 执行。2020 年 5 月 27 日以后申请认证的都按新指令 MDR（EU2017/745）[1]。

首先，出口企业自我宣称，并提供产品关键技术资料。

依据欧盟法律的认知，产品的制造商对设计和生产过程有详细的了解，最适合执行合格评定程序，因此制造商应继续单独承担合格评定的责任。根据评定参考欧盟的认证机构要求，企业如果出口，一般口罩、防护服、橡胶手套、护目镜、体温计等到欧盟市场，需要提供企业营业执照、企业生产许可证、产品检验报告、医疗器械注册证、产品说明书、标签、产品批次号、产品质量安全书、产品样品图片及外包装图片等资料认证，保证材料的真实性。

其次，出口企业自行保证质量。

依据欧盟法律，制造商必须为其产品的最终产品检验、测试和管理实施经认可的质量体系，以确保制成品符合经认可的欧盟类型和法律要求。质量体系必须包括以下要记录的要素：质量目标、组织架构、测试（在制造后进行）、质量记录以及监测方法。

再次，制造商对经济经营者（进口商、销售商）的法律义务。

依据欧盟法律，如果制造商的产品以他人的名义或商标销售，则该人将被视为制造商。制造商的责任也适用于组装、包装、加工或标签现成产品并以自己的名义或商标将其投放市场的任何自然人或法人。此外，如果任何人改变产品的预

---

[1] https://ec.europa.eu/growth/tools-databases/nando/index.cfm?fuseaction=directive.notifiedbody&dir_id=34.

期用途，使不同的基本要求或其他法律要求成为可能，则制造商的责任由他承担。

依据上述欧盟指令的法律，出口企业出口医疗物资进行 CE 认证，必须自行申报保证产品质量。首先申报不能造假；其次获得认证后，不能降低产品的质量。因为，对出口企业来讲，即使认证的产品到了欧盟市场上，制造商也对销售商销售的产品承担产品责任，并不能因为有认证就免除对最终消费者的责任。

最后，选好认证机构，避免 CE 认证虚假，导致进口清关受阻，产生重大损失。

按照欧盟认证的法律规定，CE 认证可以由欧盟任何一个成员国的授权机构认证，认证结果在其他欧盟成员国家都予以承认。同时，合格评定机构经常将其活动中与合格评定相关的部分分包出去，或者求助于附属机构。因此，中国制造企业需要了解哪些机构是欧盟合格的 CE 评定机构，避免认证机构不规范带来的未来风险。不符合 CE 的代价，包括产品不能依法供应欧盟市场、以前投放在市场的产品不能收回，甚至可能导致产品的扣押和（或）罚款。

目前，按照新指令 MDR（EU2017/745），符合 MDR 授权的 NB 公告机构从老指令的 56 家下降到目前的 12 家，也就是说，从 2020 年 5 月 26 日开始，针对医用口罩的 CE 认证审核机构可选性降低了 80%，出口口罩还没有认证的企业，未来，一是面临认证费提高，二是在老指令 MDD93/42/EEC 下的有授权的认证机构，出于谋利宣称有权认证（实际是过期虚假认证），企业选择了这样的认证机构，将面临货物运抵目的港的欧盟国家，海关不放行、无法清关进口，货款无法收回的潜在风险。

同时，新型冠状病毒肺炎疫情期间防疫产品出口欧盟最新注意事项：

根据欧盟 2020/403 号建议，为了应对防疫物资紧缺，相关医疗产品的合格评定和市场监管程序启动紧急措施。具体而言：对于符合 MDR 法规或 MDD 指令的医疗器械和个人防护用品，经过市场监督允许，可以在未完成评定手续的同时进行有限制的销售，但符合性评价手续仍然需要继续完成。欧盟成员国也可在疫情期间评估和组织采购没有 CE 标记的医疗器械（仅可提供给医疗工作者使用）。因此，即使在特殊时期有紧急程序来加速出口，对产品的实质性标准要求依然没有放宽，作为企业应该进行质量自我保证，因为即使暂时不用接受评定流程，但欧盟官方明确将会对防疫相关医疗器械和个人防护用品进行重点抽查，对进入欧盟的产品质量保证的默示担保义务没有免除，所以仍然需要以出口地区当地标准保证自身产品质量（中国同类产品质量要求），避免未来的产品责任和赔偿。成员国的相关市场监管当局应优先关注会对预期用户的健康和安全造成严重威胁的不合规 PPE 或医疗器械。

第二，美国的授权及进口认可。

首先，出口医疗物资关税豁免。

自 2018 年 5 月中美贸易战后，美国对我国出口医疗用品也加收高关税，但随着此次疫情在美国的蔓延，美国贸易代表办公室先后宣布关税豁免的决定。新型冠状病毒肺炎疫情在美国爆发之初，美国贸易代表办公室已经批准了有限数量医疗用品的关税豁免，包括对呼吸机和氧气面罩的统一关税系统（HTS）关税排除和对特定 MRI 设备、PET/CT 扫描仪和空气净化设备产品的关税排除。但是，许多中国制药和医疗用品以及用于制造医疗器械的大多数商品仍需遵守 301 条款的规定，或者正在等待 USTR 针对现有的清单 3 排除要求采取行动。因此，目前为了更好应对疫情扩大传播所造成的严重物资短缺和美国企业资金负担，美国贸易代表办公室对来自中国的医疗产品的 301 条款关税进行了放宽。因此，出口医疗物资企业敦促自己的贸易伙伴（美国进口商）尽快申请关税豁免，提高出口物资利润。

其次，产品排除的方法暂时有两种。

一是来自美国贸易代表办公室的联邦通知，单方面对于美国认为有必要的产品进行即刻生效的关税豁免（3 月 10 日、3 月 16 日、3 月 17 日和 3 月 31 日的联邦通知）。因为排除具有追溯力（自 2019 年 9 月 1 日起对被排除产品支付的 301 关税），所以关注排除的情况对于企业进行退税退款是有帮助的（排除条款将使受保护的产品在 2020 年 9 月 1 日之前享有豁免）。

另外在 3 月 13 日，美国贸易代表办公室宣布，对原先已进行第二轮排除的清单 1 商品给予延期：以前已被排除到 2020 年 3 月 25 日的两个 HTS 编号已延长到 2021 年 3 月 25 日（8412.21.0045 和 8607.21.1000）。此外，包含特定产品的 9 个 HTS 编号的排除也延长至 2020 年 3 月 25 日。

二是美国贸易代表办公室设置的紧急程序——在线提交产品排除的申请意见。所有意见必须通过 Regulations.gov 以电子方式用英文提交：在 Regulations.gov 上输入标签号 USTR-2020-0014，然后单击"搜索（search）"，找到此通知的参考信息，然后单击标题为"立即评论！（comment now!）"的链接，通过在"评论（comment）"区填写或在"上传文件（upload file）"区提交附加文档来发表意见。附加文档建议格式为 Microsoft Word（.doc）或可搜索的 Adobe Acrobat（.pdf）格式。提交过的内容可以在 Regulations.gov 中搜索标签号 USTR-2020-0014 查看。

再次，提交申请产品排除的意见时，应注意事项。

一是明确申请产品的范围和与应对疫情的关联。确定产品是否具有已知或潜在的医疗用途，或者可以用作药物或医疗设备的一部分或组件。可以明确的是此次关税豁免审查的范围将比以往的同类产品范围更广泛。与此同时，有理由相信美国贸易代表办公室的审查中会采取手段来确保本次产品排除不会被滥用。因此，必须精确解释该特定相关产品与对新型冠状病毒肺炎疫情暴发的反应之间的关系（是将产品直接用于治疗新型冠状病毒肺炎疫情还是限制传播，和／或该产品是否用于生产所需的医疗产品），并尽可能准确定义产品，明确产品相关物理、技术特征。

曾经申请过的产品可以通过此紧急程序再次申请。意见可以涉及"待决中或被拒绝的排除请求"的产品。任何先前的排除请求都可以重新关注新型冠状病毒肺炎疫情问题并重新提交。即使先前的排除请求正在 USTR 审查中，也应将其作为医疗排除请求再次提交，因为这样的申请可能会有更大的成功机会。

二是谨慎遵守关于意见文件的提交和撰写的要求。意见必须包含适用于该产品的 HTSUS 的十位数小标题，必须注明提交意见的个人或实体名称。附件形式的意见须将所有信息放在一个文件提交（不用另附说明文件，其他不应再单独提交）。

三是紧密注意 USTR 回应和相关产品动态。美国贸易代表办公室将在三个工作日内对意见回应，鉴于申请会在网站上被滚动方式审查，所以提交意见者应该紧密关注意见是否被回复。同时，鉴于关税豁免是对特定产品的决定，即使企业未申请，其他企业获得排除的申请也会适用于特定产品，因此关注最新的排除动态很有必要。

最后，医疗用品企业获得出口美国的资格及风险。

一是拟出口医疗物资的企业，准备基本材料。正规中国出口—美国进口，必须有以下文件才可以，缺一不可：（1）制造商登记号码（FDA Manufacturer registration number）；（2）进口商登记号码（若不是制造商）（FDA Importer registration number）；（3）工厂型号（Manufacturer item number）；（4）设备列表号（FDA Device listing number）；（5）FDA 预期使用规范（Importer Premarket Notification[510（k）]，unless exempt，or Premarket Approval）。（6）另外准备 DUNS number 给 FDA 向美国食品药品管理局、美国人类和健康服务部（DHHS）递交。

二是出口企业有保证符合质量体系要求的默示义务，谨慎面对检查。《联邦食品药品化妆品法案》把医疗器械分为三类，即 I 类"普通管理（General Controls）"产品、II 类"普通＋特殊管理（General & Special Controls）"产品和 III 类"上市前批准管理（Pre-market Approval，PMA）"产品。因此，这次抗击疫情的医疗物资特别是口罩、防护服、呼吸机等不需要批准，但企业正当医疗器械被允许／批准在美国销售时，制造商须知悉其应遵守所有适用的美国医疗器械要求，包括质量体系要求。当 FDA 出版检查指南时，其并未向公众公开指明将检查哪些医疗器械企业的检查计划。FDA 不会定期检查 I 类器械制造商，但可能会在出现疑虑时进行检查。因此对企业来说，销售到美国的产品与销售到欧盟的一样，出口企业如果保证的质量没有做到，未来会对美国市场的使用者承担严格的产品责任，甚至承担侵权人身赔偿责任的法律风险。

二、出口医疗物资企业出口流程中的注意事项及潜在的法律风险

企业出口医疗物资，除了获得出口认证等外，在合同的签订、履行过程中，也需要非常谨慎。

（一）对医疗物资出口的交易对象进口商的风险防范

1. 选择有信誉或有资金实力的进口商

新型冠状病毒肺炎疫情下，不仅国内蜂拥出现了几千家的口罩生产企业，大量制造、出口口罩等基本物品，国外的进口商也激增，个别进口商有基于谋取利益考虑，不具备能力却贸然组织进口，导致购置物资的销售、使用出现问题。这种错误的后果，无论是欧盟法律还是美国法律，作为出口企业的中国制造商和进口商要一起承担责任。因此，建议大规模产品出口的企业，在选择国外客户时，需要审慎。避免：一是由于进口商的不良或不规范造成医疗物资保存、使用错误，引发赔偿。二是大规模物资出口后，进口商无力偿还或恶意不支付货款。

2. 出口企业购买出口信用保险，防范未来进口商的破产或恶意违约的货款损失

特殊时期，整个市场风险很高，建议企业尽量选择较为安全的结算方式，如果采取的是 DP 或 OA 等风险较高的结算方式，务必投保出口信用保险以降低企业收汇风险。买方信用风险、国家风险二者可以统称为广义上的出口信用风险，是当今出口企业收汇风险发生的最为主要的原因，具体可以拆分为买方／银行拖

欠、买方拒收 / 银行拒绝承兑、买方 / 银行破产和政治风险。国内可以承保出口信用保险的保险公司有中信保、人保财险、太保财险、大地财险和平安财险，各家保险保单略有差异，但总体上中信保和人保是中国体系。

（二）医疗物资出口合同内容问题及风险防范

基于此全球疫情的形势，建议在合同的条款内容上，在以往的进出口合同易发争议点加强注意外，还需在医疗物资出口合同签订时，注意下述约定。

1. 支付方式，建议"预付款 + 发货同时支付尾款"，慎用信用证付款

依据 UCP600 第 36 条，银行对由于天灾、暴动、骚乱、叛乱、战争、恐怖主义行为或任何罢工、停工或其无法控制的任何其他原因导致的营业中断的后果，概不负责。银行恢复营业时，对于在营业中断期间已逾期的信用证，不再进行承付或议付。当然，这是极端情况，可能以前从来没有因为疫情的影响而带来封国及停工停产，谁都不敢说这次会严重到什么程度，所以慎重。

2. 口罩类的医疗物资，在合同中明确口罩等供货标准、用途条款

N95、KN95、FFP2、FFP3、KF94 是代指的口罩防护能力级别的编码，其中的 N 是美国标准，KN 是中国标准，FFP 是欧盟标准，KF 是韩国标准。字母后面的数字指的是防护能力，具体地说 95 就是可以过滤掉空气中 95% 的颗粒物，94 就是可以过滤掉空气中 94% 的颗粒物。而欧盟的 FFP2 和 FFP3 中的 2 和 3 则分别可以基本对应 95% 和 99%。但是这个分类基本上是针对普通的日常防护型口罩需要进行的分类，对于医用防护口罩和医用外科口罩，各国另有一套更加详细和严格的执行标准。如果销售的是普通的日常防护型口罩，除一定写出标准外，在合同中要注明是普通的日常防护型口罩，而非医用防护口罩和医用外科口罩。

3. 医疗用品的使用说明，书写清晰、详尽，防范风险

一是鉴于欧盟普通人没有佩戴口罩的习惯，此次疫情期间才开始大规模使用，建议出口企业在合同里，或在产品外包装上，对口罩的使用方法有清晰的说明指导文字。二是不同无菌物品具有不同的有效期，因此，使用说明中注意储存期间的书写，对无菌持物钳、无菌溶液、无菌盘的说明需清晰，防范使用不当引起人身损害的赔偿责任。当然，有能力、出口量大的企业，建议对易耗医疗物资进行技术改进，根据欧美人的鼻骨、脸型、身材、骨骼的情况，在口罩设计上如何更贴合、密封面部，防护服则在长短肥瘦规格、舒适度上适合欧美人。

三、出口、对外捐赠的医疗物资，未来潜在的法律风险及规避

出口、对外捐赠医疗物资，这些抗疫物资涉及人身身体健康，在美国是一件很大的事情。政府 FDA 的罚款可能是有限的，但是集体诉讼额一般都是天价，企业赔光破产，也不是没有可能。

（一）企业出口医疗物资，尽管利润较大，但企业要极其小心，做好风险预估，积极投保产品责任险

因为无论欧盟的法律，还是美国法律，出口商、制造商不仅合同有质量保证责任，还有最终的产品责任。产品责任在欧美都是严格责任，尤其在美国存在惩罚性赔偿，因此，建议出口企业投保产品责任险或商业综合责任险，建议选择美国或英国的保险公司进行投保，其中，商业综合责任保险 CGL 条款，是在全球特别是北美地区被广泛认可的责任险条款。

（二）向美国捐赠医疗物资，建议通过美国 CDC 公益网站捐赠

1. 捐赠物资仍需严把质量关

中国的法律对于捐赠行为的法律后果规定比较宽松，但不代表其他国家也一定是这样，尤其是法律非常**繁复**的西方国家。有捐赠意愿的企业一定要把好质量关，不要认为捐赠就一定可以免责。因故意或重大过失造成对方财产损失的，免责条款肯定无效。比如，捐赠呼吸机的质量不符合美国标准，导致了新冠患者的死亡，死者家属就有可能状告捐赠方或者生产厂家。美国专门有风险诉讼律师会取得民众授权，合并形成集体诉讼。美国的此类集体诉讼律师业非常发达，非常擅长诉讼外国企业，尤其生产涉及身体健康有关商品的企业很容易成为目标。

2. 对美捐赠医疗物资的风险意识

在援助的同时，也应该重视美国国内关于相关产品的标准。捐赠物资的标准应符合美国医疗产品的准入标准，并且根据使用的场合（个人普通使用／医务使用等用途）进行细分。比如口罩，根据美国法律，医务工作者的口罩通常必须在食品和药物管理局（FDA）认证的生产线上生产。用于建筑工人和其他工业用户的口罩由国家职业安全与健康研究所（NIOSH）批准。这两种口罩的法律地位各不相同。通过 FDA 审查的医用口罩制造商可以根据联邦法律免于承担责任，但非 FDA 认证和通过的口罩却没有这样的保护。

如果其他型号口罩只是进行捐赠，给医护人员使用，会导致可能的索赔吗？答案是完全可能的。因为提供未经批准的设备给医护人员进行使用，日后医护人

员遭受感染，完全有理由以此起诉医院，而医院也很有可能因此对捐赠者进行一些法律追责。在 2020 年 3 月 28 日，为了应对医用物资短缺的情况，FDA 发布了紧急使用授权（EUA），其中新批准了一些没有经过 NIOSH 批准的口罩。其中，日本、韩国、欧洲、澳大利亚、巴西和墨西哥的满足特定标准的口罩，日本制药和医疗器械（PMDA）/ 厚生劳动省（MHLW），欧盟 CE 标志，澳大利亚 ARTG 证明和加拿大卫生部审批准许上市的口罩，符合本次紧急使用授权资格。很明显，来自中国包括 KN95 在内的非 N95 口罩都被排除在授权之外，来自中国的医用口罩除非满足 NIOSH 的 NIOSH-N95 标准才能够提供给医护人员使用。因此，当下的美国医院在官方交流通道上并不接受 KN95 口罩，即使是免费捐赠，一切都要看 FDA 批准了什么。

（三）出口企业、捐赠物资方在销售合同和捐赠协议中可以约定争议解决方式和争议解决条款，最大限度防范风险

出口企业等可以在出口合同里约定国际调解、国际仲裁等方式解决未来的纠纷。在捐赠合同协议里要求对方免责声明。随着中国已经加入《新加坡调解公约》，该公约将在 2020 年 9 月生效，相信此次抗疫活动中的纠纷，可以借助这种新方式和谐解决未来的纠纷。

四、结语

突发的新型冠状病毒肺炎疫情，对人类造成了史无前例的威胁，中国政府、中国人民经过艰苦卓绝的斗争，使疫情在国内缓解。面临全球范围的疫情大流行，中国企业、中国人民竭尽所能，支持世界各国抗疫。但在复杂的世界政治格局、脆弱的商业环境下，无论企业出口医疗物资还是善意捐赠出口医疗物资，我们既要做到支持世界抗击疫情，践行人类命运共同体理念，也要有法律风险防范意识。

第三节　国际移民与涉外经济发展的互动性

21 世纪，在全球化的背景下，国际移民愈演愈烈，本节通过对国际移民正反两方面的简述，警示我们必须妥善看待和应对全球移民问题，鼓励合法移民，扼制非法移民。分析移民问题对世界政治、经济、文化的影响，从国际社会，各

国有关移民的相应的法律制度，以及对移民的人权保护，可以看出促进全球移民正常有序流动是当务之急。

伴随全球一体化的迅速形成，国际移民作为重要的全球性问题日益突出，非法迁移越来越引起人们的重视。联合国和国际社会开始重新审视国际移民问题，许多国家纷纷调整本国移民政策。如何对国际移民进行人权的保护，成为世界关注的一个重大问题。保障国际移民的合法权利，以及打击跨国移民犯罪问题等，越来越成为被各国普遍关注的法律问题。但一直以来，对于国际移民，国际上缺少统一的法律规范来加以调整，法律规范的缺失导致了在经济全球化进程中存在着贸易和资本的自由化与劳动力自由化的不对称现象，并且产生一系列复杂的国际层面问题。同时，改革开放40多年来，外国人进入中国的人员逐年递增，近十年来中国公民也以各种形式前往世界各地定居、居留，这在促进国际交流的同时，如何保护在我国境内的外国人和中国公民及法人在海外权益的保护成为一个重要的法律问题。

一、国际移民的正反两面

一般而言，从移民是否合法为标准可将国际移民划分为合法移民与非法移民，在世界的移民浪潮之中，非法移民这股愈演愈烈的"暗流"与合法移民一起构成了国际移民的正反两面。关于移民的概念，学术界对它的理论界定存在着不一致的理解和使用，主流的观点建议使用联合国和国际移民组织的定义。联合国定义的移民为：定居在某一外国至少一年的个人，而通常的用语包括一定种类的短期移民。[①] 国际移民组织（IOM）认为：在国际层面上，并不存在一个被普遍接受的定义，移民通常被理解为涵盖所有情势下基于"个人便利"的理由并且没有对外驱逐因素而自由决定迁徙的人，该术语因此也适用于个人、家庭成员，他们迁徙至另一个国家或地区的目的是改善其物质或社会条件并提升他们或其家庭的发展前景。[②] 国际移民组织对非法移民的定义为：在错误的时间和地点进入一个国家的外国人，他们躲避官方的检查、通过欺诈来获取入境许可或通过虚假结婚而规避移民法。这也包含在其他的类型中，即没有合法签证而企图秘密进入一个国家的人，使用伪造证件的人，以及持有合法签证入境超过停留期限而滞留的人或

① Irregular Migration and Smuggling of Migrants from Armenia, P.56, International organization for Migrant（IOM）, Jan.2002.

② International Migration Law: Glossaryon Migration, P40, IOM, 2004.Http: //www.iom.int.

侵犯了入境相关法律没有取得获准而滞留的人。[①] 由此可以看出非法移民包括非法偷渡和非法滞留移民两种。

随着资本主义和殖民主义在全球的扩张，国际移民迅速发展，在"二战"之后达到高潮。21世纪，在全球化的背景下，随着经济、技术、信息的流动，必然促进人员的流动，我们进入一个新的时代——"移民时代"。据联合国前秘书长安南2006年6月6日发布的《国际移徙与发展》中指出，在1990年全世界有1.5亿移民，而2005年这一数字已增长到1.9亿，全世界平均每34人里就有一个移民。美国成为最大的移民输入国。世界各国都欢迎和需要合法移民，世界各国都需要持续吸收专业人员和技术人才等合法移民。合法移民可以促进经济、社会、文化的发展。在某种程度上，合法移民可以给输入国带来诸如：技术移民带来高新技术，投资移民带来外国的资金，劳工移民带来人力资源。然而非法移民在全球迅速蔓延，成为21世纪影响国际社会的一道难题。特别是"9·11"事件以来，非法移民作为一种非传统安全因素对国际社会产生的强大冲击而日益受到国际社会的重视。如果移民问题没有得到有效的解决，则可能造成经济停滞、社会犯罪、种族冲突等一系列政治、经济、文化问题。

以中国的实践为例，最早关于移民的说法是秦朝徐福东渡，自明朝郑和下西洋后，中国人开始大量迁居南洋地区。近年来，随着中国的改革开放，中国的海外移民进入高潮。相对于历史悠久的海外移民，中国的非法移民却只有几十年的历史。非法移民虽然历史短暂，但浪潮汹涌。如福建、浙江、广东等东南沿海地区的非法移民是中国非法移民的主要输出地，目标遍及全球，如北美、西欧、澳洲、日韩、东南亚等地。非法移民的数量客观存在却难以统计，中国的非法移民在移民中所占的绝对数量大。这些在海外的非法移民的确给当地带来某些管理上的不便甚至不良影响，但不可否认的是，这些非法移民也为当地作出了贡献，因此他们与合法移民同样具有对基本人权的享有。

二、国家对移民入境的限制权

长期以来，人们经常对是否存在主权国家直接限制外国移民的规则展开争论，而焦点往往在于两项原则之间的冲突。希博特对此以以下方式提出疑问，

---

① Irregular Migration and Smuggling of Migrants from Armenia, P.56, International organization for Migrant（IOM）, Jan.2002.

即是否有一项国际法规则要求允许外国人进入其本国领土。为了解决这个问题，便援引了两项原则：第一项原则是国家主权原则，是具有绝对性的原则；第二是平等互惠原则。是否会影响美国移民政策也受到人们的关注。如何协调移民迁移权利与国家安全之间的关系，前项原则是 20 世纪早期盎格鲁－撒克逊学派的主流观点。后一原则起源于《世界人权宣言》第 13 条第 2 款，受到欧洲大陆和拉美学者的肯定。国际法学家阿尔柏利克斯·贞提利斯对国家主权原则和自由迁徙原则进行阐述。第三国的统治者应当避免由于外国人的进入而在本国境内引起恐慌。

当年，格劳秀斯更强调国家主权原则。普芬道夫的《自然法与习惯法》出版后，对统治者拒绝外国人入境的权利进行限制的要求越来越强烈。最后普芬道夫确立规则实现国家主权和自由迁徙有机结合：如果外国人不是出于必要或者值得同情的理由要求入境，每个国家都可以根据自己的标准作出是否允许其入境的决定，但是必须保证不能对那些出于和平目的进入他国领土的外国人产生歧视或敌意。在"尼史姆拉·艾库诉美利坚合众国案"中，格雷大法官说道："国际法普遍承认这样一项准则，即任何主权国家均有权禁止外国人进入其领土，或者只允许外国人在符合特定条件时入境，这一权力是主权国家与生俱来的，也是维护本国安全必不可少的要素。"加拿大枢密院也在"玛格露诉陈缇昂案"中作出了判决。这两起案件具有极大的相似性。后者涉及 1881 年的《维多利亚省华人法案》，前者主要涉及作为《排华法案》补充的 1891 年的移民法案。在案件中，移民机构拒绝了一位东方移民的入境申请，该移民曾提出移民机构援引的法律违宪。在"加拿大司法部长诉凯因·杰华拉案"中，枢密院甚至认为拒绝一个外国人入境并不违反国际礼让原则。虽然，基于世界范围的经济萧条、偷渡活动日益猖獗和申请避难的人数不断增加，近 10 年来，各国有开始重新严格控制移民的移民立法的趋势，笔者仍然以为，普芬道夫主张的确立规则实现国家主权和自由迁徙有机结合，更符合经济全球化与人类发展的大趋势。

三、有关移民的法律制度

（一）国际社会

面对日益复杂的国际移民问题，联合国、国际移民组织、国际移民问题全球委员会构建全面完善有效的国际移民法体系具有重要的理论和实践意义。在国际社会当中，有关移民的法律制度主要包括多边国际公约、双边条约和区域性法律。

1. 国际公约

在国际移民权利保护领域，联合国的一些具有"软法"性质的国际宣言及多边国际公约将跨国自由迁徙权确定为一项人权加以保护。1948年《世界人权宣言》第13条确定了跨国自由迁徙权，规定"人人有权离开任何国家，包括其本国在内，并有权返回他的国家"。1966年《公民权利和政治权利国际公约》第12条也规定："人人有自由离开任何国家，包括其本国在内。"1990年12月18日联合国大会通过《保护所有移徙工人及其家庭成员权利国际公约》。该公约建立了一项全面的可以普遍适用的基本规范，为所有移徙工人及其家庭成员的权利提供国际保护。该公约确定了不同类别移徙工人的国际定义。该公约正式规定接受国有责任维护移民的权利，并确保他们得到保护。1957年10月10日，当时，在联合国的倡导下，德国、法国、意大利、瑞士、比利时、西班牙、希腊、印度、以色列、葡萄牙、巴西、秘鲁等国在比利时的布鲁塞尔签署了《有关偷渡者的国际公约》（又称《国际偷渡公约》），该公约于1991年8月18日生效。"2000年的《联合国打击跨国有组织犯罪公约关于防止、禁止和惩治贩运人口特别是妇女和儿童的补充议定书》得到18国批准，旨在防止和打击贩卖人口，特别是贩卖妇女和儿童，保护和帮助人口贩卖的受害者，并促进缔约国在实现这些目标方面的合作。此外《2000年联合国打击跨国有组织犯罪公约关于打击陆、海、空偷运移民的补充议定书》得到17国批准，旨在打击和防止偷运人口，重申移民本身不是犯罪，移民可能是需要保护的受害者"[1]。

2. 双边条约和区域性法律

在非法移民国际法律控制的合作机制中，双边合作机制是国际合作的初级阶段，在目前国际多边合作机制还不完善的情况下，国家间的双边合作机制处于非常重要的地位。例如：美国和墨西哥联合制定与实施了"边境安全计划"（BSI）的双边战略，其目的是减少试图偷渡美国南部边境的移民伤亡。2000年6月19日中美双方在北京签署《中美刑事司法协助协定》。1997年5月，在《中法联合声明》中两国政府声明："双方将在反对贩毒、洗钱、非法移民和偷渡网络，以及其他任何形式的有组织跨国犯罪方面展开合作。"2001年7月16日，中俄双方在莫斯科签订了《中俄睦邻友好合作条约》，第20条规定："缔约双方将合作打击非法移民，包括打击通过本国领土非法运送自然人的行为。"关于区

---

① 联合国2002年国际移民报告，ST/SEA/SER.A/220/ES，www.Un.Org/esa/population/publications/ittmig2002.

域性法律安排，1992 年的《马斯特里赫特条约》、1996 年的《申根协议》以及 1997 年的《阿姆斯特丹条约》为欧洲移民政策制定了一个总的合作框架，成为确定欧共体公民在欧共体内部自由流动的法律基础。2002 年欧盟首脑会议通过的打击非法移民的措施之一就是严格法规，如建立签证资料认证统一标准时间表。2005 年 5 月 27 日，奥地利、德国、法国、西班牙、卢森堡、比利时和荷兰签订《普鲁姆条约》（THE TREATY OF PRUM）。该公约全面涉及欧盟各国对跨国界迁移的协作问题，包括信息互换、打击非法移民、联合跨境政策合作等。

（二）发达国家

解决国际移民是一项长期而艰巨的任务，各国必须制定或完善有关移民政策、打击非法移民的法律与法规，做到有法可依，有法必依，执法必严。美国以《移民与国籍法》为中心，规定了美国的移民配额、移民的签证制度，划分了移民的种类以及归化入籍等等，辅助法律有 2007 年的《护照法》、1986 年的《移民改革及控制法》、1996 年的《非法移民改革及移民责任法》[①]。

1997 年 6 月英国实行移民政策大调整，废除了"优先类别移民"规定，"9·11"事件后，英国政府宣布全面修改《国籍和移民条例》，并针对可能发生的恐怖活动，将严格反恐怖主义法律，修改引渡法。英国政府为促进国内经济的发展，积极鼓励专业人士和技术人员移民英国。这方面的措施有：效仿美国"绿卡"政策，向拥有相当专业技能的外国人颁发许可证，以便他们进入英国工作。[②] 在日本，有关移民法规主要有《出入国管理暨难民认定法》和《外国人登记法》，与之配套的有《外国人法》《出入境条例》《日本旅行护照法》等。[③]2007 年 1 月 15 日，第 110—03 号《外国公民在俄罗斯联邦的法律地位法修正案》和 109—03 号《外国人或无国籍人士在俄罗斯联邦的登记法》开始生效。

（三）发展中国家——以中国的实践为例

尽管目前在中国偷渡活动有了很大的下降，但在 20 世纪末 21 世纪初，中国由蛇头组织的偷渡活动非常频繁，受蛇头蛊惑，很多的人不惜生命的代价，走上命运叵测的旅行，使得中国的移民问题堪忧。作为世界上最大的发展中国家，中国在移民方面的政策和法律法规一直在逐步完善。早在 1979 年，刑法典中就规

---

① Laura S Adams, "Divergence and the dynamic relationship between domestic immigration law and international human right", Emory Law Journal, 2002.

② 张茂盛，《英国移民历史和移民问题浅析》，《福建公安高等专科学校学报》，2004年第2期，第23页。

③ 翁里，《国际移民法理论与实践》，北京：法律出版社，2001年，第361页。

定了偷越国境罪和组织、运送他人偷越国（边）境罪。《全国人民代表大会常务委员会关于严惩组织、运送他人偷越国（边）境犯罪的补充规定》已由中华人民共和国第八届全国人民代表大会常务委员会第六次会议于1994年3月5日通过，自公布之日起施行。为了严惩组织、运送他人偷越（偷渡）国（边）境的犯罪分子，制止偷越国（边）境的违法犯罪活动，维护出入境管理秩序，补充规定对"组织他人偷越国（边）境的；以劳务输出、经贸往来或者其他名义，弄虚作假，骗取护照、签证等出境证件，为组织他人偷越国（边）境使用的；为他人提供伪造、变造的护照、签证等入境证件，或者倒卖护照、签证等出入境证件的；运送他人偷越国（边）境的；偷越国（边）境的；负责办理护照、签证以及其他出入境证件的国家工作人员，对明知是企图偷越国（边）境的人员予以办理出入境证件的；边防、海关等国家工作人员，对明知是偷越国（边）境的人员，予以放行的"明确了相应的惩罚措施。1997年修订的《中华人民共和国刑法》保留了本规定，其中有关行政处罚和行政措施的规定继续有效。1985年颁布了《中华人民共和国外国人入境出境管理法》和其后的《中华人民共和国外国人入境出境管理法实施细则》，1995年颁布了《中华人民共和国出入境边防检查条例》。从中可以看出，我国的法律法规体系中，没有使用"移民"和"非法移民"这两个词语，立法的内容是以我国公民和外国人的"出入境行为"展开的，另外，在有关行政法规中使用"偷渡人员"[①]代替了"非法移民"的概念。把"非法移民"概念引入中国法律是大势所趋，中国正在逐步制定和完善有关国内法律法规，完善出入境证件审批查验手续。2008年3月20日，中国移民管理能力建设项目在北京启动，该项目执行期限为24个月，由国际移民组织执行管理，国际劳工组织、中国外交部、公安部与人力资源和社会保障部共同合作，旨在通过技术、信息和人员的交流，促进中国与欧盟之间的合作，同时增进中国和欧盟成员国对彼此移民管理体系的了解与交流。综上所述，在全球化的大背景下，必须首先妥善看待和应对全球移民问题，各国要正确对待非法移民与合法移民的关系，进一步完善移民政策。应本着"开明渠、堵暗道"的原则，在最大限度地遏制非法移民活动的同时，努力促进移民正常、有序流动，鼓励合法移民为目的国和来源国的经济发展作出贡献，实现双赢。

---

① 龙冠海，《社会科学辞典·社会学卷》，台北：台湾商务印书馆，1973年，第170页。

第四节　从中西人权观比较看人权在涉外经济上的体现

2008年西藏拉萨"3·14"打砸抢烧严重暴力事件，使中国人权问题再次成为国内外热切关注的焦点。可见研究中国人权的特殊性有着重大的理论和现实意义。人权就是人依其自然属性和社会本质所享有的和应当享有的权利。从人权的起源入手，进而分析了中西人权观差异，启示我们要建设有中国特色的社会主义人权。

2008年是不平凡的一年，对西藏拉萨"3·14"打砸抢烧严重暴力事件，海外一些怀有偏见的媒体不顾客观事实攻击西藏的人权状况，误导国际舆论，混淆视听。1951年西藏实现了和平解放，1959年进行民主改革，实行人民民主政治制度。这些年来，中国特别是西藏地区在人权方面取得的进步是有目共睹的。我们要戳穿美国的"人权外交"的本质，反对霸权主义、强权政治，反对西方敌对势力对社会主义国家发动的"人权攻势"。大量事实证明，研究人权有着重大的理论意义和现实意义。

一、人权的由来

（一）西方人权的由来

对于"人权"这个概念，学术界一般认为它起源于西方，历史悠久。首次提出人权概念的是意大利的伟大诗人但丁，他指出：人类的目的是要建立统一的世界帝国来实现普天下的幸福，而"帝国的基石是人权"。[1]有关人权的主张最早产生于14世纪到16世纪的文艺复兴时期，到了17世纪和18世纪发展成为系统的人权理论，此后直到20世纪都在发展和变化中。人权是资产阶级反对封建特权的产物，为了巩固资产阶级革命胜利成果，资产阶级各国以宪政来确保人权。如英国1215年《大宪章》和1690年《英国权利法案》，1776年《美国独立宣言》，1789年《法国人权和公民权宣言》。以1776年《美国独立宣言》、1789年《法国人权和公民权宣言》为标志，近代意义上的人权观得以确立。"资本主义的商品经济是近代人权产生的经济基础，资本主义民主政治是近代人权产生的政治基础，18世纪的资产阶级革命则充当了近代人权降世的助产婆。"[2]可见，资本主

---

① 但丁，《论世界帝国》，朱虹译，北京：商务印书馆，1985年。
② 李步云，《人权制度与理论的历史发展》，《走向法治》，长沙：湖南人民出版社，1998年第419页。

义的发展历史，同时也就是人权发展的历史。

（二）中国人权的由来

虽然人权的口号是由资产阶级为了反对封建统治阶级而提出来的，但这并不代表人权就是资产阶级的专利。从马克思恩格斯的大量经典著作中我们可以看出其中包含了丰富的人权思想。19世纪40年代，马克思主义的人权思想和人权理论随着马克思主义的诞生而产生，是无产阶级反对资产阶级的阶级斗争的产物，它以辩证唯物主义和历史唯物主义为基础，批判和继承资产阶级的空想社会主义的人权思想，又与资产阶级的人权观有着本质的区别。"中国人权观是中国人民在世界反帝、反殖、反霸以及和平与发展的进步潮流的推动下，在反帝、反封建的民族民主革命以及改革开放和现代化建设的实践中形成和发展起来的；是马克思主义与中国革命和建设实践相结合、国际社会关于人权的普遍原则与中国的具体国情相结合的产物；是建设中国特色社会主义理论的重要组成部分。"[1]1917年，俄国十月革命胜利以后，马克思主义人权思想开始在中国广泛传播。

二、中西人权观差异

中西人权观有不同点也有相同点。西方的人权观在宣扬人的价值、保护人的权利、反对封建特权和神权方面具有积极意义。但其脱离具体历史条件来讲人权，认为人权是抽象的，是其缺点。对于一些西方国家搞"人权外交，人权高于主权，人道主义干涉"，中国主张通过平等对话的方式去解决各国所关心的问题，反对借口人权问题干涉别国内政，搞强权政治。"人权既具有普遍性又具有特殊性，各项人权的不可分割性和相互依赖性已经成为一项公认的、并一再得到重申的国际人权法原则，但这并不排除不同国家基于自己的民族特性和地域特征以及不同的历史、文化和宗教背景做出自己的人权安排，甚至即使是同一个国家，在不同的历史时期可能会更重视或强调某项人权。"[2]中西人权观的差异主要体现在中西方对人权强调的方面即对人权的侧重点有所区别。

---

① 魏联合，《中西方人权观比较》，中共中央党校硕士学位论文，2001年第3页。
② 徐显明，《国际人权法》，北京：法律出版社，2004年。

（一）中国强调生存权和发展权，认为生存权和发展权是首要的人权，西方强调政治权利

中国是一个发展中国家，目前还处于社会主义初级阶段，人口多，底子薄，政治经济发展不平衡。这就决定了中国首要的基本权利就是生存权和发展权。只有大力发展生产力，才能提高人民的生活水平，从根本上解决人民群众最为关心的切身利益问题，比如医疗、住房、就业、上学等。生存权和发展权是实现和保障人权的根本途径。西方发达国家的生产力水平比较高，有优越的物质财富，美国经济、社会、文化权利都是由执政党的政策决定的，它们是从属于政治权利的，只要政治权利有保障，这些权利就可以得到解决。西方大多数学者谈到人权时，往往强调公民的政治权利，而回避甚至否认生存权和发展权是首要的人权。国情的不同导致中西方对人权强调的侧重点不同，中国的基本国情决定中国首要的基本人权就是生存权和发展权。人们要想享受政治权利，首先必须能够生存，没有生存权，其他权利则无从谈起。随着生产力发展，人民生活水平的提高，国家的民主法治建设的不断完善，相信我们的政治权利也会不断完善。

（二）中国强调把个人权利和集体权利统一起来，西方强调个人权利至上

"在人权问题上，个人的人权固然不能忽视，但集体人权更为重要，如果国家不独立，民族不富强，个人的人权是无法得到充分保障的。不论法律赋予个人多么充分的人权，个人实际享有的人权也总是十分有限，甚至根本无法实现。"[①]马克思主义人权观认为，集体人权是个人人权得以实现的基础和保证，个人人权又是集体人权得以发展的前提条件，只有充分保障个人的权利，集体权利才会是真实的。西方人权的思想基础是自由主义和个人主义，"人文主义"为其指导思想，当代西方自然权利观强调绝对的个人主义，人权主要是保护个人不受国家的侵害。东方国家或发展中国家强调集体人权，既有文化价值观念的传承，也有历史经验的总结和对现实发展状况的应对。如果强行用西方个人主义、自由主义的人权观来衡量发展中国家的集体人权观，既存在看待世界的方法论问题，其实质又包含西方文明优越论和西方中心主义的思想。按照个人权利优先和个人自由优先的原则，西方人权必然是"个人对社会和政府提出的要求"。但在我们儒家传统文化中，从来重集体、重国家，认为为了集体可以牺牲个人利益，所以也就不可能在个人权利和集体权利的优先性上，与西方作出相同的安排。[②]

---

① 崔佳，《论我国人权的法律保障》，东北财经大学硕士学位论文，2007年。
② 张志洲，《关于人权的思考》，《当代世界与社会主义》，2001年第3期，第53页。

三、建设有中国特色的社会主义人权

在中国共产党的领导下，中央政府和地方各级政府密切联系群众，使人民群众树立马克思主义人权观，并把马克思主义人权观和中国具体实际相结合，形成了有中国特色的社会主义人权观。胡锦涛同志在中共十七大的报告中，多处提到人权事业建设问题。在回顾过去五年的工作时说"人权事业健康发展"。在坚定不移发展社会主义民主政治的部分中，明确提出"尊重和保障人权，依法保证全体社会成员平等参与、平等发展的权利"。十七大通过的党章修正案，首次把"尊重和保障人权"写入党章，正式成为党执政兴国的一个重要理念和价值。建设有中国特色的社会主义人权，切实保障人民的生存权和发展权，协调统一集体权利和个人权利。

（一）坚持党的领导

中国共产党是中国人权事业的领导者和奠基人，共产党执政本身就是对人权的保障。江泽民同志在党的十五大报告中指出："共产党执政就是领导和支持人民掌握管理国家的权力，实行民主选举、民主决策、民主管理和民主监督，保证人民依法享有广泛的权利和自由，尊重和保障人权。"可以看出，江泽民同志明确指出了共产党执政就是尊重和保障人权。中国公民的人权是在中国共产党的正确领导下逐步实现的，中国人权事业发展的历史证明了中国共产党为中国人权发展和保障事业作出了巨大的贡献，而且证明了中国公民人权的实现与中国共产党的正确领导是分不开的。

（二）坚持人民当家作主

人民群众是历史的主体，是历史的创造者。国家的一切权利属于人民。邓小平同志在1985年就曾指出："什么是人权？首先一条，是多少人的人权？是少数人的人权，还是多数人的人权，全国人民的人权？"[1]始终把实现好、维护好、发展好最广大人民群众的根本利益作为我们全部工作，特别是推进社会主义人权建设工作的出发点和立足点，进一步强化共产党领导发展的宗旨意识[2]。我们要坚持人民当家作主，树立主人翁的地位，不断提高国民素质，来确保公民的生存权和发展权，公民权利和政治权利，经济、社会、文化权利。坚持党来领导人民，

---

[1]　邓小平，《邓小平文选》第三卷，北京：人民出版社，1993年。
[2]　程伟，《坚持以科学发展观统领社会主义人权建设》，《怀化学院学报》，2007年第2期，第26页。

通过人民代表大会制度掌握国家权力，以此来保证国家制定的法律和方针、政策能够体现人民的共同意志，维护人民的根本利益，保障人民当家作主。我们要继续坚持人民当家作主，建设有中国特色的社会主义人权。

（三）坚持依法治国

法治是实现人权的保障，坚持依法治国，加大人权的立法、执法、司法的保护力度。坚持依法治国，积极推进社会主义民主法制建设，不仅是社会主义政治体制改革的客观要求，更是维护、实现和发展广大人民群众的经济、政治、文化和社会等各项基本权利的切实保证，是中国共产党领导、支持和保证人民当家作主的具体实现形式。建设有中国特色的社会主义人权，需要法律的确认和保护，2004 年 3 月 14 日，十届人大二次会议通过了宪法修正案，首次将"人权"概念引入宪法，此次宪法修正案第二十四条规定，宪法第三十三条增加一款，作为第三款"国家尊重和保障人权"。依法治国的基本要求是有法可依，有法必依，执法必严，违法必究。因此，随着人权入宪，我们要依照宪法这个国家根本法，切实尊重和保障人民的生存权、发展权，公民权利和政治权利，经济、社会、文化权利。我们要坚持依法治国，建设有中国特色的社会主义人权。

第五节　中国制定外国人永居法律与发展涉外经济的意义

一、《中华人民共和国外国人永久居留管理条例》的门槛问题

从《中华人民共和国外国人永久居留管理条例（征求意见稿）》中的"条例"称谓看，它是依据《中华人民共和国出境入境管理法》的，是《中华人民共和国出境入境管理法》的一个下位法，"条例"的征求意见稿虽然是司法部发布的，但是按照《行政法规制定程序条例》之规定，未来的发布机关，应该是国务院。

对于这次征求意见稿中的申请门槛高还是低，现在网上有各种意见，笔者的看法是又高又低。根据"条例"，外国人获得中国的永久居留权，大概有五个途径：

第一个途径是杰出人士，相当于美国移民法中的杰出人才。外国人为中国经济社会发展作出突出贡献，经国家有关主管部门或者省、自治区、直辖市人民政府推荐，可以申请永久居留资格；在经济、科技、教育、文化、卫生、体育等领域取得国际公认杰出成就的外国人，可以直接申请永久居留资格。

第二个途径是推荐制。哪些机构有推荐资格呢——国家重点发展的行业、区域的主管部门，国家重点建设的高等学校、科研机构，高新技术企业、创新型企业以及国内知名企业。

第三个途径是通过长期工作获得资格。有点像美国移民法中的技术移民。大致上申请者要有博士学历或从国际知名高校毕业，在中国境内工作满三年到八年，工资要是所在地平均工资的三到六倍，工作年限越短，工资就要越高。比如，北京平均工资大概一年 7 万元，一个外国人在北京连续工作四年，年工资要达到40 多万元才有资格申请。上海要达到 60 万元才有资格申请。

第四个途径是外商投资。相当于美国移民法中的投资移民。投资要达到1000 万元以上，且效益要显著。

第五个途径是亲属关系。类似美国移民法上的亲属团聚。申请者结婚要满 5 年，每年在中国要住满 9 个月。未成年子女、年老的父母也可以投靠。

从上述概括地看，显然，这些标准都不低。国际公认自不用说，政府、高校的推荐，都很难拿到。但同时，笔者观察《条例》门槛又低。因为，有些规定，如类似《条例》第十六条，也就是第四个途径，外商投资下取得永居权，没有要求雇佣就业人数，相比之下，美国移民法对于通过投资移民的数额规定为 180 万美元，且能够创造 10 个就业岗位；而日本的投资经营签证要求出资 1000 万日元，在日本 10 年以上，并持有 3 年以上经营管理签证。对于移民的国家而言，投资移民本身也是一种吸纳外商与促进经济发展的手段，但我们不是传统意义上的移民国家，我国是人口大国，而无论是时间成本方面，还是资金成本方面，这点我们的门槛设立得较低。同样，第十七条、十八条第五个途径是亲属团聚关系获得永居权的条件也较低，即使美国移民国家，父母等亲属团聚也必须是美国公民的亲属，而不是只是获得绿卡永久居留权的外国人。日本在外国人获得永居权前有长期居留权获得的过渡，征求意见稿的《条例》没有长期居留的过渡直接永久居留中国是否妥当，条件过低。

二、外国人永居规则与涉外经济发展的关系

这个问题，因为有人认为有影响，有人认为没多大影响，如果未来《条例》执行得严格、规范，不会对中国人的生活有太大影响，当然如果出现很多漏洞，会对中国人的生活有一定影响，可能存在有些人认为的《条例》第四十一条规定"永久居留外国人在中国境内工作的，按照社会保险法律法规的规定参加各

项社会保险。在中国境内居留但未工作的，可以按照居留地相关规定参加城乡居民基本医疗保险和城乡居民基本养老保险，享受社会保险待遇"，该条款的本意，是想给那些在中国境内居留但没有工作能力的外国籍弱势群体如老人、儿童一项基本的生存保障。但是没有工作还能享受基本的医保社保，这有悖于我们引进外国人才建设的初衷。中国有 14 亿的人口压力，一线城市千万流动人口的户籍没有解决，还有中西部广袤地区的人均收入和基础设施目标没有实现，给外国人提供这一福利，在某种程度上容易鼓励外国群体形成"中国养老热"，产生厚此薄彼的效果。

三、外国人永居规则立法的意义

应对支持进行外国人永居权立法，因为，一是面对全球人才流动之大趋势，我们需要制定有关外国人永久居留制度来完善中国特色社会主义移民法律规范体系。二是开放外国人永久居留，能够吸引国际高层次人才，助力国家发展和民族复兴。三是外国人永久居留制度是全球移民治理的有机组成部分。但中华人民共和国外国人永久居留管理条例，建议慢一些，稳妥一些出台更好。毕竟这不仅是对外国人的权利问题，也涉及中国人的基本权利。如同一开始笔者提到的该条例的"位阶"，相信司法部及有关移民事务管理局等一定做了大量工作，付出很大的辛苦。但关于外国人永久居留权应当属重大事项，不能仅仅在《中华人民共和国出境入境管理法》下制定这部"条例"，2013 年 7 月实施《中华人民共和国出境入境管理法》是全国人大制定，其中第四章是外国人停留，而《条例》征求意见稿，是规定外国人在中国永久居留，不仅仅是入境后的停留。外国人永久居留权应当属重大事项，移民国家的美国，在州司法独立下，涉及移民政策的立法事项，州议会无权制定，由联邦议会立法。所以，根据《中华人民共和国立法法》，移民政策的重要程度应当归入《立法法》第八条之（十一）"必须由全国人民代表大会及其常务委员会制定法律的其他事项"。即有关外国人永久居留的规定，建议由全国人大代制定，这样就能更广泛反映全国人民的意志。

第六节　涉外经济发展与外国人管理制度的法律构建

在历史的大多时间里，中国不是一个移民输入国，而是一个移民输出国。但改革开放 40 多年后的今天，来华的外国人，已从早期个别的仅限于"引智"来华工作的外国专家、使领馆工作人员工作者和短期旅游者的少量，变化为包括外国专家、旅游者、留学生、商人、演出团体、非政府组织人员等，数量呈几何倍数增加，类型繁多的人员，这一变化本身就给有关机构对外国人的管理带来了巨大的压力。而近年来，在我国的大中城市不断出现外国人的"三非"群体（非法入境、非法居留、非法就业）和外国人犯罪现象，全国各地逐渐出现外籍难民和生活无着的"三无"人员，甚至出现外国人效仿有些中国人，使用围攻政府机构等手段迫使政府去满足其"不合理"要求的极端事件，成为现今中国大中城市管理中的一个迫切需要解决的问题。

一、外国人的入境、居留和出境管理的法理依据

外国人[①]是指不具有本国国籍的自然人和法人。我国出入境管理中关于外国人的概念主要是指不具有我国国籍的自然人，包括具有外国国籍的人和无国籍人。从法理的角度看，外国人的入境、居留和出境管理涉及外国人的法律地位问题[②]。外国人的法律地位主要是指外国人在内国的私法地位，是国内法与国际法、国际私法与国际公法共同的问题。所谓外国人法律地位的制度，也就是确定外国人法律地位的基本原则或者标准，体现了一个国家在对外国人法律地位承认上的价值取向及在此问题上对公平与正义的理解与落实。今日，由于不存在世界国家，国际团体也不是统治团体，即使一个国家的法律根据属人原则对本国领土以外的事务或者本国人在外国的法律地位作出了规定，也不能强制要求他国予以承认与实施。但是，在国家共同体存在的条件下，必然要产生国际关系，因此一个国家的法律又必须考虑外国人的法律地位问题，于是产生了一国法律中关于外国人法律地位的问题。

---

① 本处所谈外国人不包括享有外交特权与豁免的外国人。
② 詹宁斯·瓦茨：《奥本海国际法》，王铁崖译，北京：中国大百科全书出版社，1998年。

（一）外国人出入境权保护原则的基础——迁徙自由权

作为人类个体和集体生活的一个正常部分，移民存在于每一个历史时期、每一个历史地区和每一种文明。此外，根据联合国的界定"人类的一个基本特征是从一个地方迁移到另外一个地方"[①]，可见，出入境权最初源自人类的移民本质，而这种本性是天然的，应该受到国际法的保护，它得到了国际公约和各国立法的普遍承认，如《世界人权宣言》《公民权利和政治权利国际公约》和《消除一切形式种族歧视国际公约》等都对其有不同程度的规定。国际移民，即一国公民依据其国籍所属国与前往国法律、国际条约、国际惯例到原居住国以外的国家及地区长期居留或者短期居留的出入国境活动。全世界平均每34个人里就有1个是移民[②]。在国外，出入境通行权经历了从自然法向实证法转变的过程。古希腊人经常视自由是被束缚、捆绑和基于束缚、捆绑而不能迁徙的对立面。最初的西方法学家基于自然法理论和社会契约论，把出入境通行权作为"天赋人权"的内容之一倍加强调，认为出入境通行权作为权利本身而言是基于人类永久利益的，是每个人因其为人而拥有的，这些权利的存在表现为透明的，人们所要做的就是不干涉，尽管出入境通行权不是建设理想社会所必需的，但却是根本的、公理的、不容侵犯的。20世纪80年代末期，各国政府越来越清楚地注意到移民除了对经济层面的影响外，同时还是一个重要的政治问题，移民与国际政治、移民与国际和国家安全的关系日益受到重视，因此各国纷纷设立高级别的专门机构并加强立法，以应对日益复杂的国际移民问题。我国现有实施运行的四部关于外国人出入境管理法律、法规和有关外国人居留、就业等行政规章体现了中国对迁徙自由权——国际人权法基本人权的承认和尊重。

（二）外国人出入境权的限制——国家利益核心原则

当今，国家利益原则依然是构建一国移民法律制度的核心，以极其宣扬人权观念的美国为例，根据对移民的需求程度经历了"自由和鼓励""排挤和限制""限制和选择"三个阶段，其移民政策走向的背后正是美国国家利益[③]。例如，国际社会普遍遵循国际法优先于国内法的适用原则，但美国的移民法律和移民管理实践奉行的却是国内法优先适用的原则；在免签制度的构建中，国际社会遵循的普

---

① Brinley Thomas Migration: Economic Aspect, International Encyclopedia of the Social Science 1968.

② 刘明，《移民立法的国际惯例及中国现状》，《沈阳工程学院学报（社会科学版）》，2008年第1期。

③ 谷怡，《外国人管理中的法律问题及昆明的应对措施》，《法制与社会》，2011年第4期。

遍规则是平等互免；但美国坚持根据本国利益和外国人入境管理的需要，独立自主地确定外国人免签入境美国的内容。当前，各国政府尤其关注其控制移民与处理文化多元性的能力，大多数国家都将移民纳入国家安全框架，人类跨国迁移的自由已经逐渐受到日臻完善的各国移民法、国际条约和国际惯例的制约。近 40 年前，全球大约有 6% 的国家政府对移民实行限制政策，而目前这一比例已经上升到 40%[①]。

关于外国人出入境管理体制的思考要明确的一点是，出入境管理权属于中央事权。国际法规定，决定外国人入境问题是国家的内政，一个国家有权自行决定是否允许外国人入境，以及在什么条件下同意外国人入境。国家没有准许外国人入境的义务，外国人也没有要求别国必须准许其入境的权利，基于此法理依据，我国在制定、修改有关外国人出入境及居留的相关法律法规和管理机构的设置时，首要考虑的是中国的国家利益优先和国情，而非单纯对人权规则的"恪守"。

（三）外国人出入境权保护原则与国家利益原则的平衡

一方面，国际公约是国际法重要的法律渊源和国际社会的底线，因此积极参与和信守国际公约是平衡两个原则的前提。另一方面，国情和国际形势是平衡两个原则的重要因素。1993 年，第二次世界人权大会通过了《维也纳宣言和行动纲领》，宣布"必须要考虑到不同国家和地区的特性，铭记不同国家和地区历史、文化和宗教的不同"。一国制定外国人出入境管理政策势必还要考虑国际情势的影响。外国人法律地位的基本制度，是一国内部的法律制度，各国立法以何种方式或者采用何种标准给予外国人以何种私法地位，属于内国主权范围内的事情，一般取决于一国的经济发展水平和社会文化背景以及由此决定的该国的对外政策，他国无权进行干涉。"主权意味着至高无上"，国际法意义上的主权不受外来意志即外来主权的约束。平等与主权原则能够阻止外部意志决定的法律的诞生、适用与实施，例如，国家并非自动地受国际管辖的约束；这种管辖必须得到国家的承认。但是，一国在确定外国人的法律地位的基本制度时，也并不是随心所欲的或者可以完全基于内国立法的任意性。既要承认外国人法律地位的平等与正义，又要考虑由此可能给国家利益带来的影响并维护这一利益。对我国而言，在应对 40 年改革开放后的中国移民问题现状及维护好国家利益的情势下，如何构建外国人管理法律机制制度，无疑考验了人类的灵魂与智力。

---

① 张惠德，《外国人入出境管理的国际惯例》，《公安研究》，2004年第11期。

二、我国外国人管理制度的不足

（一）旧有的出入境、居留的理念及思维定式制约着制度创新

改革开放之初，中国是一个向外移民的国家。当时来华外国人一般为外交官员、引进的高精技术人才等高素质人群。经过 40 多年改革开放，中国如今已成为外国人旅游移民的目的地国家，但外籍来华人员素质参差不齐，然而部分有关部门的观念仍停留在"外国人来得越多越好的输入国时代"，观念没有更新，如中国驻外部分使领馆，签证工作把关不严，仅审查申请材料形式要件，没有实际调研（也是签证法律规则缺乏可操作性导致）和人身比对，甚至把原始材料交由国外旅行社代管，签证核发的份数和对象不清晰，造成后期的管理工作不利[①]。同时，在国内，对外国人日常管理中，由于历史上过分强调国家安全意识和"外事无小事"等理念，使公安机关惯于以"管制"的定式进行出入境、居留管理工作，遇到外籍人士"三非"（非法入境、非法滞留、非法就业），基层的警察不愿管理，担心演变成涉外纠纷，惧怕外国的政治压力而放弃原本应该坚持的司法原则。

（二）外国人出入境管理上存在立法缺失和立法规则滞后

尽管我国体制改革后，国家已经设立移民管理局，但我国现行的外籍人员管理法规还主要是 1986 年颁布的《外国人出入境管理办法》及实施细则；1994 年颁布的《外国人宗教活动管理规定及实施细则》；1996 年颁布的《外国人在中国就业管理规定》及相关解释、行政规章和公安机关等内部文件。虽然，近年制定了《外国人在中国就业许可办法》《外国人在中国永久居留审批管理办法》及一些城市出台一些地方规章，但在大的法律规则没有突破的情况下，很多地方与实际不相适应。我国无移民法，签证种类单一，高门槛准入制，导致既不能阻止非法劳工进入，也不能解决在华外籍劳工的人数，甚至造成大量"白领黑工"。据人力资源和社会保障部 2009 年统计数据，持外国人就业证在中国工作的外国人达到 22.3 万人，他们多为高管人员。据中新社报道，2009 年统计，未持有就业证或外国专家证就在广州非法就业和非法经营者的比例高达 69%，他们大多从事教育（英语培训）、文化（商业演出）、体育、家政、休闲服务等行业。同时，法律处罚规则严重滞后，不能制止非法滞留、非法就业，一些国内邀请单位随意发出邀请函电，造成外国人入境后既无接待单位，又无行程安排，盲目活动，有的构成非法滞留、非法就业，有的参与贩毒、抢劫，有的非法传教。

---

① 魏琪，《外国人管理制度比较》，《政法学刊》，2006年第23卷第5期。

（三）管理机构职责不明、缺位，沟通协调机制缺乏

目前，我国对外国人的管理流程上分为签证发放、边防口岸查验、入境管控三个环节，分属于外交部、公安部和地方公安机关；而管理外国机构和外国人的部门涉及公安、宗教、劳动、工商、税务等。但目前多个部门、多个地方机构间缺乏沟通协调机制，掌握的信息不便共享，不仅难以形成工作支持，而且出现了三大管控"边界真空"的隐患。有关涉外管控政策过于宏观、缺乏操作性，外国人管控尚存不少"细节空白"。近年来全国各地逐渐出现外籍难民和生活无着的外籍"三无"人员。中国人民公安大学教授王太元指出，政府在管理过程中需要掌握外籍人员住宿、税务、就业等方面信息，但由于缺乏协作机制，各职能部门各自为政，信息难共享、不统一，给外国人管理工作造成阻碍。随着外籍人员在华流动性加剧，地方政府间也出现衔接不好的"管控真空"。

三、外国人管理法律机制的构建

在中国，有学者主张应容忍亚非国家向中国大量移民，部分人大代表主张提出立法管外国人在华就业逐步吸纳更多外籍劳工。同时，也有人大代表正好相反，主张加大对"三非"外国人的打击力度。笔者认为，尽管改革开放 40 多年，我国的出入境人员质量、人数有了飞速发展，但是我国作为一个非移民输入国的法律地位不能改变，不能容忍亚非国家向中国大量移民，我国本身是人口大国，不能仅仅为沿海一时结构性用工缺乏，就改变移民政策基本原则，将来带来隐患——移民人口的激增。对移民人口的管理，即使作为移民输入大国的美国，都被低素质拉美人口繁殖的激增问题困扰着，况且我们是人口的最大国。当然，我们需要考虑，中国社会需要高技术人才和市场对专业人员的需求。但在对移民输入问题上，在可预见的未来 20 年，不应当有原则性变化。原因：一是，我国是一个可利用领土面积和人口数比例严重失衡的国家，人口学家估算，我国到2050 年人口的净增长才停止。我国的国土面积和美国接近，美国人口数量仅是我国 14 亿人口的零头，我国的移民政策与美国移民政策的基本原则，不具有可比性。二是，目前在东南沿海出现的所谓"用工荒"，仅仅是我国就业制度的结构性矛盾和一些体制因素所致，不能因此大敞入华外籍劳工的大门，改变我国的非移民输入国的法律地位。当然，笔者如此叙述，并非说中国的管理规则、制度、机构要保持不变，仅是说明作为一个基本国策的非移民输入国的法律地位不能改

变，即无必要打破现有体制，另立法规制定一部综合的移民法，另建立一个专门的机构——移民局。我国要依据现有移民基本国策，在借鉴外国移民管理的立法、司法有益经验的基础上，制定、修订立法的不足和完善、改进管理机构的不足，从而以最小的成本获得最大的收益。

（一）立法制度的完善

通过修订《中华人民共和国外国人入境出境管理法》及实施细则或以单行法规、条例形式完善、细化相关法律制度。

1. 在确立我国的非移民输入国的法律地位的原则下，增加、归类、细化普通签证种类

我国关于外国人签证的各种规范性文件，大至"外管法"及其实施细则，小到签证工作手册和各种具体工作文件，明确规定了签证的分类和签证的适用范围，但对于各类签证签发的有效次数和有效期限，只给出较宽泛的范围，而且多数使用了对某种情况可以发给期限不超过多久的某类签证的表述，这既不利于签证机关的操作又不能规范签证机关自由裁量权的行使。笔者认为，可以充分借鉴美国立法的有益经验和管理制度。美国的《移民与国籍法》正是在不断修正和更新的过程中实现其稳定性的。即美国大的法律原则性规定美国移民基本国策内容外，移民管理的许多细节规则都围绕美国国家利益的情况，美国制定或修正移民法律政策，都要综合考虑美国国内的政治环境、经济状况、人口结构、族裔关系、社会结构、文化传统、国际形势及其对外政策等方面。同时，美国移民法律规范的构成层级分明、内容系统化。我们从立法上，应进一步细化准入门槛，即在结合《中华人民共和国国籍法》《中华人民共和国外国人出境入境管理法》及细则等现有规则下，具体修改如下：第一，将普通签证归类为移民签证和非移民签证两大类，移民签证以 2004 年《外国人在中国永久居留审批管理办法》为基本调整规范，根据我国具体情况，由公安部出入境管理局汇商后，以联合发布行政规章建立吸引人才的长效机制。第二，修改、细化非移民签证，每一类非移民签证根据申请人的身份和限制要求细分为多种。在现有的职业签证（Z）、学习签证（X）、旅游签证（L）、访问签证（F）、过境签证（G）、乘务签证（C）和记者签证（J）前提下，根据外国人申请来中国的事由，对每一种签证再细化，并规定相关条件。例如，职业签证（Z）分为 Z1、Z2、Z3；学习签证（X）分为 X1、X2、X3 等，这样，便于发放签证机关审查文件、人身比对，甄别确认签证的发放和入境后对外国人国籍身份确认，外国人入境事由身份确认等制度执行，便于外国人的管

理。例如，借鉴美国非移民、临时、季节、特定国家农业工人工作签证（H–2 A nonimmigrant visa category，temporarily to perform agricultural labor or agricultural services of a temporary or seasonal nature）模式，解决到沿海用工地区打工的越南、缅甸非法入境、非法就业问题。第三，细化口岸签证——落地签证规定，杜绝利用旅游签证非法居留、非法就业。第四，增加条约国互免签证规定，扩大对外投资和对内引资。

2. 法律中增加程序，加重处罚条款的对象、范围；修订申请延期等规定

现行的《外管法》及细则，由于行政程序规定不完善，缺乏可操作性，自由裁量权不好把握，给非法就业者可乘之机。如：《外管法》第二十七条规定县以上公安机关有对非法移民拘留审查权，但无期限、审批程序等具体程序。对采用"奖励"、兼职、非现金收入等方式非法就业的，无相关适用法律，使执法机关寻求法律支持、收集违法证据时比较困难。这是立法时"重实体，轻程序"的结果，增加程序规定是增强可操作性的重要环节。我国每年查处的外国人犯罪活动中，很多人均持访问护照入境。但目前《外国人出入境管理办法》及细则第四十条规定："对非法入出中国国境的外国人，可以处 1000 元以上、10000 元以下的罚款，或者处 3 日以上、10 日以下的拘留，也可以并处限期出境或者驱逐出境；情节严重，构成犯罪的，依法追究刑事责任。"我们对提供虚假邀请函的单位几乎没有处罚手段，最严厉的也不过是停止其邀请权。通过加重处罚条款的对象、范围，强化对中国境内人员、单位的行政处罚管理力度，对如非法雇工、提供虚假邀请函、违法中介等行为加大处罚力度，杜绝、减少非法滞留、就业。同时，修订《外管法》及细则的不可操作条款，例如，《中华人民共和国外国人出境入境管理法实施细则》第二十条"外国人在签证或者居留证件有效期满后需继续在中国停留或者居留，须于期满前申请延期"没有规定期满前何时申请，造成一些人员"失误非法居留"，而美国等国外法律规定既严格又人性化，例如，公民与移民服务局（USCIS Form）规定，非移民外国人在美国工作的时间不超过 6 个月，容许居留到期前 45 天提出延期申请，向移民局延期工作申请也不超过 6 个月（If the petition is not submitted at least 45 days before employment is expected to begin，processing of the petition and issuance of the visa may not be completed before the alien's services are required or before the alien's required period of stay.）。

（二）建立以公安部出入境管理局垂直领导为主、相对独立为辅的管理机制

从我国对外国人管理现状考察，从我国移民政策原则出发，我国目前及今后

一段时间，既无必要，也无能力，打破现有体制，另建立一个类似移民局，但我们需要面对国际移民的特点和我国发展情况，建立专门的移民、非移民事务的管理机构，笔者建议：

（1）可在现有体制框架内，使出入境管理局从中央到地方形成相对独立的垂直领导管理体制的专门处理移民、非移民事务的管理机构。公安部出入境管理局可在各省、直辖市设立分局，公安部人员编制内部调配后，在出入境管理局内部组成几个分局，将公安边防局并入或内部协作边境巡逻站，边境巡逻警察并入出入境管理局、巡逻站，边境巡逻警察主要职责是负责边境一线（主要是中缅、中越、中朝边境）的巡逻，查堵、逮捕和遣返非法入境者，以及边境一线的毒品查缉。出入境分局的任务则为移民福利的受理和审批（含定居、入籍、工作许可等），口岸的入境检查，非法入境、非法就业、非法雇工案件的调查，非法移民的拘留和遣返等。公安部治安管理局，对居留外国人和中国人的管理纳入日常治安行政管理工作。资源整合为特征的移民事务管理体制对外国人管理中涉及出入境、居留、移民问题的归出入境管理局，属于地方治安管理范围的事务，就由当地警察依据中国法执法，不要再划分出中国人治安管理之外的外国人治安管理外事科，现有外事科应归属出入境管理局。当前，外国人在华非法就业现象日趋严重，应将外国人就业管理统一在劳动部门，出入境管理局协助劳动部门处理外国人非法就业行为，并对外国人在华就业签证管理立法。

（2）由公安部出入境管理局定期制定、发布或牵头联合发布《操作手册和说明》《移民手册》和《政策指导》等业务文件，补充调整外国人管理等法律制度的具体内容。笔者通过研究，美国移民法案、婚姻移民欺诈修正案等法律文件（IRCA《The Immigration Reform Control Act of 1986》、IMFA《Immigration Marriage Fraud Amended of 1986》）和美国移民归化局（The Immigration and Naturalization Service，INS）、国土安全局（The Department of Homeland Security，DHS）、海关边防保护局（The U.S. Customs and Border Protection，CBP）、司法部（The Department of Justice，DJ）、公民移民服务局（The U.S .Citizenship and Immigration Service，USCIS）等相关机构的规则，发现，美国立法尽管详尽，在移民签证种类上有移民（immigration）和非移民（non-immigration）各自种类的细致划分，但在每一种的细节条件上，是通过行政规章或个案审查公布的方式规定的，并根据国家利益需要，随时调整。美国有关移民事务的机关为履行职能，还依据上述法律、法规、解释和裁定，在内部制定了诸如《操作手册和说明》（Operation Instructions and Interpretations）、《移民手册》（Immigration Handbooks，Manuals）和《政策指导》（Policy Guidance）等业务文件，这些业务文件虽然对外不具有法律约束力，由于事实上构成了美国移民法律制度的具体内容，是移民管理部门执行移民法律的直接依据；因此，也要对外公布。借鉴美国立法经验，公安部出入境管理局和外交部主导，定期制定、发布或公安部出入境管理局牵头联合发布《操作手册和说明》《移民手册》和《政策指导》等业务文件，补充调整外国人管理等法律制度的具体内容。

（三）在现有外国人居留证基础上，建立外国人社会安全号管理制度

目前，在上海、广州等外国人管理机关已经试行的贴纸签证和磁卡签证基础上，我国可以借鉴美国经验，尝试对外国人建立社会安全号管理制度。虽然，上海、广州等城市外国人管理机关已经试行了贴纸签证和磁卡签证，一旦外国人（无论是获得还是没有获得永久居留权）多次出入境，签证编号还是会发生变动，这不利于最终人员的管理监控。如果在签证基础上，建立起驻外签证机关、入境边防局的指纹验证和公安机关的社会安全号管理（等同于我国逐渐建立的居民身份证管理），对外国人权利义务就可以规范化管理。美国"长期、临时在美社会安全号"制度管理，对我们是一个很好的管理借鉴。

建立不同种类的社会安全号管理制度：第一类，无限制社会安全号（unrestricted Social Security card），给予在中国获得永久居留权的外侨，此等同中国的居民身份证作用，持有此类安全号的外侨除了不享有选举权和被选举权等政治权利外，其依据此类社会安全号，与中国公民具有同等的民事法律地位。第二类，有限制社会安全号（restricted Social Security card），给予在中国可以合法就业、有一个特定雇主或不特定雇主的外国人，持有此类安全号的外国人，享有在中国合法就业权，其依据此，可以承担及享受纳税、缴纳医疗健康、社会养老保险的义务权利。第三类，无工作安全号（non-working Social Security card），给予在中国可以合法居留一段时间，但不能就业的外国人，如留学生、访问学者等，此类外国人利用该社会安全号，可以实现个人建立银行账号、个人交税和医疗保险等目的。通过指纹验证、社会安全号与签证制度，首先，将非法入境和合法入境者区分清楚；其次，将非法就业和合法就业者区分清楚；再次，对外国人建立永久管理，无论该外国人在今后如何变动签证类别，对其可以方便管理；最后，将来一旦发现，某外国人有违反我国法律法规的情形，此可以作为处罚当事者（如非法雇工的雇主与雇工）的法定依据之一。

（四）建立难民制度和移民上诉委员会的行政裁决制度

我国已参加和承认了大量有关难民问题的国际公约，如《反对酷刑公约》《难民地位公约》，但我们没有建立起有关难民甄别的机构和制度，在现今形势下不利于外国人的管理。

1. 难民甄别制度的建立

在公安部出入境管理局内部，建立难民甄别制度。没有此制度，即使基层治安管理机关发现非法入境者，往往无法处理；没有此制度，一旦发生"广州围堵"事件，民警会担心国际影响，造成难以管理，而且，如果让基层民警在承担大量国内治安管理工作的情况下，再掌握国际规则、外语，处理这类事务，显然是不可行的。相反，如果有此制度，基层民警发现非法入境者，只要依据国内法《治安处罚条例》，行使临时拘留权，将嫌疑者送入出入境管理局甄别，管理局依据国际公约、中国国内法，按法定程序甄别后，作出行政决定，符合难民身份的，给予人道主义待遇，不属于难民的，坚决依法交边防局，强制外国人出境。笔者研究发现，虽然国际法上有经济难民，但绝大多数国家国内法和司法实践中，对经济难民是不给予难民认可的。如美国移民法，对难民的认定，就是基于种族、宗教、国籍、特别社会组织成员和政治见解等迫害而来到美国的，才承认难民身份。在我国的大量"三非"外国人，很多属于经济难民，我们可以依法甄别后，坚决驱逐，这是以法治管理，也是国际惯例，不必担心国际影响。当然，有些外国人非法入境，来到中国后，和当地人结婚，并非欺诈结婚而居留，我们在处理上，甄别后，特赦，给予难民待遇，以稳定社会和家庭。

2. 在司法部，建立移民上诉委员会和首席移民法官办事处

在我国的司法部，集聚了大量的法律人才，且司法部和各地司法局有律师专业人才资源，同时，司法部负责中央政府与外国政府间的法律交流与合作；参加与外国签订司法协助协定的谈判，负责国际司法协助协定执行的有关事宜。这些资源，有利于处理涉外事务，因此，可以借鉴美国经验，在司法部，设立移民上诉委员会和首席移民法官办事处，其中，首席移民法官办事处依法对分设在全国各地的高级法院行政法庭"业务指导"，移民上诉委员会依法审理来自全国各地的、对某些决定的上诉。如果当事人对公安部出入境管理局所属机关作出的行政决定不服，依法向所在地的高级法院行政法庭提出复议；如果申请人或者当事人或者出入境管理局相关业务部门对行政法庭作出的复议裁定不服，依法均可以向移民上诉委员会提出上诉。这种复议机制从体制上将行政执法机关和复议机关分

立、并相互制约，使其复议决定的公平和公正效果更显著。这种既重视复议在实质上的公平、公正，又重视形式上公正的做法和观念，有利于客观公正地解决难民和非法移民甄别制度的落实。

（五）建立职能明确、法定协作的外国人管理法律合作机制

目前，中国的出入境管理体制是以公安部门和外交部门为主管机关，以教育部门、人力资源和社会保障部门、商务部门、工商部门、司法部门、旅游部门、民政部门、卫生部门等为辅助管理机关，分别就不同的出入境管理事务进行分工合作的体制。很多省市建立联席会议制度，但过于庞杂的"大体制"增加一些复杂或不必要的衔接环节，从而导致出入境管理工作的运转不够通畅，直接影响中国出入境管理工作的质量和效率。因此，有必要在科学管理的基础上，对出入境管理的"大体制"进行最大限度的整合。在此，可以借鉴美国经验——机构紧密法定合作，美国在出入境事务的管理体制问题，集中表现为中央与地方分工合作、中央政府机关之间分工合作、美国联邦政府与州政府在移民事务管理方面相关机关的职责和协作机制。《移民与国籍法》第104条a款规定：国务卿负责本法以及所有其他有关下列内容的移民归化法的实施与执行。第105条a款规定：移民局局长和行政官员有权与美国联邦调查局和中央情报局的负责人以及负责国内安全的其他政府官员保持直接的、连续的联络，以获取和交换用于执行本法规规定情报，以利于美国国内和边境的安全。移民局局长和行政官员将保持相互间的直接的、连续的联络以利于本法规以及所有其他的移民和归化法实施过程中的协调一致和高效率。第105条b款第1项规定：司法部部长和联邦调查局局长将向国务院和移民局提供方便，使该部门可以从国家犯罪信息中心（National Crime Information Center，NCIC）的州际身份索引、被通缉人员档案和国家犯罪信息中心保存的、司法部部长和信息查询方双方同意的任何其他档案中获取犯罪历史记录的信息，以确定上述档案中是否保存有签证申请人或入境许可申请人的犯罪历史记录。同时，美国的"协作机关间的备忘录制度"可以很好地引入我们的合作机制中。我国省市建立"联席会议制度"，过于松散、法律约束力低、可操作性差。美国的"协作机关间的备忘录制度"，备忘录本身就是具有法律效力的协议。备忘录中：协作各方（Parties）主体清晰，协作各方关系明确。我们可以仿照美国有益经验，建立我国的"各机关间的协作备忘录制度"。总之，美国按职能分设相对统一的实施机关，以提高执法效力和服务品质；精简层级机构，明确执法效力和服务品质，实现岗位专业化；增强情报能力，提高情报资源的共享和利用；

加强国土安全部内部各机构间，以及与国内其他机关、国外有关机关或政府之间的协作；增强内部监督。这种按职能分设相对独立的机构、用高效的情报资源的共享平台和部门间合作机制整合行政力量和资源的观念与实践，很值得我国借鉴和思考。

综上，本书从国际法和国内法理论说明，外国人入境、居留、出境管理，既涉及国内法又涉及国际法，从法理上阐明，一国管理外国人法律制度和国家政策的内容，应当从国家核心利益原则出发。本书也分析了中国出入境管理的现状，指出中国目前出入境管理体制存在的问题，通过横向比较研究的方法，在充分考察和讨论其他国家和地区移民管理制度的基础上，以建设性的思维，试图构建起符合中国国情的外国人管理法律机制，以期有利于指导实践。

第二章
涉外经济法发展中几个关键理论问题

　　2019 年 12 月，由于美国对世贸组织上诉机构 DSB 法官选举的阻碍，上诉机构法官无法选出，导致 WTO 组织上诉机构停摆。在全球新型冠状病毒肺炎疫情蔓延的情况下，欧盟（EU）和包括中国在内的 15 个其他世贸组织成员国，于 2020 年 3 月 27 日作出一份协议：允许在世贸组织上诉机构目前陷于瘫痪的情况下，国家间基于国际贸易争端，可以提出上诉并解决彼此之间的贸易争端的临时安排。在国际经济如此恶化的政治环境下，笔者在本章再一次重温 WTO 协议在国内适用这一国际法的基本理论问题，由此说明，当下中国金融法制进一步深入开放的必要性。同时，通过对涉外经济私法主体的基本功能、纠纷解决等理论问题的分析，试图为涉外经济法新问题的解决提供理论基础。

第一节　论WTO协议在中国国内的适用

2006年4月，布什政府在世贸组织第一次多方面地对中国提出"中国违反世贸组织规则"的指控。今天，对世贸组织规则的适用，仍是中国法学理论上和司法实践中需深入解决的问题，因为它既关系到中国对世贸组织的承诺，也关系到中国经济、社会等利益的维护。中国如何适用作为国际条约的WTO协议，如何解决世贸协定有些规则同中国法律的基本理论相冲突的问题是本节重点探讨的。

2006年4月19日，世界贸易组织理事会在日内瓦总部举行了首次针对中国的"贸易政策审议"[①]，303页的《中国贸易政策审议报告》高度赞扬中国积极履行入世承诺[②]，并积极参与多边贸易体系，同时，报告也谈到了一些"问题"和"挑战"。2006年12月中旬，美国贸易代表办公室也对中国入世五年作出评估，在这份长达100页的报告中，美国承认中国自2001年加入世贸组织以来采取了多项重大经济改革措施，使美国企业和消费者从中获益良多，评估中特别提出，美国政府对中国"大规模仿造美国商品"的现象感到无奈而又沮丧。诚然，这些"问题""挑战"和"无奈而又沮丧"，实际涉及我国过渡期结束后，所承诺的条约义务将开始全面履行，如何履行条约、如何在条约的履行中最大限度保护我国的经济利益、社会利益；WTO协议对我国的法律产生哪些影响，是我们法律界必须研究的问题[③]。根据《维也纳条约法公约》第26条"条约必须遵守"以及第27条"一当事国不得援引其国内法规定为理由而不履行条约"之规定，入世后遵守WTO规则是我们的义务。但是由于我国《宪法》（即使2004年的宪法修正案仍然没规定）、《立法法》对国际条约在国内法上的地位、效力、适用等问题均无规定，导致了如何在国内法中适用国际条约成为一个复杂的问题，同时WTO的基本原则如何在我国法律、法规中贯彻，及WTO规则同我国传统民商法学理念上的差异性都将影响WTO规则在中国的贯彻，影响中国对"条约

---

① Trade Policy Review Mechanism, TPRM，是世界贸易组织管辖的一项多边贸易协议。

② 中国政府加入WTO作出了四个方面的庄严承诺：降低关税、减少和消除非关税壁垒、农业方面的承诺和服务业的开放。

③ [美]约翰 H.杰克逊，《世界贸易体制——国际经济关系的法律与政策》，张乃根译，上海：复旦大学出版社，2001年。

必须遵守"这一古老习惯国际法的义务。本节拟主要就此问题进行分析,并在此基础上提出粗浅的建议。

一、WTO 协议在我国的法律适用

WTO 协议作为国际条约,同以往我国参加的国际条约一样是国际法,既然是国际法,其对我国就有法律的约束力,国际法是以国际习惯、国际条约和现存事实的体现并对国家具有约束力的行为规则,所以我国要遵守 WTO 协议,要遵守 WTO 协议,首先面临的是在我国国内适用这个问题,它是我国遵守入世承诺的首要体现。但直至目前,国际条约如何在我国适用,我国的《宪法》《立法法》中都没有对此作出明确规定。

(一)各国处理国际条约在国内适用问题的方法

根据国际法原理,国家应受自愿承担的条约义务的约束,"于是国家就有义务使它的国内法符合其承担的条约义务";然而,对待国际条约在国内的适用问题,各国的实践和理论都存在不同的做法和立场。虽然 1969 年《维也纳条约法公约》明确规定:"凡有效之条约对其各当事国有约束力,必须由各该国善意履行;一当事国不得援引其国内法规定为理由而不履行条约",但该公约及其他相关国际公约对各国如何在国内履行条约义务都没有具体规定,使得执行条约的国内程序仍然有待各国自行决定。总体上看分为三大类:

1. 转化

转化(Transformation)也称间接转化,是指国际法的原则、规则和制度由于国内法律行为而纳入国内法律体系中,成为国内法律,或者具有相应的规定,这样,国内法院适用的就是国内法而不是国际法。英国和意大利就是采用这种方法的典型国家。在英国,条约经英国女王批准后,仅表明该条约对国家的约束力,并不当然使其具有在国内适用的效力,还必须经过在议会立法垄断权之下的补充立法程序,条约才能在国内适用[①]。

2. 纳入

纳入(Adoption)也称直接转化,是指由国内法采纳国际法,使其在国内发生效力,而不需要国际法转化为国内法。纳入的特点是不需要重新进行国内立法,

---

① WTO研究编写组,《WTO国际规则惯例现用现查》,呼和浩特:内蒙古人民出版社,2002年。

而是原则地宣告国际条约可以在国内适用，并不改变国际条约作为国际法的性质、主体和内容。

3. 自动执行和非自动执行

自动执行的条约（Self-executive treaty）是指条约经国内接受后，无须再用国内立法予以补充规定，即应由国内司法或行政机关予以适用的那类条约。非自动执行的条约（Noneself-executive treaty）是指条约经国内接受后，尚需用国内立法予以补充规定，才能由国内司法或行政机关予以适用的那类条约。自动执行和非自动执行概念是美国始创，后来其影响波及日本等其他国家。

（二）中国适用国际条约的理论和实践

我国现行宪法有关缔结条约的规定包括第六十七条第十四项"（全国人大常委会）决定同外国缔结条约和重要协定的批准和废除"，第八十一条"中华人民共和国主席……根据全国人民代表大会常务委员会的决定，批准和废除同外国缔结的条约和重要协定"，第八十九条国务院职权的第七项"同外国缔结条约和协定"。除此以外，对国际条约在国内法上的适用没有任何规定。所以，我们只能从立法、司法、行政部门实践的普遍做法，推导出我国适用国际条约的倾向性结论。

（1）我国接受条约规则在国内适用，将国际条约的内容在国内法上予以明确规定。一方面，这种方式多在涉及国际公法规范或国际习惯规则调整的领域使用，如我国《宪法》第十八条关于对外国投资者保护的规定。又如《领海及毗连区法》和《专属经济区和大陆架法》是为了贯彻《联合国海洋法公约》制定的。另一方面，根据中国缔结或参加国际条约的规定，及时对国内法作出相应修改或补充。这种方式多运用在现行法律规定与条约规定明显不一致。我国于1982年制定了《商标法》，加入《巴黎公约》等公约后，1993年全国人大常委会作出《关于修改〈中华人民共和国商标法〉的决定》，将注册商标的保护范围扩展到服务商标。同样，我国于1992年和2000年对《专利法》的修改亦是明显的例证。1992年的修改增加了对药品和化学物提供专利保护，从而使《专利法》符合《巴黎公约》的要求。2000年的修改增加了对专利复审委员会的行为可以进行司法审查的规定，从而使《专利法》符合TRIPS（《与贸易有关的知识产权协定》）的要求。这种方式将国际条约融入国内法，通过执行国内法而实际上履行了国际条约赋予我们的义务。

（2）我国参加的条约直接适用于国内，即在国内法中通过专门条款规定直接适用国际条约或当国内法与国际法发生冲突时优先适用国际条约。最早在法规中作出直接适用条约的规定是 1966 年《国境河流外国船籍管理办法》第十六条。1982 年的《民事诉讼法（试行）》第一百八十九条规定："中华人民共和国缔结或参加的国际条约同本法有不同规定的，适用国际条约的规定，但是我国声明保留条款除外。"它表明了条约在国内的直接适用。《民法通则》第一百四十二条、《继承法》第三十六条等均是对国际条约在我国国内法上直接适用的规定。即将明年生效的《中华人民共和国民法典》对涉外法律适用问题及国际条约在国内适用问题都没有规定，但《民法通则》《继承法》随着《中华人民共和国民法典》的生效将废止，而于 2011 年生效的《中华人民共和国涉外民事关系法律适用法》继续有效并适用。笔者预测关于国际条约在国内适用问题，未来最高人民法院可能会进一步以司法解释形式进行司法适用的完善。

（三）WTO 协议在我国适用问题

根据《维也纳条约法公约》第 26 条规定"条约必须遵守"，WTO 协议作为国际条约其具有权威性、强制性，为了保证 WTO 规则的实施，确保 WTO 规则能够有效地调整成员间错综复杂的经济关系，迅速、有效地解决成员间的贸易争端，WTO 规则确立了框架下的贸易政策审议机制和争端解决机制。因此，WTO 被称为带牙齿的国际组织[①]。即便如此，我国入世后实际对适用 WTO 协议，是采用转化的方式还是直接适用，官方一直没有明确。转化适用，一是符合现有 WTO 的大多数成员方的通常做法。"WTO 协议不能在欧盟成员国直接适用"，欧共体法院在 1972 年的国际公司案、1993 年的第一香蕉案及第二香蕉案中都以 1947GATT 体制存在"结构性缺点"为由，判定个人不能在其成员国国内法院援引 GATT 的条款来起诉的国内法适用，从而否定了 GATT 直接效力。二是掌握了国际经济斗争的有力武器。三是转化适用的优点在于避免了法院在处理国际条约与国内法关系的复杂性，解决了它们之间的矛盾。但是在完全适用这种方式的同时，我们不能不考虑两点：一是在我国《宪法》等对国际条约适用问题没有规定的情况下，同我国已有的某些法律条款中条约直接适用的规定相抵触；二是此种方法立法成本过高，WTO 协议的内容不能说"浩如烟海"，也是"宏大无比"，许多内容我国现行法律中没有相应的规定，如果一律把它们重新进行国内立法则成本太高，更重要的是有些 WTO 协议中的某些条款是无法转化为国内立法的。我国法制尚不完善，不可能在短时间内完成转化或补充立法。如果我们采取纳入

---

① EDITED BY E.LAUTERPACHT, Q.C, 〈INTERNATIONAL LAW〉, VOLUME I, THE GENERAL WORKS.

的方式进行 WTO 协议在中国的国内适用，是一种理想而完美的"理论"。它快捷，节省立法成本，但直接适用方式应具备：第一，WTO 的每一条规则都十分具体，具有可操作性，相反，我们看到 WTO 的法律结构带有明显的松散性，规定比较原则，对成员之间的法律协同性要求低，关于条约义务的严谨性与严肃性不如一般条约。以《服务贸易总协定》（GATS）为例，第 3 条"透明度"规定："除非在紧急情况下，各成员应迅速并最迟于其生效之时，公布所有的普遍适用的有关或影响本协定实施的措施。一成员为签字方的涉及或影响服务贸易的国际协定也应予以公布。"单从该条无法认定"紧急情况"具体指哪些情况，需国内法进一步明确。正如我国许多由人大及常委会制定的法律通过行政机关的实施细则或实施条例加以细化。第二，我国司法工作人员中能熟练运用国际条约于司法实践的不多，即使对于具备可执行性的 WTO 规则，我国目前法官队伍的整体素质也无法保证法官们在审判实践中熟练并准确运用 WTO 规则，所以完全直接"适用"目前缺乏可操作性。如果我们采取转化的方式进行 WTO 协议在中国的国内适用好处在于：第一，能够在形式上保持国家法制统一，避免国内法律适用出现混乱。第二，在很多条约的内容不是很精确时，一国可以为中央权力机关保留权力，通过国内法对其作出详细规定。第三，防止政府行政权力的不适当行使扩及立法领域，违背立法机关和行政机关相互独立和制衡的原则。但转化的不足之处在于复杂的立法转化程序费时费力，为条约义务在国内履行带来了诸多的困难，甚至有可能使条约无法在国内得到适用，最终导致国家承担国际责任。

因此，笔者建议，能否仿效美国将国际条约在国内的适用分为自动执行和非自动执行。对已在类似《中华人民共和国民事诉讼法》《中华人民共和国民法通则》《中华人民共和国环境保护法》等法律中规定的条款，视为自动执行条约的体现；将《中华人民共和国外交特权与豁免条例》《中华人民共和国领海及毗连区法》等法律，视为非自动执行条约的体现。将 WTO 规则根据我国的具体情况，由最高立法机关或其授权的机关陆续公布哪些规则为自动执行的，哪些规则为非自动执行的。对自动执行的 WTO 规则是否可以从以下两点掌握：第一，根据 WTO 规则的性质、内容，将那些内容明确、具体，原则上只限于对当事人有直接和个别约束力的行政行为或贸易保护措施视为自动执行的规则，如反倾销、反补贴措施。第二，WTO 协议中有关内容，中国法律没有规定的，而适用该规则同中国国内法的基本理论并不抵触的。符合以上两点视为可自动执行的条约，否则都视为非自动执行的条约，如果要在我国适用必须由立法机关将其转化或补充立法。

之所以考虑要将 WTO 规则的有些内容在我国直接适用，是因为我们没有像英国、美国等国那样有历史悠久、内容完备的法律，WTO 协议中有太多的内容我国法律没有规定。而 WTO 协议在我国都通过立法来适用成本太高。

二、WTO 协议中有的规则与中国当前适用的法学理论相冲突的问题

我国在履行对 WTO 的承诺时，除 WTO 协议在中国如何适用问题急需解决外，WTO 协议中有的规则与我国现行法律法规相抵触也是我们必须重视的问题，它关系到条约的履行。

（一）既非侵权责任又非违约责任——WTO 的"利益丧失或减损理论"

从 WTO 的有关规定来考察，似乎"利益丧失或减损"（nullification or impairment）是 WTO 成员承担责任的关键性依据。1994 年 GATT 第 23 条（8）款与 DSU（《关于争端解决规则和程序的谅解书》）第 3（3）和（8）条和第 26 条等对于"利益丧失或减损"的运用[①]，分别作出了先后一致的系统性规定。在 WTO 这一特有理论之下，一成员的行为或措施即使没有违反 WTO 各有关协定规定的义务，甚至与 WTO 各有关协定不产生抵触，如果使其他 WTO 成员依据 WTO 有关协定直接或间接获得的利益正在损失或减损，或者任何目标的实现正在受到阻碍，均有可能被其他成员要求并经 WTO 争端解决机构裁定承担相应的责任。

纵观 GATT／WTO 的实践，WTO 的"利益丧失或减损理论"的宽泛性主要有以下几种表现：

（1）一成员不一定非要对另一成员造成贸易损失才承担责任，一成员的法律细小差别（如不符合关税减让表，不符合国民待遇原则）都可能构成对另一成员利益的初步（prima facie）"丧失或减损"，从而承担相应的调整有关措施或进行补偿的责任。

（2）一成员政府的行政措施（不一定是正式的行政法规，如行政指南等），如果造成歧视其他成员的产品、服务、投资等的结果，同样要承担相应的责任。

（3）一成员的立法，如果与 WTO 法律发生抵触，即使该立法还没有生效，也可对其他成员利益造成初步的"丧失或减损"，而承担责任。

（4）一成员的措施，即使没有违反 GATT／WTO 规则下的义务，即所谓的"非违反性利益丧失或减损（nin violation nullification and impairment）"如果有可能

---

① 《环球时报》，2006年4月21日。

对其他成员造成潜在的或间接的经贸损失（还没有产生具体的损害），也可以产生责任。

（5）任何 WTO 成员，如果认为一成员的行为或措施对 WTO 的总体目标或有关多边贸易协定的具体目标的实现构成阻碍，不管此等行为或措施是否对它的权益造成直接或间接的影响，都可以对该成员提出"利益丧失或减损"的指控。

从以上几点可以看出，WTO 的"利益丧失或减损"理论不能完全归纳到我国的违约责任理论中，因为传统的违约理论要求的大前提必须是有违约事实存在，并无免责事由。而"利益损害或减损"理论并没有强调成员方必须违反对 WTO 承担的义务。同时，也无法归结到我国的传统侵权责任理论中，因为传统的侵权责任构成，要求必须具备四个要件：（1）损害结果存在；（2）行为方有过错；（3）侵权行为存在；（4）侵权行为与损害结果间有因果关系。而 WTO 中的"利益损害或减损"并没有要求必须有具体的损害结果存在。WTO 体制中的责任制度的特殊性是我们必须深入研究的，以便维护国家利益及当事人的合法权益。

（二）WTO 知识产权协定中的"即发侵权"同我国民法原理的侵权构成相冲突

TRIPS 协定第 50 条提出了"即发侵权"的概念，并要求成员方当局禁止"即发侵权"，把侵权产品制止在进入流通领域之前，而不是之后。根据中国现有民法理论侵权的构成四要件，对一切侵权的认定均需以已造成的实际损害为条件，无损害无责任。如果适用这一要件，在有的知识产权案件审理中，就会遇到这样的问题，虽然行为人仿冒了他人享有权利的专利、商标、作品等，但仿冒还没有进入商业渠道，即尚未造成损害，权利人指控他人侵权就无法成立。1998 年广东法院就审理了与传统民法理论冲突的案件。一个非商标权人的库房里存放了贴有商标权人商标瓶贴的酒瓶，其目的显然是制造出售假酒，但非商标人还没有进行装瓶和销售。从民法理论上讲，还没有造成对商标权人的"实际损害"，法院就无法认定非商标权人为侵权人，无法没收其贴有商标权人商标的酒瓶，而必须等到其在市场上销售了假酒，才能认定其"侵权"，并采取措施。

综观世界其他国家的知识产权立法，许多国家都把 TRIPS 协定中的"即发侵权"同样认定为侵权，法院可以对那些"可能预见而非无根据地推断出的侵权准备活动"发禁令予以制止。故，我国在加入 WTO 前，于 2000 年 8 月九届全国人大第一次常委会，通过了我国《专利法》的第二次修正案。修订后的《专利法》增加了与 TRIPS 协定第 50 条极为相似的第六十一条，引入了"即将实施专利权的行为"的概念，是对"即发侵权"制定的补充立法体现，我国有关专利或商标的法律改进，对知识产权保护有了大的提升，但从根本上看，我国现有的民商事法律、法规和民法理论的缺位影响了 WTO 协议在我国的适用。

三、保证 WTO 协议执行的司法审查制度是条约在国内司法领域的适用

中国过去的贸易保护措施是静止性的、保守性的，无论需不需要保护都是高筑墙，基本上没有临时性的贸易保护措施，也没有多少行政争议需要司法审查。中国入世后，意味着中国经济将逐步从静止的保护状态过渡到开放式的自由状态，因而必将大大借助于机动性的、积极的临时保护措施，而同时，也必然容易伤害到参与贸易的部分自然人和公司法人的经济利益，增加对政府行政性保护措施的争议，因此，对于贸易保护措施的司法审查必然将提到议事日程上，这也是体现 WTO 协议在我国的适用。

WTO 规则规范的主要是成员政府的行政行为，而司法审查对监督行政行为具有不可替代的重要作用。WTO 要求各成员在实施有关外经贸的法律、行政法规、司法判决和行政决定方面，为当事人提供申请复议、提起诉讼的机会。WTO 规则中涉及司法审查的条款主要有 1994 年 GATT 第 10 条第 3 款以及相关条款，如《反倾销协议》第 13 条、《海关估价协议》第 11 条、《装运前检验协议》第 4 条、《补贴与反补贴协议》第 23 条、《服务贸易总协定》第 6 条、《与贸易有关的知识产权协议》第 59 条等。WTO 上述几个重要协定，对各国司法审查制度都提出了要求，其共同点是：一是必须建立司法审查机构和规定司法审查程序；二是应赋予受到行政行为影响的当事人提出司法审查和司法救济的权利；三是该司法审查程序应当具有客观公正的性质。我国加入 WTO 议定书等法律文件中，承诺的司法审查范围是广泛的，包括 1994 年 GATT 第 10 条第 1 项、GATS 第 6 条和 TRIPS 协定有关条款所规定的法律、法规、普遍适用的司法决定和行政决定的实施有关的所有行政行为[①]。

作为现代法治国家普遍采纳的司法审查制度在我国长期重视行政权忽视司法救济的状况下虽存在，但同 WTO 要求相比还有一定的差距。一是，从《中华人民共和国行政诉讼法》和《中华人民共和国行政复议法》看，我国司法审查的范围较小，就对行政的审查而言，只有对"具体行政行为"的审查，而无对"抽象

---

① 《环球时报》，2006年12月12日。

行政行为"的审查，我国《行政诉讼法》第十二条规定：人民法院不受理公民、法人或其他组织对行政法规、规章或行政机关制定、发布的具有普遍约束力的决定、命令而提起的诉讼。此国内法的规定，同"中华人民共和国加入议定书第2条（D）1"的国际条约是矛盾的。二是，司法审查的权能不足。司法审查大量依据的是行政法规和行政规章，且行政法规、规章的解释权在行政机关。鉴于此，为保证WTO协议在我国的适用，笔者认为，在我国最终将建立一个独立于行政主管机关的审查机构（比如法院的特别法庭），授权受行政行为影响的当事人请求司法审查的权利，扩大司法审查的范围，建立一套客观公正的司法审查程序，全面提升司法审查的水平前，只能将"中华人民共和国加入议定书第2条（D）1"视为非自动执行的国际条约而解决WTO协议在我国的适用。

总之，全球化既是我们时代的趋势，又是活生生的现实，它构成我们这个时代最基本的特征之一。全球化最集中的地方表现在全球经济和技术两方面。法律全球化也主要集中在国际法，特别是国际商事法律领域，它既是对经济、信息全球化现实的描述，同时也是超越它们的价值规范的过程。因此，不能把法律全球化等同于经济、信息全球化，法律全球化比起经济全球化、信息全球化，程度显然要低。法律全球化虽说是有条件的，但也是必要的、有可能的，更是一种发展趋势。

尽管今天世界掀起一股逆全球化风潮，但是全球化的趋势代表人类本身的发展方向，而WTO法是法律全球化的最集中的表现，它是对各国干预世界经济、世界市场的国内措施的统一立法，旨在消除贸易壁垒，最大限度地促进世界贸易的自由化。从GATT到WTO的整部历史来看，WTO法的管辖范围愈来愈大，从部分货物贸易到几乎全部的货物贸易，进而到服务贸易，与贸易有关的知识产权和投资措施；从关税壁垒到非关税壁垒；甚至从贸易政策扩张到诸如国内竞争政策的非贸易政策；也甚至从贸易标准扩张到环境标准、劳工标准等非贸易标准。但WTO规则本身是一个灵活的、可操作性强的事物，当前在中国进入了"入世"15年之后的时期，我们必须在熟悉WTO具体规则的基础上，结合我国实际情况加以利用，甚至同样是执行WTO规则，也仍然可以有贸易保护主义和自由主义的差别。我国要在立法、司法领域解决条约的适用——WTO协议的国内适用，必须进行大幅度适应WTO规则的调整、改革，法律的改革存在"法律本土化"和"非本土化"两种并行的轨道。中国的法律专家们在起草和设计中国法律制度改革时，不仅将中国现实情况与将要制定的法律结合，而且已经并且将要引入关于西方国家法律制度的知识，并以此作为设计改革思路的重要参照，从而实现法律的最大功能：对社会、经济、人类正义的维持和保护。

第二节　从WTO规则看中国金融法律制度的弊端

由于我国现行宪法及有关缔结条约的法律规定中，没有我国接受条约规则如何在国内适用的规定，在本系列的《论 WTO 协议在中国国内的适用问题及其对中国法律的影响》一文中，从总体上，论证了 WTO 协议在中国国内的适用问题及其对中国法律的影响，在本节中，从金融服务角度，就 WTO 协议中的世贸组织服务贸易法律制度及对中国金融法制的影响和现有的中国金融法制弊端作一论述。

世贸组织是以其法律体系为基础构建起来的全球性国际组织，我国加入该组织后，将按照我国的承诺接受世贸组织法律框架的约束。世贸组织法律框架针对金融领域的制度在其整个体系中占据了极为重要的地位。《服务贸易总协定》及《金融服务协议》等是直接构建了世贸组织体系中的金融服务领域的一体化的游戏规则，各国在加入世贸组织时都必须按照统一的要求作出自己的承诺。我国在加入世贸组织时已经作出比较明确的承诺。加入该组织后，这些承诺已在不同程度地影响着我国的金融法制。

一、世贸组织服务贸易的法律框架

现有的国际金融服务贸易多边法律，从严格意义上讲，并没有构成完整的体系，为叙述方便姑且叫它为一个体系。它主要包括以下协议：

布雷顿森林体系中的《国际货币基金协定》，《国际货币基金协定》规定国际货币基金组织的宗旨之一便是消除妨碍国际贸易的外汇管制。要求其成员承担解除外汇管制的义务：（一）未经基金组织核准，不得对国际收支项目的支付和资金转移施加限制。（二）不得采取差别汇率或多种汇率。（三）对其他成员国在经常项目中积存的本国货币，如对方为支付经常交易而要求兑换，应用黄金或对方货币换回本国货币。由于"二战"期间 90% 的国家都实施外汇管制，《基金协定》在第 14 条规定了一个过渡办法即成员国在必要时可以维持和实施外汇管制，一旦情况许可，即应取消。过渡期为 5 年，5 年后，如该国仍然维持管制，须与基金协商取得同意。

《关于建立世界贸易组织（WTO）的协定》（以下简称 WTO 法）规定了 WTO 组织的建立和决策，WTO 的范围、职能、机构、地位以及它与其他组织的关系，协议的修改，创始成员的资格，加入和退出 WTO 组织等内容，它是包括《服务贸易总协定》在内的 WTO 多边贸易法律关系的基础规范，作为多边服务贸易法律体系内容之一的金融服务贸易法律制度必然以它为基础，受它约束。

从世贸组织法律框架的整体来看，直接或间接对我国金融法制产生影响的法律制度主要体现在世贸组织主协定的附属文件中。

世贸组织协定的主文件共有 16 个条文，就世贸组织的结构、组织的决策程序、成员资格、接受加入和生效等组织程序问题作了原则性的规定，这些规定并未直接涉及国际贸易的具体规则，而是为世贸组织及组织执行其他规则奠定基础。值得注意的是，该主文件确立的机构中常务理事会为服务贸易理事会，服务贸易理事会负责专门处理有关国际服务贸易的谈判、协调和争端解决。这些组织的设立无疑会推动世贸组织法律制度的发展及其在各成员国的实施。

世贸组织的附属协议共有 4 个附属文件，包括 21 项。这些附属文件规范了世贸组织体制的实体规则和具体的程序规则。4 个附属文件直接或间接影响金融领域的文件有：《关于 1994 年关税贸易总协定》、《服务贸易总协定》（及其附录）、《关于争端解决规则与程序的谅解》、《贸易政策评审机构》等。由于这些文件属于"多边贸易协议"，成员国只能一揽子参加，因此其普遍性和强制性的法律意义是极为显然的。

（一）《关于 1994 年关税及贸易总协定》（GATT 1994）

该文件所确立的若干基本原则构成了世界组织法律框架的基础尤其是如下原则：最惠国待遇原则、非歧视性原则、关税保护原则、公平贸易原则、透明度原则、协商一致原则等，这些原则贯穿于世贸组织的各类法律文件。

（二）《关于争端解决规则与程序的谅解》（DSU）

虽然在总协定的第 22 条、第 23 条就争端的解决确立了协商的基本方法，但是这对于保障世贸组织法律框架的落实是远远不够的。正因为如此，最终形成了《关于争端解决规则与程序的谅解》。该谅解书共 27 条，另有 4 个附件。谅解书及其附件就世贸组织争端解决机制的适用与范围、管理与运作、一般原则、基本程序、建议与裁决的实施和监督、补偿与减让的中止、涉及最不发达成员国的特殊程序、专家组的工作程序、专家复审等作了较为系统的规定。这些规定对于确保世贸组织法律体系的具体实施具有极为重要的意义，这些规定也是促成世贸组织法律框架影响各成员国相关法律的重要因素，特别值得一提的是，新型争端解决机制将是我国金融法制和金融执法作出回应性变革的重要保障机制。

（三）《服务贸易总协定》（GATS）及其附录

《服务贸易总协定》（GATS）及其附录是直接规制金融领域最为核心的世贸组织法律制度。该协定的正文分为 6 个部分，共 29 条。其主要内容包括：其一，适用于世贸组织所有成员的规则和纪律（General Obligations and Disciplines），这些规则和纪律是针对服务贸易领域各成员方在处理多边贸易关系、制定国内贸易政策以及处理贸易争端时所必须遵循的实质性义务和原则，亦是构成缔约方在服务贸易中各项权利与义务的基础。其二，具体承诺（Specific Commitments），这是协定的核心内容，涉及"市场准入"（Market Access）和"国民待遇"（National Treatment）两个方面。其三，逐步自由化（Progressive Liberalization），主要规定服务贸易自由化的进程安排和具体承诺表的制定标准。其四，组织条款（Institutional Provisions），含纳了协商机制、争端解决与执行、服务贸易理事会、技术合作以及与其他国际组织的关系等。

《服务贸易总协定》的附录中有两个直接涉及金融服务领域：一个是对金融服务的范围和定义、有关金融服务的国内法规、认可以及争端解决等实质性内容作了规定；一个是主要针对金融服务贸易谈判的时间安排。

（四）《金融服务承诺谅解协议》及《金融服务协议》

《金融服务承诺谅解协议》是乌拉圭回合一揽子协议的组成部分，它是为使金融服务的具体承诺与自由化的最低限制相符而制定的协议。它对跨境提供服务、开业权和扩大商业存在规定了最低的承诺水平，要求参加国允许外国银行在其境内提供新的在国外已获得的金融服务，并要求参加国在其承诺表中详细说明现有的垄断经营权，成员国应努力消除这些垄断或缩小其范围。此外，还要求成员方就专业人员的临时进入作出承诺。承诺表的制定依据是本国在该服务贸易领域的发展状况和水平，它决定着各成员方国内服务市场允许进入的范围、条件及程度。

1997 年 12 月 13 日达成的《金融服务协议》是对成员方国内金融法制影响最为直接而深入的制度。该协议是由《关于服务贸易总协定的第五议定书》及其成员方的具体承诺、最惠国待遇豁免清单等组成。该协议的生效，表明世贸组织的大部分成员方已就关于跨境贸易与金融服务的市场准入的法律框架及争端解决机制达成一致，尤其是各成员方的承诺清单将成为推动国内金融法制变革的重要力量。

二、世贸组织服务贸易法律框架中的主要制度

影响我国金融法制的世贸组织法律框架中的主要制度有国际服务的一般责任与纪律、市场准入机制和国民待遇等。

(一)国际服务贸易的一般责任与纪律

《服务贸易总协定》从如下几方面规定了国际服务贸易的责任与纪律:最惠国待遇、透明度、增加发展中国家经济一体化、国内规章、学历与履历承认、垄断与排他的服务供应者、紧急保障措施与收支平衡保障的限制、一般例外与安全例外、政府采购与补贴等。

1. 最惠国待遇原则是影响我国金融法制的一项重要原则

该原则是指与服务贸易有关的任何国内立法和措施(即第一条规定的服务贸易措施)所规定的优惠和待遇,在由一成员方给予另一成员方的服务或服务供给者时,也必须立即无条件地完全地给予其他任何成员方的服务或服务提供者。该项原则的例外是:符合《关于免除第二条义务的附录》所规定的条件和程序,为发展边境贸易而采取的措施。这项原则意味着我国通过个别协定赋予特定国家的金融机构入境或优惠待遇的做法将面临冲击和挑战,除非该原则允许的例外情形。

2. 透明度原则将是我国金融法制革新的有力约束机制

它要求所有成员方必须及时地将可能影响其他成员方依据《服务贸易总协定》应有的权利和义务的任何国内法律、法规的修订和颁布的情况,通报给其他成员方,以使这些成员方能及时地了解有关变化。通报的内容包括新法律、法规和行政法规的制定,也包括现有法律、法规和行政法规的修订。通报的时间必须符合时限的规定:新规范的制定,必须在其生效以前予以公布;法规的修订应立即或至少每半年通报一次。通报应提交贸易理事会。任何成员方认为其他成员方所制定的政策、措施和法规将影响协议实施的,有权向贸易理事会报告。在保障机制上,要求成员方应及时根据有关成员方的要求提供资料,成员方应建立一个或更多的咨询机构,以便能及时全面地履行通告和资料查询与提供义务。通告的内容不包括有碍法律实施和商业秘密保护的内容。

(二)市场准入机制

《服务贸易总协定》在特定义务的专项规定上作了原则性要求。首先,要求成员方在服务提供方式上,每一成员方给予其他成员方的服务和服务提供者的待

遇应不低于其承诺表中所同意和规定的期限、限制和条件。其次，在市场准入的限制上，除非另有规定不得作出如下限制性规定：服务提供者数量限制，服务交易总额和资产数量的限制，服务业务总量和服务产出总量的限制，服务雇佣劳动力的总数的限制，外国资本的参股、持股比例或投资总额的限制等。这些限制性规定都在不同程度上构成对我国既有或将来金融法制的冲击，特别是上述的限制性规定的排除，更是对我国金融法制的制度选择有重大影响，因为我国现有的制度有一些内容明显地与这些要求相冲突。

另外有关金融服务承诺的谅解协议就市场的准入问题作了进一步要求，这对于我国传统上金融领域的市场进入实施严格管制的体例有着重大的冲击。这些要求包括：

1. 在专营垄断方面

要求各成员方在遵循《服务贸易总协定》的基础上应在金融服务承诺表中列出现存的专营垄断并应尽力减小其范围。这对我国为保护国内商业银行尤其是国有独资商业银行所设置的保护性机制受到影响。

2. 在公共机构购买的金融服务方面

尽管《服务贸易总协定》规定政府采购方面各成员方可以采取不符合最惠国待遇和国民待遇的政策，但谅解协议要求各成员方的公共机构在购买金融服务时，对设立在本国境内的服务供给者应给予最惠国待遇和国民待遇。

3. 在跨境服务方面

成员方应允许非居民金融服务供给者在提供服务时享有国民待遇：有关海运和商业性航空航天发射和运费（包括卫星）风险的保险，关于国际运输过程中货物风险的保险，再保险与再再保险以及附录中所列的有关辅助服务，除与银行及其他金融服务有关的中介服务外的金融信息、数据处理及其他辅助服务，各成员方应允许其居民购买由在其境内的其他成员方的金融服务供给者提供的金融服务。

4. 在商业存在方面

成员方应允许其他成员方的服务提供者在其境内以商业存在的形式提供金融服务，设立的形式可以是收购现有的企业来扩大其服务的范围，但成员方可以对商业存在形式提供服务的条件和程序进行规制。

5. 在提供新金融服务方面

成员方在其境内设立的服务机构应提供新的金融服务——尚未在该成员方境

内提供但已在其他成员方提供的金融项目。此方面规则要求，我国在跨境服务和新金融服务方面需改进以履行国际条约的承诺义务。

6. 在非歧视性措施方面

各成员方应努力消除对其他成员方服务供给者的限制措施，这些措施包括：阻碍金融服务供给者在其境内按照许可的方式提供金融服务的非歧视性措施；阻碍服务供给者在成员方境内将业务扩展至其境内全部领域的非歧视性措施；一成员方对其他成员方的银行和证券服务供给者在该两个领域同时采取限制措施，另一成员方的服务供给者主要从事证券服务；符合《服务贸易总协定》，但对其他成员方的金融服务供给者参与经营、竞争或进入市场的能力产生不利影响的其他措施。此外，在人员的暂时进入方面也有相应的要求。

（三）国民待遇

国民待遇原则既是世贸组织法律框架的基本原则，也是《服务贸易总协定》及《金融服务协议》的基本原则。该原则已使我国现行金融法制中区分内资金融机构、外资金融机构和外国金融机构的状况受到严重冲击。根据国民待遇原则，任一成员方应许可在其境内设立的金融服务机构使用由其公共机构经营的支付和清算系统，以获得正常的基金和金融便利；成员方应保证其他成员方的金融服务机构在参加本国金融业行业管理组织及其他类似组织后，仍享有国民待遇。尽管国民待遇原则并不是简单地要求各成员国在对待外国金融机构的进入或提供服务时给予与国内金融机构以同等的待遇，但是各国必须在承诺表中明确地表明在哪些方面存在限制国民待遇，如果未作出限制，则应给予国民待遇。正如《服务贸易总协定》第17条所指出：任一成员方在其承诺表所列的服务部门中，应按照承诺表所定的条件和资格，给予其他所有成员方的服务和服务供给者以相同于本国服务或服务供给者的待遇。这里的相同待遇应是实质上的相同，而不论其形式上是否相同，衡量待遇是否实质上与本国服务或服务供给者相同的标准为这种待遇是否会改变外国服务供给者在本国市场上的竞争地位。因此，世贸组织法律制度体系对我国金融法制在国民待遇方面的具体影响，在很大程度上取决于我国的具体承诺。但是由于具体承诺是在成员方之间的谈判中确立的，因此，我国的承诺水平不可能太低。

加入世贸组织后，世贸组织的整体法律框架的具体要求已经成为我国国内法的有机组成部分，同时我国在金融领域的具体承诺也已在逐步具体化、明确化。由于我国现有的法制及市场规则在很大程度仍保留着由计划经济向市场经济体制转轨的诸多特征，金融法制基本原则和具体内容也与世贸组织法律制度的要求有差距。因此，为切实地履行加入世贸组织之后的各项义务，并努力地维护自己的合法权益，我国有必要对世贸组织法律框架中的各项制度进行深入研究，并及时地按照有关要求对我国现有的金融法制进行变革。这不仅有利于我国借鉴国外的先进立法经验，也是我国金融法制的现代化发展的重要契机。

三、关于我国在金融服务市场准入方面的承诺

中国承诺开放的金融服务业有：所有保险及其相关服务，包括寿险、健康险和养老金或年金险，再保险及保险附属服务；银行及其他金融服务；证券服务。

（一）保险

1. 企业形式

中国政府承诺准许外国非寿险公司设立分公司或合资企业，外资可控股；准许外国寿险公司设立外资占 50% 的合资企业；中国加入世贸组织后两年内，准许外国非寿险公司设立较少外资独资子公司，取消企业形式限制。

2. 地域范围

中国加入世贸组织后三年内，已取消地域限制。

3. 服务形式

中国加入世贸组织后两年内，中国政府承诺准许外国非寿险公司向外国和国内客户提供全部非寿险服务；中国加入世贸组织后三年内，中国政府承诺准许外国寿险公司向外国和国内客户提供健康险、团体险和养老金或年金险。

（二）银行

1. 准入地域的限制

外汇业务不受地域限制；本币业务，加入世贸组织时立即开放上海、深圳、天津、大连四地，并逐年扩大地域范围，每年增加开放 3~5 个城市不等，且在加入世贸组织后五年内取消所有的地域限制。

2. 客户限制

对于外汇业务，不作客户限制；对于本币业务，加入世贸组织后两年内就允许向中国企业提供服务，并在加入世贸组织后五年内向所有的中国客户提供，且可在开放的各城市向已开放的客户提供服务。

3. 营业许可限制

根据承诺，对外国金融机构经营的批准（营业许可）标准只为审慎目的（即

不含经济需求测定或营业许可的数量限制），并在加入世贸组织后五年内取消现存的关于限制所有权、业务经营及外国金融机构法律形式的任何非审慎性措施，包括关于内部分支机构和营业许可的措施，即可以设立分行、合资银行或独资银行等。

（三）证券

自加入世贸组织时起，准许外国服务提供者设立合资企业，从事国内证券投资基金管理业务，现外资最多可达33%。中国加入世贸组织后三年内，外资应增至49%，准许外国证券公司设立合资公司，外资拥有不超过1/3的少数股权，合资公司可直接从事A股的承销、B股和H股及政府债券的承销和交易、基金的发起。

四、对中国现有金融监管体制和立法的冲击

从金融制度看，我国的金融法规不完善，金融立法的某些重要领域还处于空白，尤其与现行的制度和国际金融制度无法兼容。从国际环境来看，由于国际金融自由化和金融一体化的发展，各国的金融机构不仅要与本国同行竞争，还要迎接来自世界各国，尤其是西方发达国家金融巨头的挑战，特别是，按WTO规则及相关协议的要求，我国目前金融监管存在的诸多弊端也明显地暴露出来。

（一）金融监管法制不完善

金融监管是指金融监管机构依法对金融机构的市场准入、业务经营及市场退出等进行全方位监督管理的活动，也就是将金融机构及其一切活动都置于金融监管机构的监督管理之下，以促进其稳健经营，事实上我国这方面的法律法规相当不健全。

1. 金融立法

在我国的金融立法中，现还存在许多与WTO法律原则或法律制度不协调的情况，有待于进一步对相关法律法规的制定、废除、修订。具体体现：

第一，金融法律的透明度较差。《GATS》第6条、第7条，要求对于成员方已经承诺开放的服务部门，其国内法律法规的制定必须遵循合理、客观和公正的原则。根据WTO法律制度的要求，任何成员方认为其他成员方所制定的政策、措施和法规将影响协议的实施的，有权向服务贸易理事会报告。透明度原则为我国金融法制的制定、修改和废止提出了更高的要求。这种要求主要体现在以下几个方面：

首先，在程序上，在制定、修改和废止的程序上要求有权机关必须能及时地通告、提供查询服务，并能对其内容的选择作出合理的解释。

其次，在实体内容上，受到有关成员方的监督，因为成员方可针对我国金融法制构建和修改中存在违背世贸组织法律制度要求的内容通过适当的机制提出抗辩，我国将不得不接受相应的有约束力的修正要求。这意味着我国金融法制的创制者必须熟悉世贸组织法律制度的相关要求及我国所作出的具体承诺，而且应能在充分维护和保障国内居民利益的同时将世贸组织法律制度的要求在国内法制中得到贯彻和落实。

再次，在执法行为上，执法者的执法行为同样也受到了世贸组织法律框架的制约，尤其是具有立法意义的最高法院的相关司法解释及中国人民银行、银保监会、证监会等监管机构的个案处理或对立法的个别解释将受到世贸组织透明度原则及其他相关机制的约束。因此执法机关的工作人员不仅要具有更高的法制和相关业务水平，而且应更为谨慎地履行职责。

最后，在法律法规修废上，整理、废止和修改法律法规的任务将大大增加，尤其是行政法规和规章的整理工作将极为艰巨。因为我国不少的法规、规章在不同程度上都与法律或世贸组织法律制度的要求相抵触，这种状况在法制公开，并接受外来监督时，则会促进创制者必须对这些法规、规章进行全面彻底的整理。

针对世界贸易组织的上述要求，中国现有的金融立法中大量以"内部纪要"形式存在的法律，显然无法适应公开、透明的要求，有违 WTO 规则中的透明度原则。

第二，金融法律制度松散，授权立法泛滥。虽然经过多年的努力初步建立了一个包括《中国人民银行法》《商业银行法》在内的金融监管的法律法规体系，但现行的金融法律法规的部分条款已不能适应银行业发展和监管的要求，操作性不强、监管标准难以把握，与 WTO 的要求相比，需要进一步修订和完善。体现在：

一是，缺乏统一的金融基本法。目前在我国的金融法律体系中，没有一部基本的法律，或者说是有几部基本法律，基本上是由《人民银行法》《商业银行法》《保险法》《证券法》等组成的。1985 年国家权力机关通过授权决定赋予了国家行政机关直接制定在经济领域改革和对外开放方面的有关法规的权力，前提条件是"根据宪法，在同有关法律和全国人民代表大会及其常务委员会的有关决定的基本原则不相抵触的前提下"，因此，对于与金融发展有关的法律，在国家权力机关没有制定基本法律的领域，国家行政机关均可以制定法规。而且上述几部基本法律中规定涉外方面的相关领域，行政法规可以排除其适用。

二是，行政主管机构在金融立法上有极大的权利。这几部法律对于行政主管机构授予了极大的权利，具体的内容完全由各机构决定。因此国家行政机构对于金融法律的制定具有全面的立法权。像我国目前这样在金融领域基本法律空缺的情况下大范围、几乎无限制地将立法权授予行政机构，实属罕见，令人忧虑。

第三，金融立法的法律缺位严重。由于前述的立法方面的问题存在，所以造成目前许多金融业的重要法律尚未制定，造成了法律缺位。像目前对外资金融机构进行调整的是一个在内容规定上和法律适用上还有相当不足的《外资金融机构管理条例》，当然也有零散的管理外国投资者等的部门规章，但立法地位低。另外如随着中国金融机构的发展，越来越多的机构在海外开设分支机构，在中国加入 WTO 后，这种现象已越来越多，但是目前对境外金融机构进行调整的法律简单，早已不能适用于现在金融业的现状。此外，三大监管机构几乎有无限制的立法权，规章一个接一个，相互冲突的很多，而且可以任意特批，比如说严厉禁止商业银行资金违规进入证券市场，但是建设银行与摩根士丹利合资成立投资银行性质的中金公司却获得特批。

同时，我国《立法法》规定，我国公布的所有法规都有各自通知渠道，这一法律程序实际上是立法工作的延伸，但还没有建立通知 WTO 的程序。

2. 金融监管目标

金融监管作为政府宏观经济调控及规制金融活动的一项重要手段，其最基本的含义旨在维护金融机构安全及稳健经营，从而在整体上确保金融体系安全和金融秩序的稳定。我国《人民银行法》关于监管目标的规定则显得比较原则，其侧重点主要是维护金融业的稳健经营。该法第一条规定："为了确立中国人民银行的地位和职责，保证国家货币政策的正确制定和执行，建立和完善中央银行宏观调控体系，加强对金融业的监督管理，制定本法。"第三十条规定："中国人民银行依法对金融机构及其业务实施监督管理，维护金融业的合法、稳健运行。"虽然维护金融业的稳健运行是我国中央银行实施金融监管不可或缺的一项重要目标，但这不能概括其他金融监督管理目标。缺乏对以下金融监管的目标方面的法律制度：

第一，维护金融体系的安全。金融业是高风险行业，它所经营的是以信用为基础的货币、证券、股票及保险单等虚拟商品。信用具有不可确定性，这就决定了金融业的内在风险性。风险一旦转化为现实，就可能引发金融危机，从而影响到整个经济体系。所以必须对金融业实施严格的监管。

第二，保护债权人利益。由于金融机构作为货币信用的中介机构，其资金主要来源于广大的债权人。金融业涉及面广，关系到千家万户。如果不能维护金融稳定，出现金融危机，将会影响到整个社会。

第三，维护并促进金融业的公平竞争。市场经济要求市场主体能够公平地展开竞争，只有这样市场才能稳健有序地发展。金融监管机构所要做的就是通过监管保证市场主体能够机会均等和地位平等，制止各种不公平竞争行为。为了保护市场效益，还要制止和打破垄断。

3. 金融监管原则

金融监管机构实施金融监管必须在法定的原则框架范围内进行，才能实现金融监管的目标，而《人民银行法》对此并没有明确规定。根据国外的情况以及结合巴塞尔委员会公布的《有效银行监管的核心原则》，金融监管的原则应包含监管主体的独立性原则。在一个有效的银行监管体系下，参与银行监管的每个机构要有明确的责任和目标，并应享有操作上的自主权，只有坚持该原则，金融监管机构才能有效行使监管权。

4. 跨国金融监管

法律制度的建立并完善，是进行有效金融监管的一个重要前提条件。与混业经营发展方向保持一致，我国的监管机构也必须作出相应的变革。为迎接金融全球化、自由化的挑战，受金融混业经营的影响，由专业监管机构分别进行分业监管的国家在数目上呈现出减少趋势。各国金融监管的组织机构正向一元监管的模式过渡。

我国目前不允许同一法人同时经营银行、证券、保险业务中两项以上的业务，也不允许金融机构之间相互控制、渗透。但是，由于各种原因，我国目前却存在着一些金融控股公司，例如中国国际信托投资公司（中信集团公司），拥有中信实业银行、中信信托投资公司、中信证券股份有限公司、信诚人寿保险有限公司等全资或控股子公司，并通过中信控股有限责任公司投资和管理中信集团公司所属的境内外银行、证券、保险、信托、期货、租赁、基金以及资产管理、信用卡等金融企业。中国平安保险（集团）股份有限公司，控股或全资拥有中国平安人寿保险股份有限公司、中国平安财产保险股份有限公司、中国平安保险海外公司、平安信托投资公司，平安信托投资公司则控股平安证券有限责任公司，使中国平安保险（集团）股份有限公司也控股着保险、证券、信托等金融机构。但对这些跨国金融公司或混业经营的金融公司的监管上存在弊端。

第一，现行的监管制度和国际金融监管制度的潮流无法兼容。我国尽管在金融监管上银监会、保监会已合并，但我国对金融机构和准金融机构，基本要求还是分离型金融制度，银行、证券和保险分业经营，而WTO成员方的金融制度则多是三位一体的金融制度，这样我国金融业的制度性障碍将严重影响我国金融机构的市场竞争，如何协调我国现行的分业监管体制和国际上混业经营发展趋势的矛盾，以及如何在目前的条件下创造混业经营的条件，这已成为当前需要着重考虑的问题。我国在制定《保险法》《商业银行法》和《证券法》时，即是参照美国金融业的"分业经营"原则所制定出来的，这也就决定了我国现在的证券、银行、保险分业而治的局面。但随着美国走向了金融的混业经营，再综观世界金融业的发展、国内金融机构受到的挑战以及政府的态度，分业体制估计在不久的将来就会向混业体制转变。

诚然，我国现在还不宜直接过渡到混业经营。受其限制，并结合目前我国的实际情况来看，在过渡期内对金融业务放宽限制宜采取渐进主义，逐步过渡到混业监管。监管当局应当利用这一过渡期积累监管经验、掌握监管技能、提高监管技巧，这有利于我国金融市场和金融体系健康地成长。在这方面可以参照美国的做法，美国在《金融服务现代化法》通过后，虽然还保留传统的多元化监管框架，但是也强调各监管机构的合作。

第二，从监管的内容来看，对金融业国际化的监管规则极为薄弱。对金融国际化的监管其实就是对跨国金融机构的监管，包括两部分：一是东道主国对外国金融机构设在境内的分支机构的监管，二是母国对其金融机构的海外分支机构的监管。目前我国对外资金融机构的监管还很不完善，已有的《外资金融机构管理条例》及其实施细则、《关于外资金融机构在中国设立常驻代表机构的管理办法》、《中外合资投资银行类机构管理暂行办法》、《境外金融机构管理办法》、《外资保险公司管理条例》等。这些法规奠定了外资金融机构监管的法律基础，但有关法律条款与实际操作的衔接不够。而对我国海外金融机构的监管，无论从其立法层次还是法律效力来看，都不能适应我国金融机构向海外拓展业务的需要。根据《巴塞尔协议》和《有效银行监管的核心原则》关于境外银行监管的规定，境外银行的所属国（母国）负有主要监管责任。我国必须重新制定规范对中资银行境外机构监管的法规，加强、协调对中资银行在海外的分支机构或子公司的监管，以鼓励中资银行拓展海外业务，保证其安全、稳健地运行，提高国际竞争力。其主要内容是以审慎性监管为核心，对境外金融机构的设立条件、设立地选择、设立程序、内部治理结构、风险控制管理、与东道国的监管协调等内容作出详细规定。

（二）外资金融机构金融监管的弊端

我国对外资金融机构的监管政策是：提供优惠的政策与严格进入和限制业务范围相结合。在引进外资的初期这种制度应该说是合理的，但随着我国加入WTO以及国内和国际金融形势的发展，这种政策的缺陷也逐渐显露出来，外资金融机构的法律制度缺乏系统性与合理性。

1. 金融监管法制在国民待遇方面存在问题

第一，法律框架。现有法制在法律框架上对外资金融机构、外国金融机构作了严格的区分。如《商业银行法》《保险法》及《证券法》等基本金融法律就倾向于对国内金融机构，尤其是内资金融机构的限制。事实上，对于外资或外国金融机构均有专门性的法规或规章，如现行有效的《中华人民共和国外资金融机构管理条例》及其实施细则、《在华外资银行设立分支机构暂行办法》、《境内及境外证券经营机构从事外资股业务资格管理暂行规定》、《上海外资保险机构暂行管理办法》等。这表明我国在金融市场方面对外国金融服务提供者及外资金融机构的待遇尚未提升到国民待遇的层面上来。

第二，金融市场。我国金融市场目前对外国金融服务提供者及外资金融机构的限制甚为严格，尤其是证券市场的限制则更为广泛，在服务提供的地域及服务品种的具体限制上则尤为突出，这在我国作出明确承诺后，国民待遇的限制范围将大大缩小，并且不得不反映到现有的法制中来。

第三，在法制上，现有的法制表明，我国既有的国民待遇限制具有很强的行政性、不确定性。因为我国在外资金融机构及外国金融机构提供服务的国民待遇方面一直未给予充分的关注，有关法制大多是权威性不高的部门规章或地方性法规或制度，甚至很多所谓的禁止性规则都是体现在监管或主管机构的自由裁量上，这为国民待遇问题上的明确性和透明度的实现带来了困难。根据《服务贸易总协定》及其附件要求，我国将在公开的承诺表中对金融服务的具体部门从跨境提供服务、国外消费、商业存在、自然人存在等四方面来明确国民待遇的限制。这种公开化的限制承诺具有排他性的意义，我国的金融法制不得不根据这些要求来规范国民待遇问题。

2. 外资金融机构的"超国民待遇"与"歧视待遇"

我国有关外资金融机构的法律制度使外资金融机构同时享受"超国民待遇"

与"歧视待遇"。这既违反世贸组织规则，又损害民族资本利益。

第一，超国民待遇。外资金融机构的资金运用政策非常宽松。如《合格境外机构投资者境内证券投资管理暂行办法（QFII）》中规定允许保险公司进入证券投资市场，还有一些地方性的规定，如《上海外资保险机构暂行管理办法》对外资保险机构资金的运用途径也规定得极为宽松，相比之下，国内中资保险公司资金运用的限制则极为严格。

第二，歧视待遇。目前，在我国承诺范围内的外资金融机构的某些业务范围以及网点，对外资金融机构仍有限制，被指为歧视政策。我国承诺自加入WTO之日起对外币业务便不得有任何地域限制，本币业务的限制也将逐渐取消，但现有制度却还有一定差距，如《外资金融机构驻华代表机构管理办法》第十五条规定"代表机构及其工作人员，不得与任何单位或自然人签订可能给代表机构或其代表的外资金融机构带来收入的协议或契约，不得从事任何形式的经营性活动"。

因为从我国在入世承诺表中的承诺来看，授权在中国开展业务的金融服务机构的标准应该只有唯一的标准——审慎（即包括了经济需要标准或者数量限制方面的许可）。所有现存的针对所有权、经营和外国金融机构法律形式的限制，包括内部分支机构和许可等方面的非审慎性措施均应该废除。

（三）中资金融机构金融监管的弊端

从《服务贸易总协定》及其相关附件来看，金融服务所包含的内容非常广泛，因此，在一个实行金融融合化制度的国家，金融机构业务发展选择余地非常大。而在我国，由于经历了20世纪80年代末90年代初金融业混乱经营之后，从1995年开始的三大法律就确立分业经营，不仅将银行、证券公司和保险公司的经营业务实施严格的分离，而且将各自的业务严格限制在传统业务领域内。对中资金融机构的业务范围的管制过严。

1. 银行监管

在我国，中资金融机构的业务范围受到过严的管制。现代商业银行的新兴金融业务如资产重组、投资理财、衍生金融工具、基金管理、信息咨询、消费信贷等我国银行法中均未作规定，在中间业务已经成为世界著名商业银行的重要业的今天，这种过严管制无疑限制了银行业的发展。

银行是金融市场最关键领域，是整个经济运行中的重要纽带，因此，银行监管非常重要关键。但由于银行现有银行监管法制是在由计划经济向市场经济转轨过程中逐渐发展起来的，因此法律的基本原则、内容以及法制形成与发展的机制、执法等，都在不同程度上与世贸组织法律制度有关部门要求不相符，金融监管的弊端较多。

第一，风险控制不力。长期以来，特别是 1995 年以前，中国金融监管的重心主要放在市场准入管理即金融机构设立的审批上，而没有放在对金融机构经营风险的监控和防范上。由于审批管理不严，致使一些不合格的金融机构进入了市场。进入市场后，对金融风险的内部控制与外部监管又没有相应跟上，使金融机构的经营行为得不到有效的规范与监督，风险得不到及时的控制和化解，致使金融机构内部矛盾重重，突出表现为信贷资金流向失控，信贷资产质量低下，金融运行风险加剧。中国金融业由于正处于体制改革过程中，金融制度不健全，金融市场发育不成熟，面临的风险除了市场风险和支付风险外，还存在着各种制度性风险。在经济转轨时期金融业的制度性风险和传统的市场风险仍然是中国金融业的主要风险。但是，随着金融业对外开放和金融体制改革的深化以及金融创新的发展，银行业所面临的市场风险也会逐渐加大。

如果我国金融监管工作的重心不作出相应的调整，仍然停留在市场准入监管这个层面上，而不注重对金融机构经营风险的监控，那么，这将成为威胁我国金融稳定的一个重大隐患。

第二，资本充足率低。据统计，四家国有商业银行的资本充足率在 1998 年年底之前基本都低于 8.0%。同时，由于国有商业银行效益不高，不良资产比率逐渐提高，资本充足率仍呈下降趋势。直至 2004 年年底，国内也只有 21 家商业银行资本充足率达到 8.0%。而根据《巴塞尔协议》，银行的资本充足率达到 8.0% 才能保证其安全运行，否则可能经受不住挤兑和金融冲击。中国银行如此的资本状况，之所以还未发生信用危机，是因为国家主权给他们提供了无限的信誉担保。

第三，银行的自主权弱。市场经济瞬息万变，这就要求银行根据市场情况的变化，迅速作出判断和分析，按市场经济的规律办事。但是长期以来，国有商业银行既不是真正独立的法人实体，也不是资金经营管理的主体，银行产权实质上虚化。国家的社会管理职能和资产管理职能混合运行，政府集所有权和经营权于一身，既行使国有资产管理权，又依靠行政体系和行政手段干预金融资产经营，致使国有商业银行一度形成政府职能与银行职能的交叉重叠和相互错位。国有商业银行缺乏经营自主权，常常受制于政府，如为维持社会稳定而发放贷款及各类"政府项目"贷款，致使银行应收贷款直线上升，内部资金占用不断增加，相当一部分贷款从生产领域转化为财政性救济款，银行陷入经营亏损的境地。

第四，市场退出监管法律制度欠缺。如在西方各国广为流行的金融机构收购合并制度、破产制度以及存款保险制度和最后贷款人制度，在我国都还没有建立，这些制度都是成熟市场经济中，规范金融业必不可少的法律制度。我国银行监管立法应该顺应市场规律，让市场自由选择，把问题银行破产、清算、被接管或者被兼并过程纳入具体、可行的法制化轨道，以培育出通畅、健康的市场退出制度。银行内控制度不健全，缺乏自律，监管银行的自律、守法程度不高，对公众的公信力不够。这个问题有银行的主观努力程度不够的原因，银行把自身的利益置于客户利益之上；也有客观的制度建设匮乏的原因，因为银行的法人治理结构不完善，导致银行虽然主观上想去做，但客观上不知道怎么去做，法制化地降低银行经营风险。

2. 证券公司监管

现有监管法律对综合类证券公司业务范围的其他类没有明确，实践中要证监会根据需要审批。目前证券公司业务结构雷同、种类单一、创新能力不足，并购、创业基金、资产证券化等现代投资银行业务还有待积极开拓。同时，现有监管法律制度也无法有效体现证券监管所基于的三个基本目标：保护投资者，确保市场公平、有效和透明，减少系统风险。

3. 保险公司监管

保险公司资金的运用受到严格限制，如《保险法》一百零六条规定"保险公司的资金运用，限于在银行存款、买卖政府债券、金融债券和国务院规定的其他资金运用形式。保险公司的资金不得用于设立证券经营机构，不得用于设立保险业以外的企业"。在各国保险公司承保业务亏损成普遍之势的情况下，随着我国存款利率的不断下调，保险公司在有限的资金运用渠道下的运作压力极大。对保险公司的这种过严的监管无疑限制了中资保险公司业务的发展和阻碍了同国外保险公司的竞争。

上述的这些金融法律制度的弊端，与 WTO 规则中的金融服务贸易的条约义务和我国的入世承诺相冲突，不符合 WTO 规则的最惠国待遇原则、国民待遇原则、公平原则、透明度原则等基本法律制度。我国承诺的司法审查也无法实施，因此，必须完善我国现有金融法律制度。

第三节 中国金融监管法制建设与WTO规则

当年入世是中国改革开放中的一次质的飞跃，也是中国的一场法律革命，中国的法律体系正逐渐发生巨大的变化和调整。金融是一国经济最敏感、最复杂的部分，金融法制规范是否合理、实用，涉及一国政治、经济的大局。本节在《从WTO规则看中国金融法律制度的弊端》文章的基础上论述金融监管的理论及世界各国家金融监管的立法特点，分析提出了中国金融监管法制建设的对策。

近年来，随着我国金融市场化、国际化进程的加快，金融业竞争的加剧和世界性金融危机的不断出现，影响我国金融业稳定和安全的因素越来越多，这将使我们面临极大的压力。金融业是现代经济的核心，而保证这个核心健康有序、平稳发展运行的关键是金融监管，通过法律手段保证金融安全的关键是完善和强化金融监管的法制建设。

一、金融监管的理论

金融监管的理论是一个金融创新和监管不断博弈的结果。我们所有的经验知识可以通过新的经验来推翻。我们在这样一种情况下可以（或者更贴切地说：我们作为理性的动物应当）通过重新构思理论，尤其是再分类，消除理论和经验之间的矛盾。金融监管理论和实践就是在这样的一个过程中得到了逐步的发展，反观金融监管理论的发展过程，大约可以分为四个阶段。

（一）金融监管理论的产生阶段

金融监管理论的产生阶段，注重金融安全目标（20世纪30年代之前）。在20世纪30年代大危机之前，人们把监管的注意力集中在银行的信用危机上，监管任务主要由各国的中央银行来执行，监管的目标注重金融安全。亨利·桑顿在1797—1825年的"金块论战"中指出，真实票据的不断贴现过程，将会导致信用链条的延长和信用规模的成倍扩张，故而真实票据原则并不能保证银行有足够的流动性或货币供给弹性，从而避免银行遭到挤提以及引发通货膨胀或紧缩。因此，以真实票据原则发行银行券存在发行过度的危险，应该受到集中的监管。

在随后半个多世纪的争论中，桑顿的观点得到实践的支持，统一货币发行的中央银行纷纷建立。作为货币管理者，中央银行逐渐开始承担起"保险"的责任，作为众多金融机构的最后贷款人为其提供必要的资金支持和信用保证，其目的是防止因公众挤提而造成银行连锁倒闭和整个经济活动的剧烈波动。这样，中央银行就从以统一货币发行和提供弹性货币供给为特征的货币管理职能，又逐渐衍生出最后贷款人的职能，承担稳定整个金融和经济体系的责任。中央银行的最后贷款可以成为迫使金融机构遵从其指示的一个重要砝码，由此，中央银行就有可能而且也有必要进一步对金融机构的经营行为进行检查。这种对经营行为的检查活动一直发展到现代央行对所有金融机构，主要是商业银行进行的各种现场检查和非现场检查。基于这些检查所产生的一些初步的理论，就是金融监管理论的胚胎。

（二）金融监管理论的初步发展阶段

金融监管理论的初步发展阶段，金融安全目标与金融效率目标的交替（20世纪30—80年代）。20世纪30年代大危机后，立足于市场不完全、主张国家干预政策和重视财政政策的凯恩斯主义取得了经济学的主流地位。这次危机导致了美国证券交易法、证券监管委员会和美国式会计监管体系的产生，相应建立了会计准则制度、公开披露制度和独立审计制度。从1929—1933年大危机后的"严格管制"到20世纪70年代以来的"金融自由化"改革，国际监管领域经历了一个大规模放松管制的过程，但是，这一阶段上放松管制的过程具有很大的被动性，即严格的金融管制本来就已在实践中失去有效性，规避管制的金融创新已使不少限制性措施名存实亡。另外，在放松管制的过程中，金融监管虽然不再完全以限制竞争、维护金融稳定为指导思想，而是适当考虑监管本身所带来的成本，即监管对金融业效率和竞争力的影响。但是，这一阶段上对金融效率的考虑还缺乏主动性，放松管制在客观上提高了金融机构的效率和竞争力，但放松管制后的金融监管尚未明确地把监管成本和金融业的效率作为重要的考虑，监管与效率仍然更多的是一种对立关系。

在这一时期，金融监管理论主要以维护金融体系安全、弥补金融市场的不完全为研究的出发点和主要内容。主张政府干预，弥补市场缺陷的宏观政策理论，以及市场失灵理论和信息经济学的发展进一步推动了强化金融监管的理论主张。

（三）金融监管理论的成熟阶段

金融监管理论的成熟阶段，安全目标与效率目标并重的金融监管理论。1980年以后，经济学中以萨缪尔森为代表的新古典综合派占据了主导地位，市场自由主义和政府干预主义出现了统一的趋势。自由主义经济理论的"复兴"，并没有否定市场的固有缺陷，它们与"政府干预论"的差异主要体现在"干预"的范围、手段和方式等方面。因此，无论是在发达国家还是在发展中国家，金融自由化的步伐一直没有停止，在 20 世纪 80 年代后半期和 90 年代初，金融自由化达到高潮，很多国家纷纷放松了对金融市场、金融商品价格等方面的管制，一个全球化开放式的统一金融市场初现雏形。然而从 20 世纪 90 年代初开始，一系列区域性金融危机的相继爆发，迫使人们又重新开始关注金融体系的安全性及其系统性风险，金融危机的传染与反传染一度成为金融监管理论的研究重点。在 1997 年亚洲金融危机以前，面对各国金融开放的热潮，一批有识之士，如斯蒂格里茨和日本的青木昌彦曾经提出过的金融约束论，成为金融监管理论进一步发展的标志性文献。金融危机浪潮推动了金融监管理论逐步转向如何协调安全稳定与效率的方面。与以往的金融监管理论有较大不同的是，现在的金融监管理论除了继续以市场的不完全性为出发点研究金融监管问题之外，也开始越来越注重金融业自身的独特性对金融监管的要求和影响。

（四）金融监管理论最新发展阶段

现阶段，金融效率、金融安全、金融结构并重，虽然监管的基本目标维护金融体系的稳定与安全没有改变，但其重心已在转移。监管当局正越来越关注监管中竞争与安全、效率与成本、数量与质量、均衡与结构的统一关系，在制定和实施监管政策、措施的过程中考虑可能对竞争、效率和金融创新产生的影响，权衡利弊，采取灵活的有应变能力的监管政策和手段，并不断进行监管创新，以在稳定的前提下创造有利于竞争和金融创新的外部环境，达到安全与效率的最佳平衡。这已成为衡量监管有效性的新标准。随着经济制度的不断演变，金融监管的内涵和外延都在发生变化。现阶段金融监管发生了一系列重大的转变，特别是对金融结构的监管日益迫切，金融监管的目标发展成为效率目标、安全目标和结构目标并重。

二、世界各国金融监管体制改革和立法的特点

从历史上看，现代金融监管体制是在 20 世纪 30 年代大危机以后确立的。同时，针对 20 世纪 70 年代以来不断发生跨国银行倒闭的情况，各国联手建立了国际金融风险监管合作体制。分析和比较英、美、日等国在金融监管体制改革和立法方面的特点，可以为改革和完善我国的金融监管体制提供经验借鉴。建立中国与世界各国的金融监管合作关系，有助于中国在对外开放的情况下，防范和化解国际金融风险对中国金融的冲击和破坏。

（一）美国金融监管体制改革和立法的特点

美国在 20 世纪 30 年代建立了严格的分业监管体制，但是，不同领域中的金融机构从未停止向其他领域中业务的渗透活动。20 世纪 70 年代以后，随着金融自由化的发展，美国在原有监管体制不变的前提下，开始了渐进式的改革。1980年，美国国会通过了《银行持股公司法修正案》，规定美联储可以单独授权部分银行从事证券业务。1989 年，美联储以"特例"方式，允许花旗、大通曼哈顿等五大商业银行直接承销企业债券，同时也允许投资银行从事部分商业银行业务。1991 年美国财政部公布的改革方案允许资本充裕的银行可以拥有保险和互助基金。1998 年美国银行之间的兼并，产生了可以开展多种服务的"全能银行"，但当年通过的《金融服务业法案》却认可了这种混业兼并的合法性。在国际国内金融自由化浪潮的推动下，1999 年 11 月，美国国会通过了《金融服务现代化法案》，建立了具有鲜明美国特色的现代金融监管体制。该体制的基本框架是：美联储作为伞形监管者，对金融控股公司进行综合监管。但是，金融控股公司下属的各类金融子公司，分别由相应领域的监管机构监管，如金融控股公司下属的银行由通货监理署监管，下属的证券经纪交易商由证券交易委员会监管，下属的保险公司由各州的保险监管机构监管。在美国，混业经营是在金融控股公司的框架内，通过其下属子公司在不同领域内开展不同金融业务的方式来进行的。这样，由美联储抓住这群母子公司构成的伞状结构顶端的母公司进行综合监管，就可以从总体上了解和控制了这一主体群的经营情况，而在银行、证券、保险领域中的各类监管机构则按行业依法管住伞状结构下面相应的各类金融子公司的活动，从而构成了美国独特的伞形监管体制。另外美国各州也都有自己的金融管理部门，负责对在本州注册登记的金融机构的监管工作，从而形成了美国金融监管体制中联邦政府和州政府双线监管的又一特点。

（二）英国金融监管体制改革和立法的特点

20 世纪 70 年代以前，英国没有统一的金融监管组织，各金融机构在自己的经营范围内进行经营，金融机构和行业部门的自律作用，以及监管部门的道义劝说往往是解决问题的主要方式。1979 年通过的《银行法》正式从法律上确认了英格兰银行的监管地位和监管职责。1986 年的《金融服务法》授权证券投资委员会监管证券与投资业，逐步形成了英格兰银行等 9 家监管机构构成的分业监管体制。但是，从 1986 年开始的"大爆炸"式的金融改革，推动了英国的金融自由化，金融领域中出现的混业经营趋势，不断冲击着当时的分业监管体制。

特别是 20 世纪 90 年代以后，出现了很多综合经营的金融机构，其业务覆盖了银行、信托、保险、证券等各个领域，更是对分业监管体制提出了挑战。1997 年 5 月，英国成立了一家全新的超级金融机构——金融服务局（Financial Service Authority），英格兰银行等 9 家监管机构的监管职能都由金融服务局（FSA）来统一行使。2000 年 6 月，英国通过了《金融服务与市场法》，从法律上确认了金融监管服务局的地位。另外，英格兰银行、FSA 和财政部通过备忘录方式明确了各自的职责是：英格兰银行负责制定和执行货币政策，维持金融体系的稳定，并保留最后贷款人职能；FSA 负责对金融机构和金融市场的监管；财政部负责制定金融监管的结构框架和立法。英国这种高度集中统一的全新的金融监管体制，引起了世界上许多国家的关注。

（三）日本金融监管体制改革和立法的特点

战后日本建立了较严格的分业监管体制。到 20 世纪 80 年代，日本的金融开始走向自由化和国际化，在这段时期中，日本监管体制主要由大藏省（财政部）与日本银行（中央银行）共同来执行金融监管职能，但二者的地位不同，大藏省对所有的金融机构实施监管，而日本银行是在大藏省的领导管理之下，只对在日本银行开立往来账户的金融机构有监管权，配合大藏省完成监管任务。这种监管体制的行政色彩十分浓厚，大藏省在监管中经常运用行政手段，对金融机构进行干预。

（四）国际金融监管合作体制的特点

20 世纪巴塞尔委员会成立后，根据国际金融实践，围绕着跨国银行监管和风险防范方面存在的问题，不断地提出了一系列的监管原则、规则、标准和建议。

1. 巴塞尔文件

为了统一各国对跨国银行的信用风险监管标准，巴塞尔委员会于 1988 年 7 月通过了《关于统一国际银行资本计算和资本标准的协议》。再如 1991 年国际商业信贷银行倒闭事件，暴露了国际金融监管体制中各国监管合作不力和职责不清的问题。该银行总部设在卢森堡，分支机构遍布全球，在世界银行业中排名 184 位。由于从事伪造账目等商业性欺诈行为，并涉及为走私、贩毒者洗钱等违法行为，1991 年 7 月 5 日，被英国等 14 家中央银行冻结其资产进行清盘，该行在 69 个国家的分支机构被关闭。其实在事发前，不少国家已发觉国际商业信贷银行的金融活动有问题，但各国之间没有形成有效的合作监管体制，因而没能及时制止其违法活动，最终在全世界引发了一场"金融地震"。针对这一事件，巴塞尔委员会对已发表的国际金融监管原则作了修正，于 1992 年 7 月制定了"关于监管国际银行集团及设立境外机构的最低标准"。1997 年 9 月，巴塞尔委员会在总结经验的基础上，发布了《有效银行监管的核心原则》，为各国评价银行监管体制的有效性提供了标准。1999 年 6 月公布的《新巴塞尔资本协议》更全面更充分地考虑了银行可能面临的多种风险，提出以全面披露信息的方法来保证市场对银行的约束效果。巴塞尔委员会在其制定的一系列文件（以下统称巴塞尔文件）中所提出的监管原则、方法和标准，为国际银行合作监管体制奠定了坚实的基础。虽然，巴塞尔文件不具有法律上的效力，它只是成员国中央银行的统一行动纲领和互相之间的合作承诺，但是这些成员国都是当今世界上金融业最发达的国家，具有十分强大的经济影响力，所以该文件的内容很快被其他非成员国广泛接受，成为国际金融监管惯例。

2. 现有国际金融监管合作体制的特点

在巴塞尔文件基础上形成了新的国际金融监管合作体制，其具有如下特点：

首先，采用并表监管的方法，将跨国银行的总行、国内外分行和子行作为一个整体来进行综合监管。其次，资本衡量和资本标准通过统一银行资本衡量和资本标准，消除各国监管标准的差异，限制跨国银行的信用扩张规模。再次，母国统一监管原则所有跨国银行都应接受母国监管机构的统一监管，向其提交合并的财务报表和全球业务信息。对可能阻碍母国进行统一监管的跨国银行，母国监管当局可以禁止其在海外设立分支机构。最后，双重审批和信息充分交流原则，跨国银行到国外设立分支机构，必须要经过母国和东道国监管机构的双重审批同意，否则，母国和东道国均有权拒绝其设立申请。

东道国与母国应相互交流和分享跨国银行及其国内外分行和子行的经营信息。在遵守东道国法律的前提下，母国监管当局可获准对母国银行设在海外的分支机构进行现场检查。

在巴塞尔文件基础上形成的国际金融监管合作体制，在防范国际金融风险方面发挥了积极的作用，但也存在不足之处，如该体制重点防范的是银行信用风险，对利率风险、汇率风险综合起来防范的问题没有深入考虑。另外，在混业经营已成为国际金融活动主流的今天，银行业、保险业和证券业之间分业经营界线已日益模糊，而该体制仅对跨国银行活动进行监管是难以防范新的混业经营风险的。事实上，巴塞尔委员会已意识到这一点，1993 年 1 月，由其发起，与国际证券委员会和国际会计标准委员会一起成立了一个非正式银行、保险和证券业的三方小组，首次共同处理有关金融集团或控股公司进行混业经营所产生的风险问题。1996 年三方小组重组为"联合论坛"，有关跨行业监管的信息交流和确定主监管人等问题正在得到关注。

三、中国金融监管法制建设的总体对策

中国承诺的过渡期已结束，目前需要的是加强外资金融机构在中国经营的合规监管和建立中外金融机构的合作融合监管，使我国的金融业更好地为中国"一带一路"建设助力，推进中国金融业服务的国际化发展。

（一）监管立法的对策

我国的金融监管立法很不健全，从实体法律制度到程序法律制度，如对类似外资银行市场准入制度、银行公开披露制度、跨国公司的信用风险管理制度、法律制度的创制程序存在立法缺陷。

1. 完善立法程序

确立立法整体规划，限制行政机构立法权限，完善立法程序，加强透明度应该集中力量进行科学的立法预测与规划，制订详细的立法计划，包括时间进度的安排、机构职责的安排和内容结构的安排。在预测金融发展趋势和进行金融立法理论研究的基础上进行适度超前的立法。

全国人大应修改原授权决定，缩小授权范围，国家行政机关只能享有放权性、优惠性特征的法律的制定权，不得涉足基本法律的领域，对该领域也要控制审批范围和权限。对于监管性的法律，在出台基本法律之前可先制定，但全国人大应明确其立法原则。立法机关在接权的同时，也要加强自身的立法，不可过度依赖于授权立法。对行政机关的立法也要加强监督，减少其与基本法律以及相互之间的冲突，增强法律的权威性。

2. 完善法律体系

为解决透明度的问题，原外经贸部发布了《中华人民共和国对外贸易经济合作部文告》，指出《文告》可系统刊载与 WTO 有关的法规、规章。但问题在于这不是一条法定渠道。它不能作为法定的渠道来代表国家对外公布法律，它没有这个代表权，这其中就需要有一个授权性的规定，来确定它的法律地位，使其合法化。建立完善的由主体法、业务法和监管法以及相应的保障法所组成的一个法律体系，加紧对新生事物的研究和调控，顺利地实现制度变迁是否可以制定一部

金融业的基本大法——《金融服务法》，规定金融服务行业的基本问题和各行业法律和主体之间的关系。主体法和业务法方面，修改现有的几部基本法，使其适应 WTO 协议的有关要求和中国金融现状的要求。在新生事物方面，应尽快制定调整金融控股公司的法律，对其进行合理的引导和规制，完善调控制度，以其作为中国金融体制由分业制向混业制转变的契机。

3. 完善世贸法律国内适用程序

国内规章及其认可的义务更进一步加重了我国金融法制变革的任务。因为该项要求各成员方在公平、客观、公正、公开和促进贸易自由化进程的基础上制定本国的国内法律法规和规章。对于已承诺开放的金融服务部门，相关的规章必须遵循合理、客观和公正的原则。为保障其他成员方在我国承诺的金融服务部门中的权益，我国应及时建立与承诺有关的司法、仲裁和行政程序，以保证客观公正地解决国内立法可能给其他成员方造成的损害，对于需经政府程序批准的外国服务的进入，政府当局应及时全面地提供批准申请所需的条件，并对任何申请进行毫无迟延的审查以便作出及时的答复。有关服务供给者的资格认定的条件、程序等不得构成对贸易的壁垒（在资格认定的标准方面，应有客观而明确的标准、资格和能力的要求，为确保服务质量而必须具备的合理标准、批准的程序应具有透明性）。在服务供给者的学历、专业资格和许可证方面，鼓励各国合作以形成统一的国际性标准。

（二）监管机构的对策

在监管机构上应在加强机构本身设置的科学性、效率性、公正性的前提下加大监管机构的独立性，同时应采纳借鉴美国监管机构设置运作模式，加强监管机构伞状下的合作机制。

1. 建立统一的监管体系

我国目前在立法上应该首先将监管机构的独立性加强，将三方的职责划分更明确。目前由三大金融机构分头监管，相互之间缺乏有效的协调，法规制定和监管措施实施不协调，无法进行整体的均衡。随着世界各国监管机构的统一化，我国也应建立一个统一的监管机构，如金融监管局，下属各分支机构，分别对各行业进行监管。

2. 机构监管向功能监管转变

在监管的体制上，在传统上，各国的金融监管实行的是机构监管体制，即按照金融机构的名称或注册经营范围确定其所属的监管部门。但是随着金融业的发展，尤其是金融业务的融合以及混业经营体制的发展，机构监管的弊病越来越多，各国纷纷走向了功能监管的体制，即金融监管关注的是金融机构的业务活动及其所能发挥的基本功能，而非金融机构的名称，政府公共政策的目标是在功能给定的情况下，寻找能够最有效地实现既定功能的制度结构（主要指金融机构、金融市场的构成和形式）。功能监管的优势：

首先，超前性和可预见性。此监管具有一定的超前性和可预见性，它可以把不同名称的具有相同功能的金融机构或其他制度安排置于监管机构的监管之下，而不是像机构监管那样只能根据不同的个案作不同的处理。

其次，连续性和一致性。由于金融体系的基本功能很少发生变化，因此按照功能要求设计的公共政策和监管规则更具有连续性和一致性，须随制度结构的变化而变化，从而能够灵活地适应不同的制度。

最后，金融资源的节约。功能监管的一致性和连续性，也减少了金融机构进行"监管套利"的机会主义行为，这种机会主义行为导致了资源的浪费，并使监管机构的监管无法充分发挥作用。

3. 加大自律组织建设

在监管方面，应当加强金融自律组织的建设和作用，将一部分权限下放给自律组织，充分发挥其作用，使其在政府失灵或政府缺位的场合发挥作用，以填补监管空白，弥补监管失灵。

4. 建立合作机制

另外要通过法律，建立一个有效的合作机制，如建立三方定期联席会议制度，建立三方信息交换机制，建立三方协助调查机制等。银保监会、证监会从各自业务的角度，对金融业务和金融风险进行监控，以保证金融业的高效稳健运行。等过渡期结束后，我国的金融业得到全面发展时，可以考虑放开对金融业务的限制，进入混业经营、混业管理，再制定统一的金融监管法。

（三）监管行为的对策

在监管行为上，我们应充分利用 WTO 的有关条款保护我国金融业。总的来看，WTO 关于金融服务贸易开放是较有保留地推进的，这主要是因为金融业是一个特殊行业，且缔约方多是经济不发达国家。因此，在规定了参加方应尽的义务外，特别地规定了一些可以例外的情况，这就为大部分发展中国家保护本国幼稚的金融产业提供了有力的依据。但是，从乌拉圭回合达成的框架协议来看，金融服务贸易仍然是开放的趋势，这一点不能不引起我们的重视。

1. 利用 WTO 中有关的保护条款

WTO 设立了一些旨在保护发展中国家的条款。我国既然以发展中国家的身份申请加入 WTO，就应充分利用这些条款以保护自己。

第一，发展中国家的特殊待遇原则。目前，无论美国还是欧盟都对中国在世界贸易组织里的发展中国家身份提出挑战，认为应当把中国从发展中国家待遇中剥离。客观地看，在货物贸易上中国是否保持发展中国家地位可以商榷，但在服务行业的发展水平上，中国是贸易逆差，现实也是服务贸易中国处于劣势。因此，在服务贸易领域我们要坚持发展中国家待遇。由于发达国家和发展中国家的差距很大，所以在服务贸易问题上实施平等竞争的贸易规则，本身就是不平等的，尤其是金融服务业。发达国家的跨国资金融通早已国际化，而包括中国在内的发展中国家鉴于经济发展水平不高，多数对外开放程度很低，所以在拥有三分之二的发展中国家或地区达成乌拉圭回合的多边贸易谈判中，对发展中国家的特殊待遇也作了一些考虑：

首先，在国内政策目标上，发展中国家有权在其境内对服务的提供制定和采取新的规定，以适应其特殊需求的发展。

其次，在对外竞争方面，希望发展中国家更多地参与，发达国家和关贸总协定有义务帮助它们扩大服务出口，特别是提高其国内服务能力、效力和竞争力。在获得商业技术、销售渠道的改善和取得发达国家市场资料方面，应给予优先考虑，允许发展中国家对服务业的补贴等。

再次，在市场准入方面（开放市场），允许发展中国家根据其经济发展水平，少开放一些部门、行业或少放宽一些类型的交易，以达到服务贸易逐步自由化的目的。

最后，对于最不发达的国家，由于其特殊的经济地位，在贸易和财政收支上的特殊困难，给予特殊的考虑。

第二，充分利用 GATS "不对称原则"，逐步开放金融市场。

首先，中国利用 "更多地参入原则"，通过协商，要求发达国家给予我国更多的优惠政策，以保护我国金融服务业，提高其效率和竞争性，以便我国金融业更多地参入世界金融服务贸易。

其次，利用 "逐步自由化原则"，我国可少开放一些金融业务（如投资银行业）、徐徐放宽外资金融机构的业务范围，比如，外资银行的人民币业务可以一项一项地放开，而不是一次性允许外资银行经营所有人民币业务。

第三，合理利用"对等原则"。对于那些在我国设立的金融机构数量多于我国在该国设立金融机构数量的国家，我国应以对等原则予以限制。既可维护我国在金融开放中的权益，又可限制在华外资金融机构的数量及其发展，还不至于引起它国普遍反对。

2. 利用 WTO 有关例外条款，保护民族金融业的发展

第一，一般例外条款。一般例外条款指在不对情况相同的国家构成武断的、不公平歧视构成对服务贸易的变相限制的前提下，成员可应用此条款。

首先，此条款的实施不得阻止任何成员采取以下措施：该成员为维护公共秩序、保护公共道德；为了保护人身安全或健康；为了维护国内法律和制止欺诈行为等。该成员采取的以上措施应及时通知其他成员。

其次，有关国家安全的情况；有关军事和放射性物质和战争时期采取的行动；为执行联合国宪章而采取的行动。

最后，根据前两项规定所采取的措施，尤其，其措施的终止，应尽可能地通知服务贸易理事会。

第二，紧急保障措施。紧急保障措施指由于没有预见到的变化或由于某一具体承诺而使某一服务的进口数量太大，以致对本国现有的服务提供者造成了严重损害或威胁，此成员可以部分或全部不履行其承诺以弥补损害。

首先，任何成员在采取措施之前或之后应立即向全体成员通知这种措施，并提供有关数据，且应与有关各方充分协商。

其次，所有这种紧急措施都应受全体成员的监督。

最后，因此紧急保障措施受影响的其他成员可采取相应的措施。

总之，我们既要遵守 WTO 的规则，又要在 WTO 框架下，行使我国作为成员方的权利，使我国的经济利益不会因为规则的冲击而削弱。作为成员方，中国必须履行 WTO 的规则与承诺，但作为一个发展中国家的成员方，其市场经济尚不完善，国民经济相对落后，就不能忽视对世贸组织中"豁免"制度及"例外条款"的研究。利用好这些制度，我们可以争取到一定时间，深化国内改革，提高国力，平衡地发展经济，以防止或淡化经济全球化给我们带来的负面影响。在金融开放过程中，要学会充分利用 WTO 的"保障条款"和"例外条款"，合理保护我国的金融市场。按 GATS 第 12 条规定，当东道国出现严重的国际收支不平衡或对外金融领域内发生严重困难或威胁时可以重新实施限制；第 14 条规定，东道国出于维护公共秩序、公共道德、防止欺诈、保护个人隐私和账户秘密、保

证国防安全等需要，可以采取相应的限制措施。另外，在《金融服务附件》国内法规部分规定，一成员方为谨慎原因可以采取相应限制措施，包括为保护投资者、存款人、投保人或金融服务提供者对其负有托管责任的人而采取的措施，或为确保金融体系一和稳定而采取的措施。

但是要注意的是，不能够频繁地使用这些保护措施，在运用这些保护措施的时候，也要注意不能违反我国在加入时所作的承诺，不能损害外国金融机构按通常情况下合理的利益，以免该金融机构母国向 DSB 等提请解决争端。

四、主要领域金融监管法制建设的具体对策

按照加入世贸组织的承诺，2006 年年底之前，我国将全面开放金融业。伴随着逐步升温的改革话题，中国在金融具体行业上金融监管法律制度的建设完善，成为保证金融安全、国家经济安全的必然趋势。

（一）银行监管法制建设的对策

中国银行业改革重要国际智囊之一——詹姆斯·巴尔斯建议中国应该首先是制定法律，然后再设立监管机构。巴尔斯表示：监管机构在中国就是银保监会，在美国就是美国联邦储备局。这些监管机构得到授权来确保各种条例都是符合法律的。而作为监督机构主要是诠释这些法律，并确保这些法律和条例能够运用到个别银行。全国人大制定法律，银保监会依照法律监管银行，全国人大解释法律、监督银保监会，这形成了中国银行改革中的三个层次。

中国的银行系统正在进行完善风险管理、减少不良贷款、增加资本数量以及提高外国银行参与度的一系列改革。

对银行如果监管过于严厉的话，那么这些机构就会强迫银行把钱贷给那些本来不应该贷的机构和公司，而且还有一些公司会涉及"拆东墙补西墙"，从而带来诸多问题。监管过度的话也会导致腐败的出现。这个问题的关键就是说既不要监管过度，也不要监管不足。经历过美国 20 世纪 80 年代金融危机的巴尔斯建议，更好的财务体系、更具活力的法律体制、更为公平公开公正的资本市场发展的环境、加强对于监管者和所有者的激励等，这是美国的经验，也是中国可以借鉴的经验。

银行业务的本质决定了风险是金融体系固有的特性，不论是监管还是其他任何力量都不可能彻底消除金融体系的内在风险，监管体制不论多么有效和完善，

都无法保证不会有金融机构陷入困境和破产。因此，监管当局的目标不应该是消除风险，而应是通过健全的法规体系，促使金融机构审慎经营，杜绝过度冒险行为，将风险控制在合理的可承受的范围内，并防范系统性风险和危机的发生。

1. 完善我国的银行外部监管法律制度

第一，完善我国的商业银行准入监管法律制度。商业银行的准入监管法律制度主要包括银行的市场准入监管法律制度和银行业务范围监管法律制度两个方面。我国商业银行市场准入监管的法律制度从法律上讲，银行的市场准入监管是指银行依法获准设立，实际取得法律上的主体资格，可以自己的名义从事活动的行为。

首先，严格以符合《商业银行法》和《公司法》规定的章程。章程是银行组织机构和行为的基本准则，商业银行的章程一经批准，不能随意变更。

其次，严格最低资本要求的监管。资本对于银行能否稳健经营极为重要，适度资本除了用于抵补经营损失外，还可以激励银行强化和改进各风险的管理；反之，资本不足的银行，往往会为了弥补损失、提高盈利水平，而孤注一掷地涉足高风险经营。

再次，加强合格的经理人员的监管。一个值得信赖的、健全的、有声望的具有专业管理经验和竞争能力的职业经营管理层对银行的经营成败至关重要。因此合格的经理人员也是成立银行的重要条件。各国银行法一般都规定经营管理人员必须具有良好的品行、充分的专业能力和相应的工作经验等。

最后，银行必须有符合要求的营业场所、安全防范措施和与业务有关的其他设施。

第二，加强我国银行业务范围监管法律制度建设。银行业务范围监管是指银行监管当局在允许商业银行经营什么种类的金融业务方面所进行的管理活动，包括业务范围的分类、确定、停办以及对超范围经营的处罚等。银行的业务范围是银行权利能力和行为能力的体现，必须经金融监管机关核准后方能取得。在我国商业银行经营性监管法律制度上：

首先，加大对资本充足性监管法律规则的完善。资本充足性监管又称银行资本适宜度监管，即要求银行资产业规模与其资本保持一定的比例关系。各国监管机构对其境内商业银行资本充足性的监管主要是通过考查其资本充足率来实现的。资本充足率是指商业银行持有的、符合监管当局规定的资本与风险加权资产值之间的比率，该比率主要是用来衡量银行的资本充足程度的。资本充足率为一种风险缓冲剂，具有承担风险、吸收损失、保护银行抵御内外冲击的作用，是保障银行经营安全的最后一道防线。资本充足程度直接决定银行的最终清偿能力和抵御各类风险的能力。监管当局督促银行保持最低资本充足率，将直接关系到一国银行业在国家金融市场的竞争地位。因而，按巴塞尔协议精神加强我国银行资本充足性监管，既是提高我国银行国际信誉，增强其国际竞争力的举措，也是我国优化资产重组、降低资产风险的举措。

其次，应确立和完善有关资金物化和价值评估的法律规范。商业银行是经营货币的特殊企业，但近年来，出现了一种严重的货币物化现象，也就是银行大量资本被固化在房地产等实物上。银行事实上被迫成为非自用不动产的投资者，因为有的房地产项目，实在是难以处理，难以变现。而这与资本充足率相关的问题是，当有些银行因大量货币被迫固化在房地产等实物上时，若出现对其价值的高估，则会影响银行的资产负债，从而出现不实的资本充足率。另外，有些银行在利用房地产等实物作价出资时也存在着问题。

最后，应加强对违反资本充足性行为的打击力度。对违反资本充足性的行为进行处罚在我国现行立法中已有多处规定，但应进一步细化。

第三，完善宏观体制，保证商业银行流动性监管。

首先，要转变政府职能，规范政府行为。从建立银行流动性风险的约束机制来分析，就是要求政府放松对金融业过多的行政直接管制。

其次，建立银保监会对商业银行流动性的监管机制，是防范流动性风险的重要条件。

最后，建立健全流动性风险预警机制。风险预警机制是指，监管机构在对银行业金融机构的风险作出判断和评价后，将其与特定的风险控制标准进行比较，并及时采取相应的监管措施。按照巴塞尔协议的相关要求，各国监管当局应对各银行业金融机构实施审慎监管，对金融风险进行及时、准确监测和评价，目的是为实现对金融风险的早期预警，以及时有效地控制风险，防止风险的扩大和蔓延。所以我国应该尽快建立金融风险预警机制。

第四，完善我国目前银行业金融机构的市场退出方式。

首先，对现行金融机构市场退出的法律、法规进行清理，消除各层次法律规范之间存在的法律冲突，以及各部法律法规之间的矛盾。对涉及金融机构市场退出的法律内容进行补充完善，使之形成一个内容完善、效力层次分明、逻辑体系清晰的法律体系。

其次，在制定《金融机构接管条例》《金融机构破产条例》《银行资产评估管理办法》《金融机构产权交易条例》的基础上完善我国金融机构市场退出监管方面的法律机制建设。

2. 规范政府行为，避免政府干预过多

政府应该注意，在一定约束条件下，政府可以对并购进行协调，但我们应当把政府的行为严格定位于促进交易的发生，避免使政府行为介入市场交易的过程。另外，随着市场的成熟，政府协调也应逐渐退出。

3. "国家信誉"应从国有商业银行淡出，建立存款保险制度

存款保险制度是指，为从事面对公众的存款性业务的银行业金融机构建立一个保险机构，各机构成员向保险机构交纳保险费，当成员金融机构面临危机或经营破产时，保险机构向其提供流动性资助或者代替破产机构在一定限度内对存款者给予偿付的制度。追溯存款保险制度的起源，在 1929—1933 年大危机期间，当时美国共有 9096 家银行破产倒闭，广大存款人的利益和信心均遭到重创。迫使美国国会随后迅速通过了《格拉斯－斯蒂格尔法案》并建立了世界上第一个存款保险机构——联邦存款保险公司。目前，世界上已经有 68 个国家先后建立了存款保险制度。可以说，建立存款保险制度已成为目前各国金融制度发展的一个重要特征。中国的存款保险制度应当是集保险、银行监管和破产处置为一体的制度。央行、银保监会和存款保险公司之间既有分工又有合作。央行专司货币政策的制定和执行，并对有流动性困难的银行系统以最后贷款人的姿态补充其流动性；银保监会负责银行系统的准入和监管；而存款保险的工作重点则在于保护存款人的利益而不是银行，在于保障银行的有序破产而不是其存续。

第一，建立存款保险制度，有利于银行业金融机构开展公平竞争。我国需要建立存款保险制度来防范危险的发生，保护存款者的利益，保证整个金融体系的稳定。

第二，建立存款保险制度，有利于银行业经营的整体效率。存款保险制度的建立，可以为我国国有商业银行的经营树立一个必要的、公平、公正的平台，保障整个金融体系的平稳运行，推动国有银行摆脱政府干预，自主经营，从而提高我国银行业经营的整体效率，并减轻政府负担。

第三，银行转轨必须辅之以存款保险制度，有利金融监管的辅助作用。存款保险制度可以对金融监管起到辅助和补充的作用，有利于提高金融监管的水平。

第四，我国存款保险制度的基本法律框架。中国的存款保险制度，应根据我

国的实际情况研究制定，该制度既能保护存款人的利益，又能监管银行经营，以确保金融机构不滥用存款保险制度去进行过度的风险经营，把银行的信用风险降低到最小，促进银行业的稳定发展，保证整个金融体系的正常运转。

4. 完善我国的外资银行市场准入监管法律制度

我国的外资银行准入政策与立法对于我国引进外资银行，发挥其积极影响起到了重要作用，也积累了一些有关外资银行准入监管方面的经验。但与此同时，我国在外资银行监管方面也存在诸多问题，其核心是外资银行政策缺陷和对风险监管缺乏足够认识，弱化了我国对外资银行的有效监管。而解决问题的最基础的措施就是要加强完善对外资银行准入监管方面的法律制度。

第一，合理构建我国外资银行准入监管指导思想。从外资银行立法可以看出，我国对外资银行采取的是有限保护主义的单方面优惠待遇，即通过提供优惠政策来吸引外资银行，鉴于此种情况，笔者认为，我国应当在立法中明确对外资银行准入监管的指导思想。一国对待外资银行的态度，给予外资银行的待遇必须根据本国的经济形势的变化而采取相应的对策。作为金融监管当局，一方面必须通过改善投资环境对外资银行保持一定的吸引力，从而保持一定程度的金融国际化水平；另一方面，又必须在新的形势下及时修正其对外资银行准入监管方面的指导思想，以便加强对外资银行在准入方面的监管，确保本国金融体系的平稳运行。一个成功有效的外资银行准入监管政策必须既维护本国金融业的利益，同时又兼顾外资金融机构的利益。考虑到我国加入 WTO 15 年的过渡期已结束，在对外资银行准入监管指导思想的确立上，我国要根据 GATS 及其附属的《有关金融服务承诺谅解协议》和国际通行做法，结合我国金融市场与外资银行的具体发展状况和进程，采取对等的国民待遇原则，并辅之以最惠国待遇原则作为我国对外资银行进行准入监管的基本指导思想。这样一来，就可以实现兼顾金融自由化和金融安全的双重政策目标。

第二，明确我国在外资银行引进上的长期发展规划与目标。

首先，在引进速度上控制，20 世纪 80 年代的特区外资银行引进失度，且引进速度过快，这使得在特区的外资银行业务近于饱和状态，也给我国政府对外资银行的监管带来了困难。通过对外资银行资产规模和经营业绩等方面提出要求，进而实行有效监管，达到适当控制外资银行扩张速度的目的。

其次，在产业政策方面引导外资银行向不发达地区发展。目前中国经济发展中的地区性不平衡问题，导致我国引进外资银行的地区结构不合理，外资银行主要集中在经济特区和沿海大城市，这些地区的外资银行业务约占全国外资银行业务总量的 90% 以上。引导外资银行向不发达地区发展，以便使外资银行在中国经济发展中发挥更重要的作用。

再次，鼓励外资银行参与处置国有商业银行不良资产。目前中国的一些中小金融机构存在着较大风险，支付问题不断发生。通过引进外资银行并购中国的中小金融机构，很可能是一条有效途径，其中并购方式可多样化。

第三，改变外资银行市场准入的立法模式与协调注册资本。在市场准入的立法模式问题上，笔者认为应当采取内外合一的单轨制。

第四，关于完善申请设立外资银行条件与程序的具体措施。笔者认为，我国在相应立法中应尽可能简化对代表处的审批；允许并加大设立外资银行参股的合资银行，但在法律上必须明确外资参股的最高限额；对外国银行在我国设立分行的条件，要坚持高标准，对分行的审批要比对其他形式的外资金融机构的审批更加严格。

（二）证券监管法制建设的对策

加入 WTO 后，随着证券业的对外开放，我国的证券监管机构应当具有权威性。这既是对高风险的证券市场加强监管的内在要求，同时是入世后由于外国金融机构的进入所引起的证券监管难度加大的应对选择，并且也是证券市场国际化的外在要求。

1. 加强证券监管机构中立化的法制建设

我国 2020 年 3 月生效的新证券法有了很大的进步。但对证券监管机构的法律设置还存在缺陷，《中华人民共和国证券法》第七条规定："国务院证券监管机构依法对全国证券市场实行集中统一监督管理。"一般认为《证券法》所说的"国务院证券监管机构"是中国证券监督管理委员会（以下均简称之为中国证监会）。《证券法》已经在法律上确立了中国证监会的地位，并赋予中国证监会"令人羡慕的权力"，中国证监会的权威性似乎无可置疑。同时，此次新证券法也在证监会外增加了国家审计机关的审计监督。但对证券的金融监管，法律上应加大该机构的中立化。

2. 加强证券市场安全化的法制建设

第一，中国证券市场的功能定位应当改变。入世后，外资企业在中国上市意味着证券监管机构已逐步将中立性提上日程，但中国证券市场为国企融资、脱困的改制功能还存在。伴随着中国证券市场调整期的开始以及投资者理性投资观念的形成，证券监管机构应当确保在给予外资企业同于国有企业的"国民待遇"的同时，也要给予国内非国有企业以"国民待遇"，过去那种厚此薄彼的做法必须加以改变。通过完善相关立法，在立法当中给予民营企业和个人独资企业以平等的待遇，更重要的是，在实际操作中，也要贯彻落实这一点。

第二，国有企业的产权问题必须得到解决。通过国有企业的产权问题真正得到解决，使政府作为监管者的同时又是某些被监管者的所有者的情况，得到真正改变，使管制机构的中立地位真正确立。

第三，证券监管机构的监管理念必须改变。从事证券监督管理活动的人员要掌握 WTO 规则体系和国际证券监管惯例，完善适应国际化的监管制度，提高按国际通行证券监管规则办事的能力，切实确立"国民待遇"的观念，在"入世"时承诺向国外投资者开放的行业和领域，同时也应当向国内投资者开放，只有这样才能真正体现国民待遇，使国内投资者能够在同一个起跑线上与国外投资者公平竞争。

3. 强化证券跨国内幕交易的国际监管

在 20 世纪 70 年代以前，内幕交易一直被认为纯属国内问题。随着计算机技术的发展、机构投资者的兴起和壮大以及对外汇管制的放松，证券市场呈现日益全球化的趋势，与此相伴而生的是内幕交易也走出了国门，跨越了国界的限制。内幕交易已日益成为全球合作监管的对象。

第一，加强我国的单边法律监管。

首先，在域外管辖权方面，我们应借鉴美国的经验，扩大域外管辖权，中国法院对于内幕交易案件，只要欺诈行为在中国发生或不论欺诈行为在哪里发生及结束，只要证券交易行为对中国产生"重大不可预测的损害"，中国法院就有管辖权。

其次，在国外送达程序方面，我们要用好《证券交易法》中规定证券交易委员会拥有广泛的调查权，使其能向居住国外的外国人送达传票，避免法院强制性传票送达中对国家主权的侵犯的指责，也不违反国际法。

第二，加强双边合作监管。在证券监管上的单边强制行为，一被认为践踏国家主权，二也不便监管，因此，在证券监管上我们应更多地寻求双边国际合作监管。通过对外签订司法协助条约和谅解备忘录，与其他国家在执行和监管方面相互提供协助，以便中国证券法的域外适用。

第三，加强区域性和全球性的国际合作监管。实际上自中国证监会成立以来，就一直致力于证监会国际组织和境外证券、期货监管机构的交流与合作。目前我国应加快颁布和实施有关证券发行与交易的指令，在有关市场准入、信息披露、内幕交易方面协调与地区成员和 WTO 成员方对证券市场的监管。

（三）保险监管法制建设的对策

保险监管制度分为保险监管正式制度和保险监管实施机制，这两方面是我国加入世界贸易组织以来必须加强的。

1. 保险监管正式制度

尽管现在银监会和保监会合并成银保监会，但在银行和保险公司的经营上还是各自经营，管理实际也是银保监会下涉及银行业的八个处室管理银行、财务公司等金融机构和准金融机构，银保监会下涉及保险业的四个处室管理保险公司。保险监管正式制度包括市场准入、市场存续、市场退出仍然有待加强。

2. 保险监管实施机制

我国保险监管实施机制的主体是司法机关和监管机关，即各级法院及银保监会。法院对监管制度发挥的效应主要是惩戒效应，银保监会发挥的效应则包括了激励效应与惩戒效应。

第一，完善竞争方面规定的市场行为监管的实施机制。《中华人民共和国反不正当竞争法》主要规范破坏市场秩序的不正当竞争行为，但对垄断行为的规定很少。随着我国市场主体增加，竞争加剧，保险业中可能会出现价格合谋等现象。2008 年 8 月 1 日施行的《反垄断法》可以有效保护市场公平竞争，保证投保人的利益。

第二，建立信息系统的偿付能力监管的实施机制。保险监管预警体系是反映保险公司经营情况，为保险监管机关提供监管信息的一种监管系统。我国目前还没有完善的保险监管预警体系，监管的手段还十分落后，保险监管机构没有建立相应的数据库，不能与保险公司的数据库相连，不能适时了解保险公司的经营情况及偿付能力。

第三，完善市场退出监管的实施机制——保险保障基金。保险保障基金是为保护保单持有人的合法利益，弥补被保险人因保险公司破产而遭受的经济损失，维护经济发展与促进社会稳定而依法建立的专门保护基金。对保险保障基金的监管最早的规定是 1995 年《保险法》中的"为了保障被保险人的利益，支持保险公司稳健经营，保险公司应当按照金融监督管理部门的规定提存保险保障基金。保险保障基金应当集中管理，统筹使用"。

第四，强化保险监管正式制度的实施机制——现场检查。现场检查与日常进行的监督工作紧密联系，一方面，现场检查可以为监管机构提供日常监管无法获得的信息，补充保险公司所提交的财务及其他数据；另一方面，从每年的会计报表和收益分析中可获取一些市场信息和数据资料，这些亦可支持现场检查。为分析一个公司现在或未来的偿付能力，要掌握可靠的数据和信息，现场检查是核实和掌握这些信息的一种重要方式。

我国部分监管人员对静态的现场检查做得较多，而对动态的、持续的非现场分析做得较少；对个别具体经营行为的查处较重视，对公司风险程度、整体状况的分析和评价工作起步较晚，经验不足。

第五，强化信息披露的保险监管正式制度的实施机制。信息披露是指那些影响投保人决策的信息应该进行披露，我国保险业信息不对称问题仍很严重，监管机构对信息披露的监管措施仍不足。信息披露是 WTO 透明度原则的要求，也是保险监管核心原则的要求，更是创新保险监管制度之"透明性"的要求，可见，信息披露是监管工作的一个重点。

信息披露的形式应该多样化，目前我国要求各公司公开其资产负债表、损益表等基本财务报表是不够的，保险监管机构还应该以法律或法规的形式要求保险公司在销售保险产品的时候提供类似于美国的"购买者指南"或"保障摘要"之类的文件，通过直接的信息传递最大限度减少信息不对称。此外，监管者也要行动起来，譬如像美国那样，由监管者印发保险小册子、在学校或社区演讲、设立热线电话回答消费者的咨询等。信息披露应该以投保人容易接受的形式进行。

（四）外汇监管法制建设的对策

全球经济一体化的发展趋势及国际货币新秩序的建立，对每个国家都产生了深远的影响。在国际货币领域，《国际货币基金协定》的再次修订、WTO《全球金融服务协议》的生效、欧元的诞生，一方面改变了我国国际储备币种及国际收支调节机制；另一方面影响了我国外汇管制立法不断放松的过程及利率机制的变化。加入 WTO 后，我国经济与世界经济的联系日益密切，国际经济交流与合作程度大大提高，贸易与投资活动日趋频繁，要求外汇管理无论是在经常项目还是在资本项目方面都应给予更多的便利，方便上述经济贸易活动的开展。与此同时，一些外汇领域的非法活动也打着合法的幌子出现，增加了我国外汇监管的难度。目前，我国已将人民币汇率以市场供求为基础的模式，过渡到有管理的、单一的浮动汇率制（但由于我国仍维持对资本项目的汇兑管制，资本项目下的结售汇需经外汇局审批,故人民币汇率在很大程度上取决于经常项目的外汇收支状况)逐步开放国内金融市场。因此,金融活动所引发的纯金融性资金交易而导致的本外币间的转换增多,市场供求中资本项目性质的外汇比重增加,决定人民币汇率的影响因素已逐步由现在的经常项目收支为主转变为经常项目和资本项目综合收支状况。在这种形势下,加强外汇监管,转变外汇监管的模式尤为重要。

1. 外汇监管的阶段性转变与调整

人民币可兑换是我国外汇管理的最终目标,但基于我国国情需要,需要一个相当长的时期达成这一目标。根据我国经济发展的不同阶段,整个过程可由经常项目可兑换阶段、资本项目可兑换但人民币非国际化阶段以及人民币区域化和国际化阶段组成。

第一阶段的监管。继续巩固并扩大人民币经常项目可兑换改革成果,积极为资本项目可兑换创造条件,同时根据我国国情逐步放松资本项目外汇汇兑的管制,建立起以汇兑为中心的外汇监管、以资金流(存)量为中心的外汇监测网络。

首先,外汇监管的着力点要集中到对汇兑环节的监管。

其次,放松对一年以上中长期资本项目的汇兑管制。

再次,为防止国际游资投机我国国内金融市场,对除贸易融资外的短期资本项目外汇从严实施监管。严密监测与本外币汇兑相关的融资业务。

最后,建立外汇资金流动监测网络。

第二阶段的监管。坚持人民币非国际化货币的前提下实现资本项目可兑换。我国实现资本项目可兑换后,外汇局不再与企业直接发生关系,而转向市场调控为主,但基于经济实力和风险防范能力的局限,还必须坚持人民币非国际化货币的原则。

首先,制定人民币资本市场开放的战略步骤:先债券后股票。

其次,控制人民币资产境外持有的数量。

最后,控制人民币用于境外融资。

第三阶段的监管。人民币区域化和国际化阶段。人民币的区域化和国际化阶段将随着我国经济实力的强盛、国际贸易及经济合作范围的扩大、国际市场份额的扩大而自然形成。中央银行所要做的是利用外汇资金监测网络,关注国内和国际两个市场上外汇资金的活动情况,根据国内国际经济发展需要与各国中央银行一起,联手调节和干预人民币汇率,提高外汇储备的投资收益,防止和打击国际洗钱活动等。

2. 建立新外汇监管框架和监测网络

第一，以汇兑环节为监管重点，确保人民币汇率和国家外汇储备稳定。关于汇兑监管的内容和方式，主要有以下几方面设想：一是外汇局根据国际国内两个市场上外汇和人民币的供求情况以及当期外汇资金的流向情况，定期颁布当期本外币汇兑指导原则。政策的大致取向可定为逆向行事，即在外汇资金呈流出趋向时，汇兑应紧出宽入；反之，则紧入宽出。二是加强对银行和其他金融机构的窗口指导和汇兑业务的现场检查。三是外汇局保留对一定项目和金融汇兑审批的权利。这里，外汇局需要审时度势地根据当时的外汇资金流存量情况及汇兑动态来决定审批项目和金融的具体情况，以发挥调节作用。

由于我国是以发展中国家身份加入 WTO 的，同时我国对资本项目仍实行汇兑管制，故采取上述带有一定行政色彩的措施是可行的。只要我们在总体上不违背 GATS 的发展中国家"更多参与"和"逐步自由化"原则即可。此外，GATS 协定的附录四中也规定：东道国出于谨慎的原因，为了保证金融体系的完整和稳定，以及保护投资人、存款人和投保人的利益，可以采取必要的限制措施。

第二，以外汇流（存）量为监测对象，掌握外汇市场动向，维持国际收支平衡。在设计新的外汇监测网络和宏观调控运行框架时，可借鉴韩国 2001 年 4 月 1 日启用的新外汇流动监测网。该网络可以监测到一切国内的外汇交易，使中央银行得以准确地掌握所有发生的外汇交易情况，使外汇资金流向无所遁形。考虑到我国的国情和加入 WTO 后市场的变化，新外汇管理架构应该是外汇监测工作将依托一个以银行、市场、非银行金融机构以及各类资金清算机构为对象建立的全方位的外汇资金流动监测网络，由日常监测部门负责对国内各类外汇资金活动情况和本外币资金转换情况的监测。同时发挥中央银行派驻的各主要金融中心的机构的作用，收集各大金融市场上的交易和资金活动情况，再由市场研究与分析部门综合国内外两大市场的情况进行分析。一旦发现市场资金出现异常流动迹象时，就应发出"预警信号"，并由金融工程专家研究决定采取的市场干预措施，及时瓦解投机冲击。根据监测对象及内容的不同，外汇资金流（存）量监测系统可由以下几方面组成：首先，外汇收支统计监测；其次，外汇账户统计监测；再次，外债统计监测；最后，外汇交易统计监测。

3. 加强人民币国际化的法制建设

随着中国国力的增强、对外开放和国际交流的加深、经济社会发展的客观需要，客观上要求人民币逐步成为国际化货币。事实上，人民币的国际化进程正在加速。人民币的国际化较之人民币自由兑换更为复杂，因此，人民币国际化的实现应注意以下方面的法制建设：首先，以区域国际化为突破口，逐步推进人民币国际化进程；其次，恢复以人民币计价结算的做法，扩大人民币在国际上的影响；再次，逐渐尝试利用人民币进行国际投资和筹资活动，尽快实现人民币的国内完全可兑换；最后，保持足够数量的国际储备，进一步放开对人民币现钞出入境的限制，大力开展国际金融合作。

总之，中国加入 WTO 已经超过 15 年了，开放承诺过渡期也已结束。面对大量外资进入金融机构，金融监管机构应借鉴各国对外资金融机构的监管政策和方法，尽快建立起科学的风险预警体系和符合中国国情的金融监管体系。

第四节　涉外经济的发展与金融工具的特性

在中国经济全面融入全球化的今天，诚信的经济活动和行为是使中国经济及社会保持稳定增长和和谐发展所必需的，在民事经济活动中扩大普及票据的使用，对经济流转的加速、融资规模的扩大，起到积极的作用，在民商事理论上对票据特性的研究对民商事经济活动非常必要，本节就是针对票据特殊性——无因性的探讨，为司法机关在民商事审判实践方面提供有益的理论建议，从而保护票据权利人的利益，促进民商事经济的发展。

现代民法理论，之所以将法律行为分为要因行为和无因行为，目的和意义在于从人们普遍存在着的对事物和行为的认知和考察前因后果的习惯中，分离出观察民事法律行为的独特视角，《票据法》理论中所谓票据行为无因性原则，又称抽象性原则，票据行为的中性、无色性原则等[1]。各票据法著作普遍承认其为票据行为的重要特征，甚至是最重要的特征[2]。虽然近现代各国的民商事立法、学说及判例，对物权行为、债权契约的无因性争议颇大，但票据行为却被民法理论界及世界各国票据立法公认为无因行为，并以票据行为的无因性理论为基础构造各国的票据法体系[3]。但是，从"有因说"到"绝对无因说"，人们从票据法律制度在实务中的应用中发现仍然无法解决票据的流通效率和使用安全之间的矛

---

[1]　王保树，《中国商事法》，北京：人民法院出版社，1999年，第375页。
[2]　王小能，《票据法教程》，北京：北京大学出版社，2001年，第35页。
[3]　赵新华，《票据法》，北京：人民法院出版社，1999年，第48页。

盾。因此，在票据的使用安全屡遭破坏的现状面前，不得不对票据行为无因性的应有内涵，以及该原则的具体应用进行反思和再认识。于是，票据行为无因性原则具有相对性的理念逐步萌发，成为思考票据法律制度的新视角。

一、票据无因性原则的缘由

（一）票据无因性理论的创设

德国法学家萨维尼创设了无因性的概念和理论，萨维尼之所以能够极具超前意识地抽象出法律行为无因性原则，是与当时市场竞争迫切要求为了促进信用经济发展的社会背景分不开的，其宗旨是既要在物权契约中保护"所有权之转移的意思的合致"，又要在债权行为下使债权人的权利顺利实现。票据行为作为具有显现信用经济发展水平功能的法律行为，更被赋予了无因性。因为汇票自开始出现之日起，就是融资的一种手段。除即期汇票外，它实际上是一种信贷工具，由银行或金融机构作为出票人、付款人、背书人或持票人对汇票进行议付、贴现、托收或承兑。票据交易的典型特征是：作为一种纯粹的金融交易，完全脱离了交易的最终目的，按自己的是非曲直作出判断。票据行为的无因性，乃是基于社会经济生活对票据所提出的要求，而有法律即《票据法》所特别赋予的，而并非票据行为所固有的。也就是说，票据行为的无因性，并不是票据行为自身法律逻辑的必然产物，是法律为适应经济生活的需要而特别创设的，是立法技术的处理结果。所以，无论是从票据行为的对外效力阐述无因性的概念与原则，还是从票据行为的自身内容其内部的抗辩机制阐述无因性概念及原则，都离不开无因性理论的创立宗旨。

（二）票据无因性的基本含义

德国票据法理论从分析票据关系与原因关系之间的角度出发，认为票据行为无因性，是指票据上的权利并不是依赖作为票据关系之基础关系的原因关系，原因关系即使是无效或被撤销的，对票据上的权利也不产生任何影响。以票据行为不以原因关系为基础来确立了票据的无因性[①]。

英美法系的票据法理论注重票据的流通作用，且强调"对价"和"正当持有人或善意持有人"概念。所以，一般都是结合票据流通、支付对价及善意取得三个方面，对票据无因性的内涵进行解释。其解释为：票据作为一种权利财产，其

---

① 参见德国《汇票法》。

完全的合法权利可以仅凭交付（或许要有转让人的背书）票据来转让。只要受让人取得票据时是善意的，并支付了相应对价给转让人，他便获得该票据及其所代表的全部财产的完全的所有权而不是受其他权益的约束。

日本及我国台湾地区的票据法理论，虽然承袭了德国票据法理论的基本观点和原则，但对票据行为无因性理论的阐释较德国票据法更为详尽和清晰。日本著名商法学者龙田节认为，票据上的债务是基于票据行为自身而发生和存在的，即使买卖契约无效或被解除，由此产生的票据债务也不受影响。台湾学者李钦贤进一步解释，票据法律关系虽因基础法律关系而成立，但票据行为本身绝非将基础法律关系中的权利义务表张于票据上，而是以票据法的规定，来创设另一新的权利义务之法律关系。因此，基础法律关系的权利义务，与票据行为所创设的权利义务，系个别独立存在的，相互间不发生影响[1]。

我国大陆的票据法理论及实务基本上是继受了德国、日本等地区票据法理论关于票据无因性的理解，认为所谓票据的无因性，是指票据如果具备票据法上的条件，票据权利就成立，至于票据行为赖以发生的原因，在所不问。这就是说持票人不必证明其取得票据的原因，仅仅依照票据上所载的文义就可以请求给付一定的金额。票据债务人如果认为持票人取得票据是由于欺诈、恶意或重大过失等不正当原因，此债务人应对此负举证责任。进一步讲，票据产生的原因有效与否，与票据债权的存在无关，即票据行为和票据的基础关系在法律上分开[2]。凡在票据上签名的，不管什么原因，都应按票据所载的文义负责。票据债务人不得以自己与出票人或自己与持票人的前手之间存在的抗辩事由对抗持票人。

综上可以看出，票据行为无因性是对票据行为外在无因性和票据行为内在无因性的统称[3]，是指票据行为有无效力，取决于其形式要件是否具备，而不取决于票据原因。这包括两方面的含义：一方面是指票据是否有效，只取决于票据的形式要件，持票人是否享有票据权利，取决于票据的形式要件是否完备和持票人本人接受票据时的行为和主观心态如何。另一方面是指票据行为与作为其发生前提的实质性原因相分离，从而使票据行为的效力不再受原因关系的有无及其存废的影响。这一点在法律关系上的体现，就是使票据基础关系与票据法律关系相分

① 李钦贤，《票据法专题研究》，台北：中国台湾三民书局，1986年，第119页。
② 王小能，《中国票据法律制度研究》，北京：北京大学出版社，1999年，第99页。
③ 陈自强，《无因债券契约论》，北京：中国政法大学出版社，2002年，第139页。

离。票据的基础关系是否存在，是否有效，与已经生效的票据和已经形成的票据法律关系无关，票据基础关系不影响票据的效力[①]。以上两个方面是相互关联的，正是因为票据行为的有效与否只取决于票据的形式要件是否完备，因此票据行为的效力不受票据原因关系影响。

（三）票据无因性主要特点

1. 一个票据行为只要符合法定的形式要件，其效力就独立存在

票据行为是以发生票据上权利、义务为目的的意思表示。只要符合一定构成要件，即实体方面的票据能力和意思表示及形式方面的票面记载与交付，便能发生票据法上的效力。票据意思表示行为，与适用民法上意思表示的有关规定又有所不同，票据行为的意思表示更多地采取表示主义。票据行为的意思表示与原因关系的意思表示既有区分，又有联系。即原因关系中意思表示的瑕疵在一定条件下将会影响到票据行为，构成票据行为动机或目的上的瑕疵。如违反法律或社会公共利益的支付购买毒品款项而发生票据行为，便能使票据行为目的具有不法性。但是，票据行为是抽象的法律行为，法律对其不作实质上的要求，仅有形式上的规范，因此票据行为便不可能出现违反法律（形式上违反《票据法》除外）或社会公共利益的问题，这有助于对流通中善意受让票据者的保护。

2. 持票人可以以其他任何行为取得票据权利

票据的无因性表明持票人除采取票据法所明确规定的不法行为或基于恶意、重大过失而取得票据不能享有票据权利外，一般而言，可以以其他任何行为取得票据权利。即持票人无论是通过交易行为还是非交易行为，无论支付对价或不以相应对价取得票据，均合法地享有票据权利，只不过所取得的票据权利因法律的规定不同而质量有所不同。日内瓦《统一汇票本票法公约》第16条第2款规定："不论汇票以何种方式脱离原持有人的占有，持票人只要能依前款的方法（指按背书连续证明其权利）主张其权利，就合法占有汇票，但持票人恶意取得票据或在取得票据时有重大过失的除外。"这便是对票据权利取得上无因性适用的最明确的表述。

3. 持票人不负证明给付原因的责任

在票据权利行使与票据债务履行上的适用中，依票据的提示证券性，持票人行使票据权利应提示票据，同时也可以凭背书连续证明其权利主体资格，无须再

---

① 谢怀栻，《票据法概论》，北京：法律出版社，1990年，第41页。

就原因关系及其内容提供证明。票据债务人履行义务时，也无权要求持票人提供该证明，也不能以其与持票人前手或出票人之间的抗辩事由（可能基于原因关系或实质关系而生）对抗持票人。这是对票据义务人抗辩的限制，也就是发生抗辩切断①。这也就要求付款义务人在付款时仅对持票人负形式主体资格的审查义务，只要对形式上符合要求的持票人进行支付，即使出票人对该持票人有抗辩权，善意支付人仍免除付款义务。

4. 票据无因性的特点还表现在，票据债务人不得以原因关系对抗善意第三人

票据权利的转让与一般民事权利的转让不同，票据权利转让时，不必通知债务人即可生效，而民事权利转让时，债权人必须将转让的事实通知债务人，才对债务人生效。

二、票据无因性的重要意义

（一）票据的无因性保障了票据的流转、流通，促进了经济的发展

票据是商品交换的产物。一般认为，票据的早期发展包括三个时期：兑换商票据时期、市场票据时期和流通证券时期。现代票据法律制度是建立在票据流通的基础之上的。票据的流通在法律上就是票据权利的转让。从一定意义上可以说，没有票据的流通，就不会产生现代票据法律制度。而票据流通是建立在票据的无因性基础之上的。无因性使得票据在流通中不受票据基础关系的影响而独立发挥其作用，使票据作为一种流通工具需要具有了一定的公示性，从而保护了第三人的合理的信赖利益，促使票据流通能为人们所接受。

（二）无因性与票据其他特性的内在联系

票据的无因性是票据理论的基础，并与其他票据理论一起共同构筑了完善的票据理论体系。一般说来，票据的基本特征除无因性外，还包括独立性、文义性、要式性。这几项特征和无因性都是有着内在联系的。

票据无因性作为票据行为的重要特征，甚至是最重要特征②，与公认的票据行为独立性理论是相辅相成的。票据行为作为单方的民事法律行为③，其包括出票、背书、承兑、保证和保付等。这些行为一经发生，各行为之间就相互独立，

① 赵新华，《票据法》，北京：人民法院出版社，1999年，第38页。
② 王小能，《票据法教程》，北京：北京大学出版社，2001年，第35页。
③ 王小能，《票据法教程》，北京：北京大学出版社，2001年，第37页。

并且一行为的效力对他行为不发生影响，与票据的原因关系没有联系。票据行为的独立性这一特征主要在于加强票据的流通性，和无因性不同，但两者共同促进票据的流通，饱和人们对票据的合理信赖。如果否定了票据的无因性，票据行为独立性理论也就失去了其存在的基础，票据的流通也便成为空谈。

票据无因性与票据的文义性联系密切。文义性是各国票据法公认的票据的一个重要法律特征。票据的文义性使票面记载具有一定的公示性，当事人对此文义的合理信赖均受到法律保护，促进了票据当事人权利义务的准确确定，避免了纠纷，有效地维护了票据当事人的合法权益。而票据的无因性与票据的文义性一脉相承，二者缺一不可。

要式性，指票据的制作必须符合票据法的要求，这样，通过对必要记载事项的规定，使得人们可以根据法律的规定来判断票据的有效与否，而无须去追查其前手与他人之间的交易关系。从社会意义而言，票据行为的无因性、独立性、文义性、要式性，从不同角度反映了票据行为的实质，对于发挥票据的功能，促进交易，加速物资有序流动，以达到通过市场对社会资源优化配置的目的具有十分重要的意义。它们保障了票据流通的安全性，反映了在安全性保障下票据流通的迅速与快捷，而这正是现代市场经济所要求的。

（三）票据无因性是高度国际统一性和技术性的规则

票据无因性是票据法中的一项经过国际票据实践检验的高度国际统一性和技术性规则[1]。其是票据理论的基础，是现代票据法的灵魂，是票据法生命力的源泉[2]。

从世界票据法系的形成和演进来看，存在英美法系的票据法和日内瓦统一法系的票据法的分野。但无论是日内瓦统一票据法，还是英美票据法，在贯彻票据行为的无因性方面都是一致的。同时票据无因性作为一项高度技术性规则，经各国票据法实践证明它很好地适应了现代各国社会经济生活的需要，强调在票据关系中坚持无因性，坚持票据关系与基础关系相分离，不仅是中外票据法理论共同遵守的原则，也是现代各国票据法所采纳的准则，同时各国在贯彻上也是一致的[3]。这一原则也是被经济活动实践所检验，证明是行之有效的。

---

[1] 谢怀栻，《票据法概论》，北京：法律出版社，1990年，第29页。
[2] 赵新华，《票据法》，北京：人民法院出版社，1999年，第47页。
[3] 赵新华，《票据法》，北京：人民法院出版社，1999年，第47页。

（四）票据的无因性原则对中国经济发展的重要意义

（1）我国经济不断发展，改革开放不断深入，尤其是加入 WTO 使我国与各国经济联系日益密切，这在客观上要求我国票据立法与国际接轨。票据法中大多数规定属于技术性规范，其中一些规范已为各国立法所采用，这些共同性的东西正是国际经济活动与发展所遵守的共同准则，而国际经济发展的日益一体化迫切要求有共同的法律准则进行调整。无因性经过各国票据法长时间检验，是一项高度技术性规则，已为各国普遍遵守，对国际间票据结算与支付产生着积极的作用。我国正在进一步扩大改革开放，与各国经济联系日益密切和广泛。因此，理顺票据关系与基础关系的关系，确立票据的无因性，实现与国际票据立法的接轨，有利于促进我国与世界各国的经济与贸易交往，进一步促进我国经济发展[1]。

（2）国际经济一体化的大环境下，随着我国社会主义市场经济体制的确立和近年来我国经济的高速稳定持续增长，我国票据市场得到了迅猛发展，票据应用范围也日益广泛，贸易结算票据化趋势日益加强，票据功能也由单一的结算工具向支付、信用、结算、融资等多功能演变，而无因性是现代票据法的灵魂，是现代票据法的基本原则。将票据关系和原因关系不加区分的立法模式已严重阻碍了票据市场的发展，与国内经济形势不相适应。在此背景下确立票据无因性原则，可以进一步加快票据流通，提高资金流转速度，促进中国经济的快速健康发展[2]。

（3）从商业银行的业务角度来看，商业银行票据业务的发展均是建立在票据的流通性基础之上的，而票据的流通与票据的无因性密切相关。所以确立票据的无因性原则，使得票据的流通性不会受到严重阻碍，同时也会大力促进商业银行票据业务的发展。

三、票据无因性原则的法律适用

（一）票据无因性原则法律适用的理论

对于票据无因性原则对有因说如何进行法律适用在理论上一直存在争议，其中的绝对有因说认为，根据法律最终讲求实质上的妥当性或衡平性的法理精神，应当对票据无因性原则予以否定，将民法中公平与诚实信用原则以及民事活动所

---

① 谢怀栻，《票据法概论》，北京：法律出版社，1990年。
② 冯大同，《国际贸易法》，北京：北京大学出版社，2002年，第273页。

需的其他基本原则引入票据关系中，要求票据原因关系必须真实，取得票据必须给付对价[①]。

而相对有因说，赞同票据行为有因说，但其与绝对有因说又存在差异，认为如果持票人取得票据出于善意或者无重大过失时，还是应当适当保护持票人的应得利益[②]。

此外，还有绝对无因说和相对坚持无因说，其中的相对坚持无因说，所谓相对地坚持票据无因性原则，认为在坚持票据无因性原则的基础上，兼顾该原则的效力所不及之处，即对票据无因性原则进行普遍适用的同时，对该原则的例外情形予以严格适用。即该理念所追求的首要的基本价值取向，与票据法理论创设票据无因性原则的根本宗旨以及《票据法》的首要立法目的一致，同时，又未忽视对票据流通和市场交易所需的"安全""稳定"与"秩序"的保障，完全符合公平与诚信原则；同时该理念是确立在必须坚持票据无因性原则基础之上的，其是以对票据无因性原则的普遍适用作为前提条件。这既遵循了票据法理论和《票据法》立法的基本原则，又体现了票据无因性理论本身着重保护票据权利人合法权益的宗旨，其确立基础具有合理性；并且其具体内容具有公平性与适法性，在一般情况下，该理念主张适用票据无因性原则，而在特定情况下，该理念强调严格适用票据无因性原则之例外情形。其具体内容，体现了其适用票据无因性原则及其例外情形的衡平，以及在对票据权利人利益侧重保护的同时，对票据债务人权利的兼顾。因此，许多国家和地区在票据无因性原则上适用相对坚持无因说。

（二）票据无因性原则的效力范围

1. 票据无因性原则的效力之所及

票据关系与票据基础关系的分离，是票据无因性原则的核心内容。其中，票据关系与票据原因关系相分离的具体体现为：

第一，即使票据原因不存在或者无效、被撤销，只要出票、背书等票据行为依法成立，则出票人、背书人仍须承担票据责任，持票人仍能享有票据权利。

第二，即使票据上记载的内容与票据原因关系的内容不一致或者不完全一致，票据关系中的权利义务内容仍应当按照票据文义决定，而不能以票据外的事实来改变票据关系的内容。

第三，只要票据上的背书符合法律规定的连续性，持票人即可依照票据上记

---

① 李钦贤，《票据法专题研究》，台北：中国台湾三民书局，1986年，第309页。
② 李钦贤，《票据法专题研究》，台北：中国台湾三民书局，1986年，第310页。

载的内容向票据债务人主张相应的票据权利，而无须向票据债务人证明自己取得票据的原因内容，票据债务人也无须对持票人取得的原因进行实质上的审查，即可依法向持票人履行义务。

第四，英美法系中，票据关系与票据原因关系的分离还体现在：在票据仅凭交付的转让中，只要受让人取得票据时是善意的，并支付了对价给转让人，他便获得该票据及其所代表的全部财产的完全的所有权而不受其他权益的约束。

2. 票据无因性原则的效力之所不及

票据法理论认为，在一定情况下，根据公平和诚实信用原则，票据关系与票据原因关系又是不能不有所牵连的，这种牵连性也就形成了票据无因性原则效力不及之处[①]。综观全局，就目前而言，票据无因性原则之例外情形主要体现于以下几个方面：

第一，在授受票据的直接当事人之间，票据原因关系有效与否直接影响到他们之间票据关系的效力。

第二，持票人取得票据如没有给付对价或者未给付相应对价的，则该持票人不能享有优于其前手的票据权利。

第三，持票人取得票据的手段不合法即不享有票据权利，票据债务人得以此票据原因关系上的事由对抗持票人，即票据法理论中的"恶意抗辩"情形。因此，该非法取得票据的人不可能也不应当享有票据权利，其与票据的善意取得相对应。

第四，为了清偿原因债务而交付票据时，原则上票据债务如不履行，原因债务就不消灭，双方当事人另有约定的除外。

第五，当持票人的票据权利因票据时效的丧失而消灭时，该持票人对于出票人或承兑人在其所受的利益限度内有请求返还的权利，也就是票据法赋予持票人的一种特殊的非票据权利——利益偿还请求权。

3. 我国《票据法》对原因关系的规定和实践中对无因性的认识

票据关系与票据原因关系的分离也是票据无因性的重要体现之一，目的即在于使票据在流通中不受票据原因等基础关系的影响，能够独立地发挥其作用，最终促进票据的流通。但是在我国《票据法》中，有一些条文强行要求了基础关系：我国的《票据法》在第一条中规定："为了规范票据行为，保障票据活动中当事人的合法权益，维护社会经济秩序，促进社会主义市场经济的发展，制定本法。"

---

① 李钦贤，《票据法专题研究》，台北：中国台湾三民书局，1986年，第299页。

这一条表明了我国票据立法的价值取向。我国的票据立法，并不强调票据流通，而是强调保障当事人的合法权益，强调交易安全，也正是基于这种立法取向，我国的《票据法》对于票据的无因性规定了较之其他国家更多的限制，其具体表现在以下两点：

第一，票据权利取得中的对价原则与诚信原则。《票据法》第十条第二款规定："票据的取得，必须给付对价，即应当给付票据双方当事人认可的相对应的代价。"《票据法》第十二条规定："以欺诈、偷盗、胁迫等手段取得票据的，或者明知有前列情形，出于恶意取得票据的，不得享有票据权利。持票人因重大过失取得不符合本法规定的票据的，也不得享有票据权利。"这就确立了票据权利取得中的对价原则和诚信原则。

第二，票据基础关系与票据法律关系的分离不是绝对的，直接当事人之间可以票据原因关系对抗票据关系。《票据法》第十三条第二款规定："票据债务人可以对不履行约定义务的与自己有直接债务关系的持票人进行抗辩。"

除了以上限制之外，《票据法》还规定了对于票据行为无因性的其他限制。如《票据法》第十条第一款规定："票据的签发、取得和转让，应当遵循诚实信用的原则，具有真实的交易关系和债权债务关系。"第二十一条规定："汇票的出票人必须与付款人具有真实的委托付款关系，并且具有支付汇票金额的可靠资金来源。不得签发无对价的汇票用以骗取银行或者其他票据当事人的资金。"第七十四条规定："本票的出票人必须具有支付本票金额的可靠资金来源。"这些条文在签发票据、取得票据、转让票据等问题上十分强调原因关系，其很容易使人认为票据关系的成立与否受票据原因等基础关系的制约。既然法律明确作了强制性的规定，如果违反，自然会导致票据无效或者票据行为无效，从而从根本上否定了票据的无因性原则。因此我国很多学者都认为这是对票据行为无因性原则的违反，会影响到票据的信誉，进而会影响到票据的流通。

因此，理论上和司法实践中不承认票据行为的无因性，显然不利于票据的流通，不符合票据法的基本精神。但实践中也不能因为强调票据行为的无因性从而使非法持票人受到法律的保护。换句话说，不得将票据行为的无因性绝对化。当持票人取得票据时在基础关系上不符合法律的规定，比如因欺诈、偷盗、胁迫等原因关系而取得票据，该持票人无论如何都不可能享有票据权利；如果持票人取得票据后未按照与前手之间的约定履行基础关系上的义务的话，其前手就可以基础关系上存在的问题对持票人的权利主张行使抗辩权。因此，要更好地完善我国

《票据法》关于无因性原则的规定。

4. 对于完善我国有关票据无因性原则的建议

虽然相对坚持票据无因性原则理念已经在我国票据法理论、票据立法及司法实践中被认可并逐渐成为对票据无因性原则进行认识和适用的主流思想，对《票据法》中某些与票据无因性原则相背离的规定也以相关司法解释的形式予以适当补充和修正，但我国票据法律制度以及我国票据法律、法规的内容，均尚未根除票据有因说的错误观点，造成理论与实务发生混乱的隐患依然存在。因此，对立法的暂时性修补是远远不够的，所以要继续完善我国票据法律制度：

第一，在立法宗旨上，从根本上改变《票据法》的立法宗旨，还原其应有的本来面目，以助长票据流通的方便、快捷和效率作为《票据法》首要的立法目的，从而使票据能够在市场经济建设中充分发挥其应有的作用，使《票据法》真正起到促进社会经济发展的作用。

第二，在具体条文上，增加和修改《票据法》的具体条款，在《票据法》中体现相对坚持票据无因性原则理念，具体建议为：（1）增加诸如"交易关系和债权债务关系真实与否不得对抗善意第三人；违反票据资金关系真实性签发票据的出票人，必须承担相应的法律责任，并仍应按照票据上的记载事项对善意持票人负票据责任"等体现票据无因性原则的条款规定。（2）将票据无因性原则之效力所不及情形在《票据法》中加以明确规定。

第三，简化关于民商事以外法律责任的条款，《票据法》专门设立的第六章"法律责任"，针对票据上的违法犯罪行为的情节轻重，分别制定了给予刑事制裁或行政处罚的规定，但这些规定过于详细，以致占据了刑法等相关公法的调整范畴。《票据法》关于对票据上的违法犯罪行为进行刑事制裁和行政处罚的规定应予以严格限制，主要应由《刑法》等相关公法加以规定。

四、结语

在当今全球经济谋求共同发展、逐步趋向经济一体化的背景下，坚持票据无因性原则已经成为现代国际票据法律制度中所共同采纳和遵循的准则。随着现代市场经济的发展，越来越多的国家和地区都在对票据无因性原则的法律适用问题以及对该原则之效力所不及情形不断地进行总结和研究，从而使相对坚持票据无因性原则之理念，在国际票据法理论及实务中得以广泛认同和适用，并逐步通过票据法的国际统一运动使之成为国际公认的票据法律理念。金融界以及经济学界普遍认为，现代市场经济就是信用经济，信用功能正是票据最基本的经济功能之一，因此，在当今世界发展现代市场经济的过程中，票据的使用和流通成为不可或缺的重要经济手段，而对于票据无因性原则的正确认识与适用，又是实现票据流通的方便、快捷及效率，兼顾维护票据使用之安全性的最适当方式，因而相信随着全球经济的共同发展，相对坚持票据无因性原则理念将会得到更加广泛的认同，并在国际票据法律制度中得以继续发展与深化。

第五节　涉外经济主体相关问题的功能论

章程是股东维护其合法权益的重要工具，是公司债权人利益保护的重要方式，是国家监督管理公司的重要手段。章程与各方当事者的利益休戚相关，现实经济生活中，章程大都互相雷同，可操作性较差。理论界对章程的性质存有争论，而公司法相关规定又过于笼统，导致公司章程的功能发挥在实践中受到制约。

章程作为公司存在和活动的基本依据，也是公司行为的根本准则，是股东维护其合法权益的重要工具，是公司债权人利益保护的重要方式，是国家监督管理公司的重要手段。章程与各方当事者的利益休戚相关，其重要性不容置疑。然而在我国现实经济生活中，我们看到的章程大都是互相雷同，并无多少更为细致的、可操作的灵活规则。由于理论上对章程的性质意见不一，存有争论；公司法对章程的规定又过于笼统，二者关系不甚明晰。种种模糊的理解反映在公司治理实践中，其突出表现就是公司章程的功能发挥受到制约。

一、公司章程的性质

关于公司章程的性质，理论界的学说观点主要有契约说、宪章说和自治法说。

（一）契约说

契约说的观点是公司章程是股东之间在平等协商基础上就设立公司的权利义务达成的文件，是股东自由意志的体现 [①]。公司的章程相当于公司与其成员之间的一种协议，也是公司的成员与成员之间的一种协议。因此，章程具有契约性质，被视为"公司合同"。

---

① 张维迎，《企业理论与中国企业改革》，北京：北京大学出版社，1999年。

（二）宪章说

宪章说认为公司章程是记载公司内部利益相关者权利、义务规范的宪章性书面文件。因为现行公司法中对公司章程大量条款的强制性规定就可以证明这一点[①]。把公司章程作为公司的宪章，增加了国家意志的干预，将股东对于章程的制定和修改等权利限制在较小的范围，则可以较好地避免法人人格的意志独立性被滥用这一缺陷。

（三）自治法说

自治法说认为公司章程是股东或发起人为实现共同目的而制定的、用于自律的规范性文件，不仅约束制定章程的公司设立者或者发起人，对公司机关和后来的投资者也有约束力，在某些情况下对公司相对人也产生一定的约束力[②]。

可见，章程性质契约论突出了当事人的意思自治的色彩，由此认为，公司章程是私人安排的结果，而排斥国家干预。宪章说契合了17世纪中后期兴起的社会本位思想，强调公司章程中国家意志的干预因素，把公司章程作为公司的宪章。公司章程的大部分规则，既不能由公司管理层决定，也不允许股东会作实质性的变更，这样就使公司章程丧失了自主性和多样性。这样的认识对于契约说而言走向另一极端，实际上属于矫枉过正。自治法说则是在尊重股东契约自由的基础之上，同时加入国家合理限度的强制性干预。一方面认为公司、股东可以在章程规定的范围内行使自己的权利，可以在一定范围内对公司章程作出修改，部分地体现当事人意志自由；另一方面又在一定范围之内介入国家意志，以防止与股东利益存在分歧的公司内部控制人利用其在信息、管理等方面的强势地位，阻碍股东正当权利的行使，损害股东利益。

二、公司章程在常态下的一般功能

作为法律文件的公司章程对公司许多重要和基本问题均作了明确的规定，故成为公司股东加以联合、登记注册部门予以核准登记、债权人以及其他社会公众赖以了解公司的基本依据。公司章程的功能可以归纳为以下两个方面：

（一）公司章程是设立公司的基本要件

（1）制定公司章程是设立公司的必经程序，在世界绝大多数国家它也是在

---

① 江平，《新编公司法教程》，北京：法律出版社，1994年。
② 梅慎实，《现代公司治理结构规范运作论》，北京：中国法制出版社，2002年。

申请设立公司注册登记时必须提交的法定文件^①。公司章程制定是设立公司活动开始的标志。在时间上，通常将自开始制定公司章程时起，至公司完成登记前的公司雏形，称为设立中的公司。公司设立阶段，就起始于公司发起人签订公司章程之日，终于公司成立之日或者确定公司不成立之日。公司自章程制定时起，即具有一定的从事以公司成立为目的的行为能力，并由发起人或设立人承担相应的责任。公司章程未制定，则无法认定已经进入公司设立阶段。

（2）公司章程完备有效是公司得以设立的前提。我国《公司法》分别规定了有限责任公司和股份有限公司章程的法定记载事项。记载违法，公司章程无效，公司即不得设立。股东、发起人设立公司的真实意思表示，其外在表现就是制定公司章程。我国《公司法》规定，有限责任公司要求股东在公司章程上签名、盖章，此处对"股东"的理解应是全体初始股东。同时法律对股份有限公司章程亦有特殊要求，即必须具备创立大会对通过公司章程所作出的决议案，无通过之决议则欠缺公司章程成立之形式。

（二）公司章程具有公示保障作用

（1）公司章程对外起到公示作用。所谓公示作用，是指公司章程作为公司法人组织与活动的基本规则的载体和表现形式，具有揭示公司基本情况的法律功能。公司章程虽然是公司内部的规范性文件，但却是公开的，经登记注册机关审核批准，是具有法律意义的文件。公司向相对人和社会公众公开明示自己的组织、内部关系和经营活动的基本规则，使外界了解公司的基本情况，以便开展业务活动。我国《公司法》规定章程必须是对外公开的，特别是向社会公众募集设立的股份有限公司披露要求更高，对章程的公开形式、置备地点均作严格要求。若不作此种公开，公司即侵犯股东或社会公众的知情权，情节严重的，将受到行政处罚；股东或社会公众也可向法院提起诉讼，要求强制公开，保护自身的合法权利。

（2）此外，公司章程关于公司性质、公司资本和公司目的的记载对社会作了公开，就对投资者和债权人有了一定的保障作用。对于投资者而言，便于股东（现实的投资者）知悉公司经营状况，弥补信息不对称现象，保障行使法律赋予的对公司的监督权；便于公众（潜在的投资者）充分了解公司的基本情况，为其是否进行投资提供可靠的决策参考。对于债权人而言，便于债权人知晓公

---

① 沈四宝，《西方国家公司法概论》，北京：北京大学出版社，1988年。

司的基本情况，充分行使对公司的债权，以维护自身的合法利益；便于将与公司作交易的相对方（潜在的债权人）明确自己所能与之交易的领域范围，正确估计自己可能承担的风险，可以有效地控制交易风险。公司章程对公司的安全系数作了全面的记载，其中最核心的是公司经营范围及资金能力，是公司资信证明的有力证据。

三、公司章程在诉讼中的特殊功能

公司章程在诉讼中的功能实质为司法机关代表国家对公司进行监督管理的一种具体实现方式，其效果有赖于公司章程本身的合法、完备和具体。因为公司章程也是人民法院审理有关公司案件的重要依据。

（一）证明功能

公司章程在诉讼中的证明功能意指公司章程对诉讼中的公司相关争议事项的存在与否、真实性具有一定的证明作用。

1. 公司章程符合诉讼证据的构成条件

公司章程的具体内容作为已经发生的客观事实通过文字的形式被书面记载下来，并通过提交公司注册登记机关得以保存。公司章程记载内容与诉讼争议的公司相关纠纷事实存在内在的必然联系，能够证明民事法律关系和民事权利义务是否发生、变更和消灭的客观事实。公司章程可由当事人按照法定程序提供和法定机关、法定人员按照法定程序调查收集和审查核实。公司章程符合诉讼证据客观性、关联性和合法性三个最基本的特征，进入诉讼领域，能够证明当事人所主张的事实，保护当事人合法权益和成为查清案件事实的基础。特别是经公证的公司章程在诉讼阶段所具备的证明力更强。但就我国而言，由于登记机关对章程实质性审查的质量、效率低下，公司章程在诉讼中作为证据使用，一般只是表面的、初步的证据，只能从表面上或形式上证明记载事项的存在及合法性，可由利害关系人进一步举证证明记载事项的不真实、不合法而予以否定。

2. 公司章程的证明对象和方式

公司章程的证明对象主要是公司内部设定的权利义务关系和运作程序议事规则。根据章程，一个股东对另一个股东所享有的权利如果被侵犯或一个股东对另一个股东所承担的义务如果被违反，则一方可以直接提起诉讼，公司章程就可用来证明股东之间权利、义务关系。无论是公司董事还是监事，他们对公司所享有的部分权利来源于公司章程，因此，他们在行使自己的权利时，必须承担公司章程对他们的权利行使所施加的义务，如果他们违反此种义务，引发诉讼，章程就可用来证明。在证明方式上，法院可以通过以下证明途径：一是当事人认可。如果双方当事人都对有关公司章程予以认可，则法院可以直接将章程用于诉讼证明活动。二是庭审查明。一方当事人提供公司章程作为诉讼证据，另一方当事人否认该章程的证据适格，此时法院可以考虑两种证明解决方式：第一，可以要求双方当事人在法庭上就该问题进行举证、质证，最后由法院进行认证。第二，法院也可以自行向有关注册登记机关进行调查取证，法院根据调取的公司章程作出认定。

3. 公司章程的证明力

公司章程的证明力主要是结合具体的案情分别予以认定。公司章程为公司设立登记的必不可少的组成部分。我国公司章程登记机关的性质是行政机关，可保证所登记章程的客观性、统一性、中立性、全面性，因此公司章程在诉讼中的证明功能较强。对公司章程的证明力判断，通常遵循以下几项经验法则：经过注册登记核准的公司章程的证明力要大于未经注册登记核准的公司章程；经过公证的公司章程的证明力要大于没有经过公证的公司章程；具备完整形式的公司章程的证明力一般要大于不够完整性的公司章程；公司章程的原件的证明力要高于直接复制于原件的辅助证据的证明力。

（二）准据功能

公司章程在诉讼中的准据功能意指在处理相关公司的案件中，公司章程作为公司法律的补充，成为解决纠纷的重要依据。除了法定固有股东权利外，大多数股东权利均由公司章程赋予或加以具体化，因而章程也是股东权利保护的重要渊源之一。在一定程度上，具有补充公司强行法的重要价值。股东只是以公司股东成员的身份受到公司约束，如果股东是以其他身份与公司发生法律关系，则公司不能依据公司章程对股东主张权利。1997年12月中国证券监督管理委员会发布的《上市公司章程指引》第十条规定：公司章程自生效之日起，即成为规范公司的组织与行为、公司与股东、股东与股东之间权利义务关系的，具有法律约束力的文件。股东可以依据公司章程起诉公司；公司可以依据公司章程起诉股东、董事、监事、经理和其他高级管理人员；股东可以依据公司章程起诉公司的董事、监事、经理和其他高级管理人员。可惜的是《上市公司章程指引》并非真正意义上的法律，虽然具有行政上的强行性，但仍旧是规范化的示范文本，仅仅针对上市公司。

四、结语

公司章程是公司设立、运作中一项十分复杂而又重要的内容，其内容十分丰富，几乎涵盖了公司法律制度的各个重要方面。由于，我国市场经济尚处在初级阶段，公司设立、运作的不规范、不合法问题非常严重。在继续加强行政机关监管力度的同时，更需完善的是公司通过章程制定、执行实现的公司自治、自律机制。在公司自治、自律机制缺位或失效的情况下，司法力量的介入则成为不可避免的现实选择。公司章程对司法实践中如何查清事实、如何平衡利益、如何解决纠纷、实现国家监督管理的功能均有极为重大的作用。古语曰："工欲善其事，必先利其器。"在公司章程中，预设各种权利的保障机制，对于公司企业的日常管理是很有作用的；而对于处理公司纠纷的当事人来说，公司章程的诸多特殊功能应给予重视和利用。

第六节　涉外经济纠纷解决的传统模式

对国际商事仲裁协议的司法审查是确定仲裁条款有效性的重要途径。其中对并入提单中的仲裁条款的司法审查是最为常见的。航次租船合同的仲裁条款并入提单，随着提单的转让，在承运人和非租约当事人的提单持有人之间的效力问题，在相关法律和司法实践中比较混乱。仲裁条款能否并入提单，并入的仲裁条款是否约束提单持有人等都要通过法院的司法审查解决。

所谓仲裁协议，系当事人在纠纷发生前或发生后达成的将可能发生或业已发生的纠纷提交仲裁的协议。仲裁协议的特征为双方当事人一致同意即意思表示一致。在国际贸易实践中，有的当事人以租约下签发的提单中的仲裁条款系船方单方面印刷于提单表面，缺乏协商性、合意性为由，从而主张提单仲裁条款不是有效的仲裁协议，不能被并入提单。虽然提单的仲裁条款系承运人单方制定，但提单条款包括仲裁条款是公开的，且已印刷在提单背面，提单持有人在审单赎单的时候，已经知道或应当清楚地知道提单条款的全部内容。在承运人与提单持有人没有其他协议的情况下，提单条款就是当事人之间的合同条款，对提单持有人具有约束力。提单持有人接受提单，就应推定其有仲裁的意思表示，即同意以仲裁的方式解决提单纠纷，当然，这里首先要解决的问题是对该仲裁条款有效性的司法审查。

一、人民法院是审查国际商事仲裁协议的主体

有效的仲裁协议除了是仲裁庭受理案件的基础外，也是排除司法管辖权的依据。因此，明确审查的主体是对仲裁协议进行审查的前提。1958 年《纽约公约》没有对审查仲裁协议的主体作出专门的规定，但该公约规定[①]，当事方就诉讼事项订有公约第 2 条所称之协议者，缔约国法院在受理诉讼时，应当事方一方之请求，命当事方提交仲裁，但前述协议经法院认定无效、失效或不能履行者不在此限。从此规定中可知，在存有非国内仲裁协议国际商事仲裁协议情况下，强制要求法院中止诉讼，对仲裁条款有效性进行审查的权力掌握在法院手中。我国《仲裁法》第二十条规定，对于仲裁协议有效性的审查，仲裁委员会和法院均有管辖权，然而只要一方当事人请求法院裁定仲裁协议的效力，仲裁委员会便不应再对该问题行使管辖权。实践中，当事人对仲裁机构本身是否具有管辖权尚存在争议，何以至于将仲裁条款的效力问题提交其决定？因此，对仲裁条款效力的审查多取决于法院。

二、法院首先对仲裁条款是否有效地并入提单的司法审查

在国际贸易的航运业务里，提单中常常并入航次租船合同的仲裁条款。在货物由出租人接收或者装船后，根据承租人的要求，承运人有签发提单的义务。此类提单往往有并入条款，使租约条款成为提单条款的一部分。这种租约中的仲裁条款能否并入提单成为提单的仲裁条款？租船合同下签发的提单常常含有"并入条款"[②]通常表现为提单正面印刷有"To be used with charter parties"（与租船合同合并使用），提单背面印刷有"terms and conditions liberties and exceptions of the charter party，Dated as overleaf，Including the law and arbitration clause are here with incorporated."（租船合同的所有条款和条件、自由权和除外责任，包括法律和仲裁条款均并入本提单）。此种条款将租船合同条款并入提单，以期约束提单持有人。事实上，根据国际商会所订贸易条件的解释，鼓励把租约条款并入的提单在转让时应附上一份租约副本供受让人参阅，使后来的提单持有人知道究竟受什么约束。而仲裁条款是否有效地并入提单，则是争议之首[③]。

---

① 见《纽约公约》第 2 条第 3 款。
② 杨良宜，《租约》，大连：大连海事大学出版社，1994 年。
③ 徐少林，《论并入提单的仲裁条款》，《法学评论》，1998 年第 4 期。

（一）法院对并入条款及租约中仲裁条款本身的措辞的司法审查

我国《海商法》第九十五条只规定对非承租人的提单持有人与承租人间的权利义务关系适用提单约定，如果提单载明适用航次租船合同条款的，则适用合同条款。这一条文措辞笼统、含义模糊，没有澄清仲裁条款是与其他条款一样可以由笼统的措辞加以并入还是必须以明确的、特别的措辞并入。第九十五条的模糊规定，给了司法实践很大空间，在海事审判和仲裁中对于并入提单的仲裁条款的看法莫衷一是。海商法学界有通说认为，"若航次租船合同下签发的提单中的合并条款系使用了一般的用语，……只有与提单主旨即与货物的装卸、运输、交付等相关的租约条款才能有效并入提单，而那些与提单主旨无关的条款，如管辖权、仲裁、法律适用条款等则不能有效并入提单。要使这些租约条款也能有效并入提单，只有在提单中用清楚、明确的文字对其予以说明。"这一观点主要是借鉴了英国判例法形成的。这里借用 Bradon J. 一案的判词来说明英国判例法的传统观点："第一，为了决定一个提单条款是否并入了租约下的仲裁条款，必须看提单并入条款的准确措辞（precise words），也看被并入的租约中的仲裁条款准确条件（precise terms）；第二，为了有效地并入，并不一定需要特别清楚地（expressly）指出仲裁条款，一般性的措辞也可能有效并入仲裁条款，这取决于仲裁条款的措辞条件；第三，如果仲裁条款的条件是仅仅适用于租约下的争议，则一般的并入措辞不足以将仲裁条款并入提单以适用于提单包含的或者证明的合同；第四，如果仲裁条款的条件对于租约下的争议和提单下的争议都适用，则一般的并入措辞将使得仲裁条款并入提单适用于提单项下的争议。"上述英国判例法原则与我国海商法学界通说相比较，我国的通说看重提单并入条款的措辞，而对租约中仲裁条款的措辞没有加以区分。英国法中区别租约下的仲裁条款的措辞而将提单并入条款分为两种情况，一是如果租约中的仲裁条款只是规定适用于航次租船合同下的争议，则一般的并入条款不能将仲裁条款并入提单中，只能由特别的"指明仲裁条款并入提单"一类的措辞加以并入；二是如果租约的仲裁条款本身即规定适用于根据租约签发的提单，则在提单中只要有一般的并入条款就可以将这一仲裁条款适用于提单下的争议。这种区分部分是因为英国的判例中除了考虑并入（incorporation）的问题外，还考虑适当变通（manipulation）的问题。在前一种情况下，即使允许以一般措辞的并入条款就将仲裁条款并入提单，由于仲裁条款本身的规定是仅解决航次租船合同下的有关争议而不解决提单所证明的合同的有关争议，所以并入的条款不加以适当变通，仍不能适用于提单持有人和承运人之间。在后一种情况下，由于仲裁条款本身已经订明了适用于提单下的相关争议，故而一般措辞的并入条款将之并入提单，无须进行适当变通就可以直接适用。不过一个重要原则宜接相关（directly germane）或许更容易解释上述区分，该原则同样在 The Annefield 中有所体现，丹宁勋爵的判决认为，"与提单的标的（即货物的装船、运送和交付）直接相关的租约条款能够并应该并入提单合同中，但租约中的仲裁条款不是与提单的标的直接相关的条款，不能通过笼统的合并条款而并入，只能在提单或租约中用清楚的措辞明确表示并入该条款"。虽然英国判例法在原则上和我国的通说是一样采用了（与提单主旨）"相关"这一理论，但是前者在司法实践中复杂许多，不仅考虑并入条款措辞，而且解释仲裁条款本身。英国法并非世界通例，美国法院就认为一般措辞足以将仲裁条款并入提单中。在 Son Shipping v.De Fosse Gahe 一案中就认定，因为提单中有并入条款称"This Shipment is carried under and pursuant to the terms of the charter dated，and all the terms what so ever of the charter except the rate and payment of freight specified the rein apply to and govern the rights of the parties concerned in this shipment"，这一笼统条款已足以并入租约中的仲裁条款，并约束非租约当事人。值得补充的一点是，美国的海上货物运输法（U.S. Carriage of Goods by Sea Act）中，针对提单仲裁条款的规定，授权美国法院可把外国仲裁下令改为在美国仲裁。由于美国法院的这一权限，法院在并入的仲裁条款对于提单持有人不公平时，可以变之为美国仲裁，以保护本国的提单持有人的权利。在国际层面，汉堡规则的规定类似英国法，第22条第2款规定，如果航次租船合同中含有一条规定该合同所发生的争议应提交仲裁，而依据该租船合同所签发的提单未含有特别附带条款规定上述的仲裁条款应拘束提单持有人，则承运人不得援引此条款以对抗善意取得提单的持有人。我国海商法学界的通说主要借鉴英国法的理论，并符合汉堡规则，有其合理性①。《海商法》第九十五条的规定过于模糊，给司法实践带来了困难。虽然，有人试图将承运人与该提单持有人之间的权利、义务关系解释为可以并入提单的限于（实体）权利义务条款，作为纠纷解决方式的仲裁条款不能笼统地并入，但这样解释权利、义务关系是牵强的。目前应该对"载明"的方式、措辞等根据学界通说加以明确，并在通说的基础上进一步考虑仲裁条款本身的措辞在其并入提单方面的影响。我国没有像美国法那样赋予法院变国外仲裁为本国仲裁的权力，

---

① 陈镇，《航次租船合同仲裁条款并入提单引发的若干问题探讨》，《中国航海》，2003年第4期。

所以不宜采取美国法对于并入仲裁条款的宽松解释。

（二）法院对提单中是否明确租约的当事人及签订的时间的审查

租约下提单订有并入条款，其目的是约束提单持有人。同所有的合同条款一样，仲裁条款必须是明示的，以便将准备持有提单的人在审查赎单前清楚地知道仲裁条款的存在。提单中仅注明租船条款并入而未明确租约的当事人及签订时间可能被法院认为未有效并入。

三、法院对仲裁条款本身的有效性审查

当提单转移到非承租人手中后，提单持有人是否受到租约中的仲裁条款的约束？如果能够并入，仲裁条款并入提单的效力如何？这些都是需要人民法院对提单中并入仲裁条款进行司法审查以确定该仲裁条款是否具有法律效力，确定法院对案件是否具有管辖权，有效的仲裁协议除了是仲裁庭受理案件的基础外，也是排除司法管辖权的依据。因此，明确审查仲裁协议的形式、准据法等问题，具有十分重要的意义。

（一）法院对仲裁协议的形式进行司法审查

仲裁协议有口头和书面两种，但是大多数国家在仲裁法中都要求仲裁协议必须具备书面形式。我国亦作书面形式要求，具体规定在《仲裁法》第十六条第一款，仲裁协议包括合同中订立的仲裁条款和以其他书面方式在纠纷前或者纠纷发生后达成的请求仲裁的协议。"这一书面"要求应该如何解释，是否必须由双方当事人签字？能否包括仲裁条款的书面证明？具体到我们探讨的问题，亦即并入仲裁条款的提单是否符合仲裁协议对于书面的形式要求？这个问题，《海商法》和《仲裁法》都没有明确，需要在对定义的解释中加以讨论。仲裁协议的书面性解释，在国际上经历了一个由严格到宽泛的发展过程：1958年《纽约公约》第2条第2款规定称"书面协定"者，"谓当事人所签订或在互换函电中所载明之契约仲裁条款或仲裁协定"。根据此条文，《纽约公约》规定的书面仲裁协议包括两类：一是当事人签订的仲裁条款或仲裁协定；二是当事人虽未签署，但在往来函电中书面载明的仲裁条款或仲裁协定。根据上述定义，提单并入的仲裁条款不是当事人签订的仲裁条款，且由于提单也非往来函电，也不符合第二种"书面"要求，所以提单并入的仲裁条款不能包括在上述书面仲裁协议之中。《联合国国际贸易委员会仲裁示范法》（以下简称《示范法》）

第 7 条第 2 款拓展了书面性的范围。该款规定：仲裁协议应是书面的。……在合同中援引载有仲裁条款的一项文件即构成仲裁协议，但该合同须是书面的且这种援引足以使该仲裁条款构成该合同的一部分。因为提单通常是承运人单方发出，它只是承运人和提单持有人之间运输合同的证明而非合同本身，所以提单并不满足《示范法》的要求。规定最宽泛的是联合国 1978 年《海上货物运输公约》（即汉堡规则）第 22 条第 1 款："当事人可以书面之证明同意将本公约下有关货物运输所引起的争议提交仲裁。"而汉堡规则并未解释"书面之证明"，只要求当事人有仲裁合意即可，且不要求须经双方签署。提单并入的仲裁条款应能符合要求。各国立法和司法对于仲裁协议的书面形式要求也日益拓展。最具代表性的即英国的 1996 年《仲裁法》，该法的第 5 条对书面仲裁协议作了极为宽泛的界定，其中第（3）项：有书面证明的协议；第（4）项：当事人以非书面方式约定援引某条款，只要该条款是书面的。可见，提单中并入的仲裁条款也构成了书面形式。该定义得到了 1996 年香港《仲裁法修订案》和 1998 年《德国民事诉讼法》的仿效。在我国学者宋连斌提出的《仲裁法》建议修改稿比《示范法》等作了更加灵活的规定，建议稿第十五条：仲裁协议应当以书面形式达成。具备下列情形之一即为书面仲裁协议：（一）载于各方当事人签署的文件中；（二）无论当事人签署与否，载于各方当事人往来的书信、电子信息或其他能提供记录并可读取的通信中；（三）有书面证据证实；（四）由各方当事人授权的一方当事人或第三人予以记录；（五）在仲裁或诉讼程序的文件交换中，一方当事人宣称存在仲裁协议，对方当事人在答复中没有提出异议；（六）通过援引符合上述规定的书面仲裁协议的形式达成。在仲裁程序中，对争议实体进行答辩或讨论即可弥补仲裁协议形式上的任何缺陷[①]。该建议稿对仲裁协议的形式作出拓展，明确书面仲裁协议无须双方签署，使并入提单的仲裁条款在我国仲裁法上得到明确的支持。

（二）法院对确定仲裁条款并入提单的效力的准据法的司法审查

确定仲裁条款并入提单的效力的准据法和确定并入提单的仲裁条款本身的效力的准据法相互联系，可能是同一法律，但是它们是不同的问题。前者与确定一般仲裁条款效力的准据法无甚区别，后者实际是确定国际商事仲裁协议（包括仲裁条款转让的适用法律）。前者是静态的，而后者是对仲裁条款转让过程

---

① 宋连斌、黄进，《中华人民共和国仲裁法建议修改稿》，《法学评论》，2003年第4期。

应适用的法律加以确定。对前者，《纽约公约》和《示范法》都有规定，其主
要原则是：首先，以当事人意思自治为原则；其次，依最密切联系原则确定法
律；再次，依仲裁地或裁决作出地的法律；另外还有尽量使其有效的原则等等。
而对于国际商事仲裁协议转让的准据法，或者更具体到当前探讨的范围，亦即
确定仲裁条款并入提单的效力的准据法，各国法律和有关国际公约都没有专门
规定。仲裁协议转让的准据法，包括仲裁协议的适用法律、主合同的适用法律、
法院地或仲裁地的法律。具体到仲裁条款并入提单的适用法律问题，可以作如
下推导：第一，仲裁协议的准据法。这是根据仲裁条款的独立性推论而出的。
因为仲裁条款的相对独立性，一个有效并入了提单的仲裁条款，在提单从承租
人手中转入提单持有人手中时，可以看作一个独立于提单证明的运输合同的仲
裁协议的单独转让，故而确定仲裁协议本身效力的准据法在确定仲裁协议是否
有效转让时，也应可以适用。第二，主合同的准据法。与上一种不同，这种做
法的基础在于仲裁条款独立的相对性，因为仲裁条款随着主合同转让，所以适
用于主合同的准据法也适用于对仲裁条款是否有效转让的判断。亦即提单是否
有效并入了仲裁条款，要依提单证明的合同的准据法加以判断。如果在提单本
身有法律选择条款，则仲裁条款是否有效并入要根据提单选择的法律加以判别。
第三，法院地或仲裁地的法律[①]。适用仲裁地的法律有时会和第一种情况相重合，
但是即使有所重合，这两者间的连接点也是不同的。法院或仲裁机关在审理此
类案件时，往往将仲裁问题判断为程序问题，所以适用法院地或者仲裁地法对
仲裁协议的转让效力作出认定。另外，还可能存在一些适用其他法律的情况，
例如适用争议事项所在地法律、一般法律原则、商人习惯法等等。在仲裁条款
并入提单的效力的准据法问题上，各国在司法实践中都由法院或仲裁庭自行其
是，按照自己对相关法律的理解和解释作出判决或者裁决，故而出现对相同案
件作出冲突的裁决的情况。我国的《仲裁法》《海商法》对于这一问题也没有
具体规定，导致在判断提单是否有效并入仲裁条款的时候确定准据法的困难。
起草统一的实体法规则或者冲突法规范，以补充《纽约公约》《示范法》等的
不足，或许是一个解决各国在这一问题上冲突判决和裁决的办法。

---

① 　何易，《略论因特网上国际商事仲裁若干问题》，《国际贸易问题》，1999年第1期。

四、法院对仲裁条款的独立性的司法审查

仲裁条款的独立性，是指作为主合同的一个条款，可以与主合同的其他条款分离而独立存在，即仲裁条款不因主合同其他条款的无效而无效，也不因主合同本身存在与否而受到影响。我们讨论仲裁条款的独立性问题，主要是为了澄清对租约中的仲裁条款采用特殊的并入方式和措辞，并不是以仲裁条款独立性作基础。首先，如果从仲裁条款独立性出发而认为对航次租船合同中的仲裁条款应特殊对待，那么由于航次租船合同中的管辖权、法律适用等条款并不具有独立性，则合同中的管辖权、法律适用等条款应该能被一般措辞的并入条款并入提单之中。然而，从上述通说，可以看出管辖权、法律适用等条款比之仲裁条款并不与提单的主旨更相关，这些条款也不能被笼统地并入条款直接并入提单。所以，仲裁条款的独立性不应是对仲裁条款特殊对待的原因。其次，如果在并入提单的仲裁条款中采用独立性学说，则要求合同受让方对其中的仲裁条款为特定的意思表示，即"在提单并入条款之中特别提及包括仲裁条款，并入本提单"时，提单持有人也必须对并入提单的仲裁条款作出"明示接受"的意思表示，否则提单持有人就不是该并入的仲裁条款的当事人 ①。这种做法不符合《海商法》关于提单的立法精神，也不符合《民法》《合同法》上关于债权债务转移的规定。据此，提单的转让带来其所证明的运输合同的转让，《海商法》第九十五条并没有将仲裁条款剔除在确定提单持有人和承运人间权利义务关系的规定之外，如果认定必须对提单并入的仲裁条款形成特别的意思表示，则提单失去了流通性的便利特点，而不需要对仲裁条款"明示接受"，也不影响对提单持有人的仲裁意思表示的认定。根据我国《合同法》第八十二条规定，债权转让后，债务人对让与人的抗辩可以向受让人主张；第八十五条规定，债务人转移债务的，新债务人可以主张对债权人的抗辩。这里的抗辩不仅指实体内容，显然包括解决分歧的程序内容。由此，合同的成功转让已经构成受让人接受合同中仲裁条款的结果，无须特别意思表示确认仲裁条款的效力。最后，从理论的发展看，仲裁条款独立性理论的宗旨一直是有利于仲裁。在合同（提单）转让中以仲裁条款独立性为由要求受让人为特定的意思表示，则与上述宗旨背道而驰。正如美国 A.L 贸易融资公司诉保加利亚对外贸易银行案中，仲裁庭所

①　马德才，《论国际商事仲裁协议》，《西北大学学报（哲学社会科学版）》，1997年第3期。

言：承认仲裁条款独立性用以保证仲裁程序顺利开始，而仲裁条款自动转移则保证仲裁平稳结束，在仲裁协议转移上强调其独立性并不符合前述目的。总之，仲裁条款的独立性不应作为在并入条款中对租约仲裁条款特殊对待的理论基础，在提单的流转和受让中强调仲裁条款独立性与该理论的宗旨是矛盾的，在司法实践中会拘泥于受让人的"明示接受"而影响贸易和航运的按其惯常方式进行。但是，仲裁条款的独立性与我们探讨的问题并非无关，例如在提单欺诈导致提单无效的情况下，并入提单的仲裁条款是否有效，仲裁庭是否有管辖权。

五、结语

综上所述，并入提单的租约仲裁条款在我国是一个崭新的司法课题，我国调整这一问题的法律主要是《海商法》和《仲裁法》的相关规定，但是对于上述问题，要么语焉不详，要么未加规定，所以正确理解分析该条款，在实践中需要大量的商业惯例、司法解释和学理通说加以补充完善，并希望在适当的时候能够对相关法律进行修改和补充，使得提单并入租约仲裁条款的各项法律问题能够得到最终的解决，并促进我国海事仲裁的发展。

第三章

涉外经济主体的国内法规制

涉外经济主体分为公法主体——国家和私法主体——从公司企业到自然人。国家通常是涉外经济活动的国际条约或协定的参加者,是涉外经济法律关系的国际法主体。实际上,私法主体不仅是涉外经济的参加者,更是涉外经济法律关系的主要主体。因此,涉外经济法律关系的参加者有必要对国内经济活动的劳动要素进行良好的国内法规制,如对劳动者权益保护及劳动保险、劳动秩序的保障。这种规制既是落实国际经济领域对人权的尊重、保障,也是最终保障涉外经济主体顺利完成涉外经济活动、国家获得涉外经济发展的关键之处。笔者围绕涉外经济法主体对劳动者权益保护、劳动秩序保障等问题在本章进行分析、论证。

第一节　政党在涉外经济建设发展中的指导

从世情、国情、党情出发，加强中国共产党的依法执政能力建设已经成为时代的选择。党的十七大报告提出要提高党的依法执政能力建设，这对于巩固党的执政地位，贯彻依法治国基本方略，坚持党的领导、人民当家作主和依法治国的有机统一具有重要的意义。加强中国共产党依法执政能力建设，要树立依法执政的法律观念，坚持科学执政、依法执政、民主执政的有机统一，依法对权力运行进行有效的监督。

中国共产党在十六大上明确提出"坚持依法执政，实施党对国家和社会的领导"，这是党首次提出"依法执政"的概念，党的十六届四中全会作出了《中共中央关于加强党的执政能力建设的决定》，提出依法执政是党执政的基本方式，把依法执政作为提高党的执政能力的重要目标之一。党的十七大报告指出，"党的执政能力建设关系党的建设和中国特色社会主义事业的全局"，"要按照科学执政、民主执政、依法执政的要求，改进领导班子思想作风，提高领导干部执政本领，改善领导方式和执政方式"。"依法执政能力是执政党以国家机器为杠杆，在治理国家和社会事务中，坚持运用法律手段，解决社会矛盾，协调利益关系，持续获得人民拥护，促进经济社会发展，引导社会整体进步等方面所表现出的能力 [①]。"

一、加强中国共产党依法执政能力建设的重要意义

（一）坚持依法执政可以巩固党的执政地位

发展社会主义民主政治要求我们党要坚持依法执政，我们须高度重视依法执政，依法执政表明了党领导方式和执政方式的改进，表明了中国共产党的执政地位的不断巩固。依法执政事关党执政的合法性。简单说来，"执政的合法性，就是广大公众对执政者及其执政行为、执政结果的认同。法是整个国家和社会运作所应遵循的规范，是共同接受的行为规则。在人民当家作主的条件下，法律是人民意志和国家意志的共同体现。从这个角度讲，遵循法律，不只是对共同规则的

---

① 吴宏才，《论新时期加强党的依法执政能力建设》，《中共贵州省委党校学报》，2008年第1期。

服从，也是对民意的遵从。所以，执政是否依法，直接影响着执政的合法性"[①]。执政合法，就会不断地得到人民群众的信任，真正做到立党为公、执政为民，从而增强党的群众基础，提高党的社会影响力。可以看出，坚持依法执政有利于巩固党的执政地位，有利于贯彻落实以人为本的科学发展观，构建和谐社会。

（二）坚持依法执政是贯彻依法治国基本方略的必然要求

江泽民同志在党的十五大报告中指出，"依法治国，就是广大人民群众在党的领导下，依照宪法和法律的规定，通过各种途径和形式管理国家事务，管理经济文化事务，管理社会事务，保证国家各项工作都依法进行，逐步实现社会主义民主的制度化、法律化，使这种制度和法律不因领导人的改变而改变"。胡锦涛同志在党的十七大报告中强调指出，要"全面落实依法治国基本方略，加快建设社会主义法治国家"，并进一步强调指出"依法治国是社会主义民主政治的基本要求"，要"提高党的科学执政、民主执政、依法执政水平，保证党领导人民有效依法治国"，要"推进依法行政"。"各级党组织和全体党员要自觉在宪法和法律范围内活动，带头维护宪法和法律的权威。"党的十八大以来，以习近平同志为核心的党中央提出一系列全面依法治国新理念、新思想、新战略，概括起来有十个方面的重要内容。习近平指出，这些新理念、新思想、新战略是马克思主义政治思想中国化的最新成果，是全面依法治国的根本遵循，必须长期坚持、不断丰富发展。可见，依法治国受到党和国家的高度重视。依法治国，建设社会主义法治国家是党深刻总结历史经验而提出的重要治国方略，是党领导人民治理国家的基本方略。依法治国的基本要求和内容是有法可依，有法必依，执法必严，违法必究。依法治国、依法执政是加强党的执政能力建设的基本途径，是党在新时期执政方式的科学选择，加强中国共产党依法执政能力建设，对于发展社会主义的民主政治，实现依法治国的基本方略具有重大意义。因此，要依法治国，就必须加强中国共产党的科学执政、民主执政和依法执政能力建设。

（三）加强依法执政能力建设是坚持党的领导、人民当家作主和依法治国的有机统一的需要

胡锦涛同志在党的十七大报告中指出，"要坚持党总揽全局、协调各方的领导核心作用，提高党科学执政、民主执政、依法执政水平，保证党领导人民有效治理国家；坚持国家一切权力属于人民，从各个层次、各个领域扩大公民有序政治参与，最广泛地动员和组织人民依法管理国家事务和社会事务、管理经济和文

---

① 王长江，《论提高党的依法执政能力》，《中国党政干部论坛》，2003年第9期。

化事业；坚持依法治国基本方略，树立社会主义法治理念，实现国家各项工作法治化，保障公民合法权益；坚持社会主义政治制度的特点和优势，推进社会主义民主政治制度化、规范化、程序化，为党和国家长治久安提供政治和法律制度保障"。党的领导是人民当家作主和依法治国的根本保证，人民当家作主是社会主义民主政治建设的根本出发点和归宿，依法治国与人民民主、党的领导是紧密相连、相互促进的。党依照宪法和法律的规定管理国家，管理社会事务和经济文化事业，保障人权，从而使党的领导、人民当家作主和依法治国真正统一起来。可见加强依法执政能力建设是坚持党的领导、人民当家作主和依法治国的有机统一的需要，是贯彻落实科学发展观、构建和谐社会的需要。

二、提高中国共产党依法执政能力建设的途径

（一）树立依法执政的法制观念

胡锦涛同志在中央政治局第十二次集体学习时强调指出：坚持依法治国，依法执政，是新形势新任务对我党领导人民更好地治国理政提出的基本要求，也是提高党的执政能力的重要方面。全党同志特别是各级领导干部都要切实增强法制观念，带头学习守法，在全党全社会形成依法执政、依法治国、依法办事的良好氛围。《中国共产党党章》中规定："党必须在宪法和法律的范围内活动。"大力加强法治的宣传教育，牢固树立依法执政的法律观念。全体共产党员特别是党员领导干部应牢固树立依法执政的法律观念，带头遵守宪法和法律的规定，坚持法律面前人人平等，为人民群众树立榜样。全体共产党员和各级领导干部只有在树立依法执政法律观念的前提下，才能真正做到依法执政，使依法执政的理论和实践相结合，并不断提高依法执政的能力。

（二）坚持科学执政、依法执政、民主执政的有机统一

构建和谐社会，提高党的构建社会主义和谐社会的能力，就要求我党做到科学执政、依法执政、民主执政的有机统一。依法执政与民主执政、科学执政三者之间是辩证统一关系，即科学执政是核心和基本前提，民主执政是本质所在、是本质要求，依法执政是基础、是途径。三者相互联系、相互促进、相互作用，并且有机地紧密结合，构成了我们党执政方式最基本的理论框架。同时，科学执政与民主执政必须通过依法执政的途径来实现。[①]

---

① 潘平，《以民生为本增强执政能力》，《重庆日报》，2008年4月1日。

坚持科学执政，就是按执政党执政规律、社会主义建设规律和人类社会发展规律执政。我们党应当从世情、国情、党情出发，科学地研究分析社会主义经济、政治、文化发展规律，不断提高党在经济、政治、文化方面的领导能力。依法执政就是公民在法律面前一律平等，坚持依法治国的基本方略，使社会主义经济、政治、文化不断走上法治的轨道。民主执政就是为人民执政，依靠人民执政，完善民主集中制，引导人民有序参与政治，保证人民依法实行民主选举、民主决策、民主管理和民主监督，使人民享有广泛的权利和自由，维护自身权益，切实感受到人民当家作主的主人翁地位。党的依法执政离不开科学执政和民主执政，加强党的执政能力建设，就要做到科学执政、依法执政、民主执政的有机统一。

（三）依法对权力运行进行有效的监督

发展社会主义民主政治，把坚持党的领导、人民当家作主和依法治国有机统一起来，就要依法对权力运行进行有效的监督。健全党内监督机制，加强党内监督，是保持党的先进性、提高党的执政能力的必然要求，是坚决惩治和预防腐败的重大举措。2003 年 12 月 31 日中共中央正式颁布施行《中国共产党党内监督条例（试行）》。"这是一部十分重要的党内法规，它的颁布实施，对于坚持党要管党、从严治党的方针，充分发展党内民主，加强党内监督，维护党的团结统一，保持党的先进性，始终做到立党为公、执政为民，必将起到重要作用。"[①]中国共产党是依据民主集中制的组织原则建立起来的马克思主义政党。党中央一贯强调，自上而下的监督要与自下而上以及同级领导班子内部的监督相结合。邓小平曾指出，"党的纪律检查委员会和政府的监察委员会要建立和加强起来，这是反对官僚主义、命令主义，监督党员遵纪守法的重要武器"[②]。我们要充分认识到党内监督的重要性，强化党内监督意识，提高党内监督的自觉性，充分发挥纪检机关的主导作用，使党内监督运作质量不断提高，效能不断加强。要把党内监督与国家专门机关监督、民主党派监督和社会监督结合起来，形成监督的整体合力。要加强自我监督，党的各级领导干部和广大党员要做到广开言路，听民声，察民意，主动接受监督，以保证权力的正确行使。加强对权力的有效监督，使权力在法治的环境中高效地运作，如此，党的依法执政能力必然不断得到增强。

---

① 夏赞忠答新华社记者问，http://www.lawyee.net/OT_Data/legislation_Display.asp?RID=3295.
② 《邓小平文选》，第1卷，北京：人民出版社，1994年。

第二节　政府从反垄断角度规制涉外经济主体

早在 2006 年，中国外汇储备已达到世界第一，中国在世界经济中，已具有举足轻重的地位。对外，中国经济已与国际全面接轨；对内，中国经济已形成长江三角洲地区、珠江三角洲地区、环渤海地区的三大区域经济圈。本节从反垄断角度对正在蓬勃发展的环渤海经济圈这一区域经济合作的法律机制进行探讨。

在经济全球化的背景下，加强区域经济联合，发挥区域经济优势已成为全球经济发展的必然趋势。在世界范围内，欧盟、北美自由贸易区的发展已成为成功的范例；在国内，近年来，各式各样的国内区域合作不断增多，已显示出了区域经济巨大优势的有珠江三角洲、长江三角洲、正在蓬勃发展的环渤海区域。党的十六届五中全会通过"十一五规划建议"和十届全国十人大四次会议通过"十一五规划纲要"时，区域合作已经或正在趋向普遍化，到了"十三五规划"时期，区域合作、一带一路建设，提升为国家发展战略，到新的"十四五规划"时期，区域合作将进入国际区域合作和一带一路战略达到深化。

一、国内区域合作的核心是发展经济，法律是区域合作的保障机制

我们知道，区域经济是以一定的地理区域为基础之经济。因此，没有一定地理区域之客观存在，便谈不上区域经济。而从当今世界各国之区域经济运行情况来看，在一国范围之内的区域经济，主要是两种意义上的区域经济，一是指建立在一定的行政区划基础之上的区域经济，从此意义上讲，根据我国现行的行政区划，其可以包括：乡（镇）域经济、县域经济、市域经济及省域经济。这种区域经济主要是对该行政区域的各种资源进行整合，反映的是该行政区域内的经济发展状况。二是指那些跨行政区域的，以不同行政区域之间在自然地理或经济上的联系为基础而形成的区域经济。这种区域经济打破行政区域的界限，注重发挥某一地区因地理位置、自然资源、历史传统等因素而形成的区位优势，通过不同行政区域间的协调合作，最大限度地发挥该地区的综合经济优势，使该地区的经济整体得以快速发展。京津冀一体化，粤港澳大湾区及长三角区域经济一体化都属于这种区域经济。在区域经济圈内，由于每个行政区域内的经济增长是地方官员政绩的主要标志，所以区域经济合作，区域经济圈的运行发展是区域经济圈内区

域间经济利益的协调与平衡，主要针对一些地方和部门保护主义、市场分工与垄断而言。与此同时，政府通过法制手段对群众自发交易所产生的权利的确认、保护，建立宽松、规范的市场秩序，约束自己的权力，在区域经济协作中政府可以利用一些税收优惠、融资支持和土地供应等价格性的减让政策来刺激经济增长，也可以通过降低投资的底线、鼓励竞争、简化手续等提高行政效率的方法改善投资环境，吸引民间和外来投资，从而，法律必然成为区域合作的保障机制。

二、构建环渤海经济圈统一市场体系的理论前提

（一）统一市场体系是环渤海经济圈生产力发展的基础

环渤海区域经济就是以渤海湾这一特殊的自然地理环境为基础的一种区域经济，主要指围绕渤海湾沿线形成，并根据经济要素之间的密切联系，向内地适当辐射的，并受各行政要素管辖的一种经济联系。即指辽东半岛、山东半岛、京津冀为主的环渤海滨海经济带，同时可辐射到山西、辽宁、山东及内蒙古中东部，约占中国国土的12％和人口的20％。目前这里的经济总量和对外贸易占到全国的1/4。继长江三角洲、珠江三角洲地区经济快速发展后，环渤海经济圈正形成中国经济增长的第三极，成为拉动中国北方地区经济发展的发动机。

经过40多年改革，环渤海经济圈经济体制发生很大转变，市场在资源配置中发挥着越来越重要的作用。但是，随着市场竞争日趋激烈，市场建设和发展中的问题也发生了新的变化。主要表现在：地方政府为了本地的利益，通过行政管制手段设置市场障碍，限制非本地产品和服务参与公平竞争，实行市场封锁；一些行政部门利用在市场中特殊的独占地位实行行业垄断，采取各种市场准入限制阻止其他企业参与竞争。这些人为分割市场的做法，直接导致市场经济公平、公正运行机制扭曲；社会资源无法实现最优配置，造成低效率、高成本，阻碍了企业技术进步，影响了竞争力；由于市场相对狭小，市场交易规模小，严重妨碍了市场体系建设[1]。构建环渤海经济圈统一市场体系，是该地区经济发展的基础。

第一，这是市场经济的本质要求。市场经济体制下，市场是资源配置的基础手段。这就要求形成统一、开放、竞争、规范的市场体系，使生产要素和商品能够自由流动。决定生产要素和商品流向的关键因素是价格信号。只有在价格能正确反映商品和资源的市场供求关系时，才能使社会资源得到优化配置。

---

① 任珑，《为什么要加快建设全国统一市场》，《人民日报》，2003年11月19日，第6版。

但地方政府对本地市场的保护，对外地商品和服务的封锁所造成的市场分割，必然使价格处于扭曲状态，难以正确引导资源的优化配置。竞争是市场经济的又一基本特征。充分而有效的竞争能够促使企业改进生产技术、改善经营管理、提高生产效率，从而赢得消费者的"货币选票"。而地方保护和行业垄断妨碍市场经济的公平、公正运行，与市场竞争原则是背道而驰的。因此，不打破地方保护和行业垄断，市场配置资源的范围和作用就会受到极大限制，市场竞争机制也不能充分发挥作用。

第二，这是增强环渤海经济圈竞争能力的需要。目前引领我国经济发展的有三大经济圈：长三角经济圈、珠三角经济圈和环渤海经济圈。前两个经济圈发展较快，充满活力，国民生产总值、财政收入、人均可支配收入等各项指标均有较大幅度增长，在中国经济中发挥着举足轻重的作用。而环渤海经济圈由于种种原因，发展相对滞后。如果没有市场的统一，商品和要素不能自由流动，资源的优化配置不可能实现，成本也不可能降低，必然影响整个环渤海经济圈的竞争力。地方保护可以使企业暂时逃避竞争，但同时也使企业因为没有外在的压力失去提高生产技术、改善经营管理的积极性，不利于企业的发展壮大。而竞争迟早还是要到来，到时企业将处于非常不利的境地。

第三，这是环渤海经济圈各省市取长补短、资源共享的需要。环渤海经济圈各省市各有其优势，例如北京拥有无可替代的政治中心地位、巨大的人才优势、雄厚的科技实力；天津拥有国际港口、良好的工业基础和功能完备的经济技术开发区；河北拥有充沛的劳动力优势，农业大省、基础原材料大省优势；山西拥有独特的资源优势等等。而某些省市的优势恰恰是其他省市的劣势所在。统一的市场体系可以使得各种资源自由流动，各地区能够互相取长补短。

（二）统一市场体系不等于统一行政区划

环渤海经济圈地域辽阔，跨越五省二市。有人提出通过统一行政区划来构建统一的市场体系，例如京津合并。这是一种大胆的构想。但是我们应当认识到在法治前提下，这种行政区划不能任意改变。并且，从发展趋势上看，这种行政区划和主体，不是走向模糊，而是将进一步明晰。同时，行政区划的变革，也并不是地方政府所具有的职责范围，而是中央政府的权限范围。地方政府无论多积极，没有中央政府的决策，行政区划的改变都是不可能的。因此，以地方政府无权解决的问题为前提，以法律上不能任意改变的平台却假设为可改变为前提，来讨论问题，犹如无源之水，只能陷于空谈和清议。这是一个法学上的结论。而且，许多行政区划是历史形成的，具有相当的稳定性，不能也不应该随着经济活动的频繁变化而随意调整。同时，经济区以经济为主要标准甚至是唯一的尺度，而行政区则要考虑到综合性因素，而不能仅以经济为限[1]。

统一市场体系和统一行政区划是两个不同的问题。统一的市场体系关键在于原料、人力、资本、知识等生产要素和各种商品的自由流通，而统一行政区划主要是权力的集中。只要产权明晰、市场开放、竞争自由，即使生产要素和商品在不同的行政区划间流通，这种市场体系仍是统一的；而如果政府不正当干预经济，滥用权力，限制市场主体的自由，那么即使在统一的行政区划内也不会有统一的市场体系。

（三）经济圈内各省市的协调是构建统一市场体系的重要手段

根据宪法和法律的规定，环渤海五省二市的国家权力机关具有地方立法权，五省二市的人民政府具有规章制定权。它们通过地方立法或制定规章，可以弥补国家法律的不足，进一步健全和完善法制。然而，任何一个行政区域的地方性法规和规章都只能在本行政区域内发生作用，各地方所进行的法制建设都有区域边界，而不能作用于其他行政区域。同时，国家统一的法律也要有各地的国家机关来实施。环渤海跨越五省二市，则实施法律的就有五省二市的国家机关。每个国家机关也只能在本行政区域内来贯彻执行法律。除了中央国家机关外，在它们之上没有一个统一实施法律的国家机关；在它们中间，也没有一个国家机关可以凌驾于其他国家机关之上来实施法律。因此，统一法律的实施也是各自分别进行的。总之，地方法制建设和统一法律实施的主体，都是多个而不是一个。对多区域、多主体的法制建设和法律实施活动，要实现一个共同的目标，只能靠协调[2]。

三、依法构建环渤海经济圈统一市场体系的主要障碍——行政垄断

行政垄断即行政限制竞争行为，是行政主体滥用经济行政权排除、妨碍和限制市场主体平等竞争的违法行为。行政垄断就其形式而言可谓林林总总，形式繁多，如：禁止外地商品进入本地；禁止本地商品流出；对外地商品和服务实行歧

---

① 叶必丰，《长三角经济一体化背景下的法制协调》，《长三角法学论坛——论长三角法制协调》，上海：上海社会科学院出版社，2005年。
② 叶必丰，《长三角经济一体化背景下的法制协调》，《长三角法学论坛——论长三角法制协调》，上海：上海社会科学院出版社，2005年。

视性待遇；对外地商品实行不同于本地的质量、检验标准；设定专门针对外地企业和行业以外企业产品、服务的审批、专营制度；通过设定歧视性资质要求、评审要求达到限制和排斥行业以外的个人企业进入本地和本行业；通过设定许可、审批限制外地和行业外组织和个人在本行业、本地的执业活动；用规章、规定限定只能接受本行业、本地区的产品和服务；强制购买、强制联合、限制进入、信息封锁、非法设卡、滥用技术手段、滥施差别待遇、滥用强制权和处罚权、放纵对外地企业和行业外企业的违法行为，等等。但当前，归纳起来在我国主要有两种表现形式：行业垄断和地区垄断。

行政垄断对环渤海经济圈建设带来的消极影响比经济垄断所带来的影响更广泛、更持久、更严重。环渤海经济圈建设的基础是自由竞争，共同发展，行政垄断却是用行政权力抹杀自由竞争的精神，与公平竞争理念相悖，以某一地区或某一部门的利益为出发点，将该地区或该部门隔绝开来，形成地区封锁和部门经济封锁，从而直接阻碍和破坏统一和开放市场的形成。从另一方面而言，受到保护的部门和地区，不再把精力放在如何通过技术创新和科学管理来提高竞争能力，而是将大量费用用于行贿，以取得相关部门的庇护，这就导致官商勾结、权钱交易等严重的腐败问题。

环渤海经济圈建设尤其需要反对地区垄断。地区垄断主要表现形式就是地方政府禁止外地产品进入本地市场，或者阻止本地原材料销往外地，由此便使全国本应统一的市场分割成一个个狭小的市场。这是一道由地方政府设置的，用以保护本地区产品质量低劣、缺乏竞争力的落后企业免受外来产品冲击的屏障。经济圈的建设，根本在于建立一个统一、有序、高效的市场，如果经济圈内部的城市与地区存在垄断，经济圈的建设只能停留在概念上。

四、构建环渤海经济圈统一市场体系的法制对策

（一）坚持自愿、自主、互补和服从宏观调控的原则

目前，环渤海区域经济之所以能够成立，其基础并非来自一种行政上的认可，而是基于一种自然地理和经济产业链之间的联系，因此，有其必然的联系特点。所以，环环渤海区域各地区之间的联合，必须建立在自愿、自主和互补的基础之上，只有这样才能有其科学价值，才能有其生命力。其中，所谓自愿是指各省、市、自治区及所辖市、县是否参与到环渤海区域经济发展之中，完全是出于自愿而非行政强迫所致；所谓自主是指在合作中，要坚持各地区的独立自主性，有关

与合作相关的政策的出台和协议的制定，必须通过各地的民主程序，各地人大代表的广泛参与，而不是个别领导的心血来潮；所谓的互补是指在环渤海区域经济发展中，要积极发挥各地的经济优势，走共同发展的道路。同时，作为一种跨地区的经济合作，必然涉及国家宏观经济利益的实现问题。因此，环渤海区域经济的发展，首先要服从并服务于整个国民经济与社会发展的需求。要为实现宏观调控的目标贡献力量。这样，就可能会为实现国家宏观调控的目标而牺牲本区域的利益。因此，当本区域的经济发展与国家宏观调控发生冲突时，必须首先通过法制完善，实现国家宏观调控目标的实现，其次，才是对本区域经济与社会发展的保障和促进。这既是宏观调控的需要，也是保障国家法制统一的要求。

（二）建立良好的协调机制保障市场统一

正如前面所论，环渤海经济圈跨越五省二市，任何一个地方政府都不能凌驾于其他政府之上。中央政府虽然有绝对的权威，但它的方针、政策、指令具有普遍性，不能充分指导环渤海经济圈的具体实践，因此，五省二市应依法建立自己的协调机制。目前的环渤海地区经济联合市长联席会就是个很好的载体。该联席会从1986年至今已经走过30多个年头，为加强区域合作作出了贡献。以后，联席会的法律地位应当得到明确，职能应当扩大，会议文件的约束力应当加强。各省市可以在联席会上签订行政协议，明确各地建立和保障统一市场体系的义务，规定针对地方保护主义特别是行政垄断的制裁措施。

建立类似"国际条约在一国国内执行程序的联席行政协议的区域执行制度"：

（1）将联席会上签订行政协议纳入每个省市的地方人大立法程序；

（2）将"联席行政协议"通过地方人大立法转化为每个省市的地方规章加以执行遵守；

（3）环渤海地区的司法机构可将"联席行政协议"作为解决该地区经济纠纷和行政争执的特别法优先适用。

（三）环渤海地区城市经济实体间确立同籍待遇原则

同籍待遇原则类同于国际贸易中的国民待遇原则，它是指行政地区之间相互保证给予对方地区的自然人、法人或商人在本地区享有与本地区自然人、法人或商人同样的待遇。消除大量存在的各种地方经济壁垒，加快国内统一市场的形成，是一个紧迫的任务，但是它的完成也不是一朝一夕的事情，不是单靠行政命令就能驱动的，需要在法律的框架下，以利益为导向逐步完成。当前，既要以消除地区垄断为长远目标，又要同时考虑各地的实际利益、实际情况，同籍待遇原则恰恰是现阶段能够两者兼顾的过渡性手段。

（四）对行政权进行有效规制，明确规定行政权干预经济的原则、范围

环渤海经济圈的建设需要行政调控和合作，需要政府对经济的适当干预，但需要准确界定行政机关在市场经济活动中可以干预的范围，区别合法的行政宏观调控行为和行政垄断行为的界限。行政权干预经济的范围限于：征税、市场准入、价格干预、财产质量与生产作业的监督、对交易行为的监管。确保行政权在市场活动中良性运行，加快制定规范行政行为的规则，减少行政权在市场运行中的随意性。

（五）建立投资争端前期解决预警机制

环渤海地区的发展离不开国内外投资，而一些争端也由此而起。如外来投资者与当地企业、政府的纠纷，各地政府因为争夺投资产生的矛盾等。这样一些争端应该及早解决，否则影响整个地区的投资环境。一是要充分发挥各种商会、行业协会的作用，由其及时反映投资者意见，传达政府方针政策，使其成为政府和投资者沟通的桥梁。二是在市长联席会议之下设立专门机构，负责受理有关投资争端的投诉，并赋予其调解的权力。调解及时、灵活，能够避免事态扩大，成本较小。三是建立环渤海地区有关投资的信息通报制度。这样才能及时地发现问题，减少矛盾冲突。

（六）减少强制性行政手段的运用，充分发挥行政指导的作用

行政指导是通过说服、教育、示范、劝告、建议、协商、政策指导，提供经费帮助，提供知识、技术帮助等非强制性手段和方法，以实现一定行政目的的行为。在日本、法国、英国、奥地利等发达国家，行政指导成为重要的行政管理方法，尤其是在日本，科学的行政指导有力地推动了战后日本经济的发展。在我国也有运用行政指导方式成功制止行政垄断的实践[①]。

（七）设立具有独立地位的反垄断机构

2008 年通过的《反垄断法》主要适用于非行政的商业反垄断，对于行政垄断和国有企业"中立"问题并没有解决，为了中国国有企业能"走出去"，摆脱境外对我国国有企业垄断地位的指控，在国有企业林立的环渤海地区，设立具有独立地位的区域反垄断机构，人员由环渤海各地权力机构选举产生，独立于各级政府，也独立于各行政地区，摆脱反垄断机构与各地方、各级政府行政上千丝万

---

① 2000年在我国新疆乌鲁木齐市工商局运用行政指导圆满地处理了一起其办事处限制啤酒销售的竞争行为，这是运用行政指导方式制止行政垄断的一次成功实践。

缕的复杂关系。环渤海地区目前主要的反垄断机构是各地的工商行政管理部门。但是，鉴于目前反垄断的主要任务是反行政垄断，工商行政管理部门难以承担这一重任。各地政府及其部门有可能成为反垄断执法的对象，而本身作为行政部门的工商行政管理部门在对行政垄断进行规制时显然会产生行政部门指挥行政部门的现象，由于自身权威上的缺陷，其不但难以解决行政垄断，反而会加剧部门矛盾①。设立环渤海公平交易委员会或其他类似名称。组成人员按照相同比例由各省市人民代表大会选举产生，经费亦按照相同比例由各省市财政拨付，统一行使环渤海地区反垄断职权：受理投诉、调查取证、裁决纠纷、实施处罚等等。

总之，构建环渤海经济圈统一市场体系的当务之急是反行政垄断，而这是一个艰巨的任务，需要环渤海各地区从大局出发，着眼于整体利益和长远利益，通力协作，逐步解决这一难题。

第三节　涉外经济主体对内法律规制——劳动者权益保障

身心健康是劳动者进行工作的前提，安全的工作环境也是劳动者应享受的基本权利。生产事故的发生，不仅给国家和企业带来经济损失，同样给劳动者的生命健康带来威胁。切实保障劳动者的生命安全和职业健康同样是政府部门和企业义不容辞的责任。

一、安全生产在劳动者健康权益保障中的意义

安全生产事关企业的财产安全和经济利益，事关每个劳动者的生命和健康安全。搞好安全生产，改善劳动条件，可以调动劳动职工的生产积极性。安全生产是安全与生产的统一。安全的生产环境能够为职工创造一个良好的劳动条件，减少职工的伤亡，减少企业的财产损失，提高企业效益，进而能够促进生产的发展。反之，生产必须在安全的环境中进行，否则企业就无法进行生产。

安全生产的本质和核心是保障劳动者的生命安全和职业健康。经济发展必须建立在安全生产的基础上，必须做到安全生产状况不断改善，劳动者的生命安全和身体健康得到保障，这样安全生产和经济发展才能相互促进。安全生产事关劳动者的生命健康，经济的发展绝不能以牺牲人民群众的利益甚至牺牲职工的生命

---

① 郑曙光等，《市场管理法新论》，北京：中国检察出版社，2005年，第274页。

为代价。因此只有实现安全生产，才能避免和减少伤亡事故、职业伤害，才能使劳动者的生命健康权益得到切实保障，才能调动劳动者的积极性，才能使经济健康发展，才能不断促进社会的和谐稳定。

二、劳动者健康权益保障的现状分析

目前我国已基本形成了一个在宪法基础上包括《工伤保险条例》《职业病防治法》《职业健康检查管理办法》等在内的多层次的劳动者健康权益保障体系。然而我国实现安全生产和职业病防治任务依然任重而道远，每年依然有大量人员死于安全生产事故。造成此种严峻形势主要有以下几点原因：

（一）工伤保险制度的不完善

在发生安全生产事故后，工伤保险为受伤劳动者的救治和康复起到一定的积极作用，但就目前来看依然存在着一些问题。第一，工伤保险和安全生产的结合度低，在安全生产方面的投入少。大多数企业只是在发生安全生产事故之后为劳动者支付工伤补偿，工伤保险没能真正起到其提高劳动者自我保护意识、加强企业安全生产监督，以及预防和减少安全生产事故的作用。第二，工伤保险和安全生产的管理职能交叉。工伤保险工作由人力资源和社会保障部门主管，安全生产工作由应急管理部来管理。社会保障行政部门和安全生产监管部门存在职能交叉，没能形成一个良好的协作机制。第三，工伤保险与现实经济社会发展出现脱节现象。例如农民工群体面临着生产事故多发和职业病伤害的威胁。农民工工伤保险覆盖率低、自身维权意识差，使得他们在受到职业伤害后不能得到及时的保护和赔偿。

（二）安全生产意识不足

一方面，企业对安全生产和职业伤害防治意识淡薄，法律意识和责任意识不强。一些企业为了降低生产成本、获得更大的经济利益，往往拒绝为劳动者支付工伤保险，使得劳动者在发生职业伤害后得不到应有的补偿。还有一些企业在发生安全生产事故后，无视法律存在，在劳动者受到职业伤害后，就立即辞退劳动者或中止与劳动者的劳动关系，以逃避责任和补偿。另一方面，劳动者自我保护意识不够。发生安全生产事故的部门大都是生产车间、建筑工地等这些高危领域，而这些部门的劳动者大都是文化程度不高的工人或农民工，他们的安全生产意识、健康意识和法律意识也很淡薄。一些劳动者没有接受安全生产知识教育，对职业病的认识程度低，在发生职业伤害后不能有效运用法律手段来保障自己的合法权益。

（三）执法难度大

我国在保障劳动者健康权益方面做了大量的立法工作，虽然做到了有法可依，但是在执行过程中依然面临很多阻碍。一方面，一些政策措施可能会出现矛盾，造成劳动者在维权时陷入困惑。另一方面，这些矛盾也可能涉及多个部门，职能一旦出现交叉和利益冲突，这些部门交流不够、协调能力不足，办事效率低下，使得劳动者的权益得不到及时保障。公务员素质不高，一些部门不能认真履行监管责任，对企业的安全生产监管不力，没能从源头避免生产事故，避免劳动者健康权益受到侵害。

三、完善劳动者健康权益保障的对策

（一）完善工伤保险制度

首先，提高社会保障统筹层次和社会化程度，鼓励企业参加工伤保险，对这些企业给予财政支持和税收优惠。提高劳动者工伤保险参保意识，积极维护自身合法权益。其次，在立法和制定政策过程中应考虑到多方面因素，考虑法律、政策落实的难易程度，制定科学合理的政策措施。在保障劳动者合法权益的同时，注意企业利益的保护。最后，大力建设职业伤害医疗保障制度。例如，在新医改的背景下，我国政策导向、财政收入和社会环境都为农民工尘肺病纳入医疗保障制度的研究提供了良好的实施条件[①]。加大对患职业病劳动者的医疗救助力度，建立专门医疗机构和救助资金，将职业病救治纳入医疗保险范畴，减轻劳动者的经济负担。

（二）提高企业以及劳动者的健康权益保障意识

首先，企业要加强安全生产管理机制，提高责任意识。企业作为安全生产的责任主体，不断改革生产技术，改善劳动者工作环境，积极组织劳动者安全生产技能培训，从源头避免安全生产事故的发生，使劳动者健康权益得到保障。其次，劳动者自身也要提高保障意识。努力提高文化水平，努力提高安全生产意识，在生产过程中做好防护措施，积极接受安全生产知识教育，积极学习相关法律知识，

---

① 袁晓宇，刘诗雨，屈伟新，《医改背景下农民工尘肺病问题纳入医疗保障制度的思考》，《现代预防医学》，2015第7期。

在自身健康权益受到侵害时能够运用法律武器保护自己。

（三）加强监督和管理

政府部门要加大对高危企业安全生产的检查力度，对于严重危害劳动者生命安全和身体健康的企业予以关停整顿。政府要明确监管责任，明确各部门职权，提高工作效率，时刻把劳动者的健康权益放在工作的重要位置上，依法维护劳动者的健康权益。除政府部门外，媒体行业应做好舆论导向工作，加大对违法企业的曝光力度，加强对劳动者健康权益保障的宣传力度。例如，2009 年河南农民工张海超"开胸验肺"事件引起了全社会对职业病问题的关注。此外，非政府组织不仅能够为企业一些安全隐患提供技术支持，也能够为劳动者维权提供法律服务，必要时非政府组织也能够为政府部门分担其监督管理职责。

随着社会的不断进步，人权保障意识的进一步提高，劳动者健康权益的保障也越来越受到社会各界的广泛关注。促进安全生产，保证劳动者健康权益，需要政府、企业、劳动者和社会各方的共同努力，这对于我国完善社会保障制度、推进立法工作、建设法治国家以及建设社会主义和谐社会都具有十分重要的意义。

第四节　涉外经济主体对内法律规制——工伤保险保障

在经济快速发展过程中，工伤事故频繁发生，而解决工伤事故的主要方式是工伤保险。因工伤事故同时具有工伤保险补偿责任和民事侵权赔偿责任的双重属性，导致工伤保险与人身损害赔偿的竞合。除工伤保险救济之外，工伤事故中应当存在人身损害赔偿责任，如何确定工伤保险赔偿与普通人身损害赔偿的法律适用问题意义重大。但我国法律在二者竞合时的法律规定却非常模糊，实践中的处理办法也五花八门。因此，完善二者竞合时的法律适用机制是当务之急。

工伤事故作为"工业社会最先发生的社会问题"，也是近代法制所不容忽视的问题。工业革命以前，雇主与雇工之间的关系深具个人性质，甚至被认为具有家庭关系性质，劳工视同雇主之家人，通常均能获得必要之照顾。随着 19 世纪工业革命时代的到来，传统的主仆雇佣关系愈来愈具有商业性质，自己责任也逐渐建立起来，即劳工在生产过程中遭受的伤害要由劳工自己负担。然而，伴随工业化程度的进一步加深，近代工业国家出现越来越多的工伤事故和职业性疾病，社会矛盾和社会问题日渐突出和尖锐，自己责任原则丧失了存在的基础。这时，侵权法就责无旁贷地承担了劳工救济的功能。但这种救济功能自身存在许多无法克服的缺陷，比如：受害劳工面临举证不能和执行不能的风险，诉讼过程漫长，耗时耗力，适用过失相抵规则会令受害人获得的赔偿大打折扣等。于是，能使劳动者权益得到更周到保护的工伤保险制度就应运而生了。工伤保险制度指劳动者在工作中或法定的特殊情况下发生意外事故，或因职业性有害因素而负伤、致残、死亡时，对其本人或其供养的亲属给予物质帮助和经济补偿的一项社会保障制度[①]。这样，就出现了侵权赔偿机制、商业保险机制、社会保障机制等多种机制竞相调整的格局。这种多元化的救济方式在协调适用时会产生许多问题，比如：工伤保险制度与侵权损害赔偿制度能否相互取代？受害人如何正确行使自己的权利？这些都需要在理论上一一作出回答。

一、工伤保险与人身损害的竞合

工伤事故责任除了具有工伤保险关系的性质外，同时具有工业事故的特殊民事侵权性质。单从性质上讲，工伤事故的这两种属性并不必然排斥，也不构成吸收。"对于工伤事故，劳动法从工伤保险关系的角度加以规范，民法从工业事故无过错责任特殊侵权行为的角度加以规范，就构成了工伤事故这一法律关系的双重性质，它既是工业事故的特殊侵权行为，又是工伤事故的劳动保险。这种竞合，是两个基本法的法规竞合。"[②]

竞合是指某一种法律事实产生两种或两种以上的权利后果，但这些权利后果存在冲突的现象。我们通常所说的竞合，是狭义上的竞合，指同一法律事实依据同一法律领域内的不同法律规范，单一责任主体承担多种法律责任的现象。在法律适用上，"责任竞合和规范竞合常常是相似的，它们是从不同的角度来研究竞合现象的[③]"。

随着现代工业文明的不断发展，对发生工伤事故的劳动者提供救济是社会文明化的要求。目前世界大多数国家（包括中国）均已建立了工伤保险制度。工伤保险制度确立后，"工伤事故的人身损害已有健全的社会保障体系解决弥补直接损失，但这一体系的功能无法溯及减少工伤事故对人身的损害。在工伤事故中贯

---

① 刘露，《工伤保险赔偿与侵权损害赔偿的关系》，《法制与社会》，2009年第1期。

② 杨立新，《工伤事故的责任认定和法律适用》（上），《法律适用》，2003年第10期。

③ 张新宝，《中国侵权行为法》（第二版），北京：中国社会科学出版社，1998年。

彻人身损害赔偿的侵权责任法学理念，能更好地维护劳动者的利益"①。工伤事故也是一种侵权行为，因此工伤事故损害赔偿制度与传统侵权损害赔偿制度存在千丝万缕的关系。工伤制度是从侵权制度中独立出来的一种社会化制度。对于受伤的劳动者来说，面对着伤害，他可能拥有两种救济的方式——工伤保险赔偿制度和普通侵权赔偿制度。这样，在工伤事故赔偿领域就出现了侵权损害赔偿与工伤保险补偿竞合的问题。

一般认为，工伤保险制度是专门适用于工伤事故的。司法实践中的困境是：当发生工伤事故的劳动者适用工伤保险制度进行救济后，能否再按照普通人身损害赔偿制度主张权利，又包括两种情形：一是受伤的劳动者能否获得工伤保险赔偿和普通人身损害赔偿双份赔偿；另一是受伤的劳动者对于工伤保险赔偿不足部分的损失能否按照侵权行为法主张赔偿权利。

二、现有工伤保险与人身损害赔偿模式分析

在工伤赔偿问题上，世界各国经历了由传统侵权行为法一元调整机制向多元调整机制的演变。多种损害填补制度的并存产生了一种特殊现象，即就同一损害可能有多种赔偿或补偿来源，那么，这些不同的损害赔偿或补偿制度之间，尤其是工伤保险与民事赔偿之间到底是何种适用关系？这些问题"不但在法理上饶有兴趣，而且关系当事人（劳工、雇主或其他加害人、劳工保险局）之利益，实有研究价值"②。由于这一问题涉及社会、经济、政治等各方面的发展状况，需要对各种补偿或赔偿制度进行通盘考虑，实在是一项长期艰巨的任务。下面就现代各国在处理这一问题上的模式做基本阐述。归纳言之，主要有四种基本类型：

（一）取代模式

取代模式是指以工伤保险赔偿完全取代普通侵权损害赔偿。在工伤事故符合工伤保险给付条件时，受害雇员只能请求工伤保险给付，不享有普通人身损害赔偿请求权。这意味着完全免除了侵权行为人的民事赔偿责任，而由工伤保险责任替代。采取这一模式的主要有德国、法国、瑞士、挪威等国，其中以德国最为典型。德国《国家保险条例》第636条规定：因劳动灾害而受损害者，仅能领伤害

---

① 陈宇，《试论工伤事故中的人身损害赔偿》，中国民商法网。
② 王泽鉴，《民法学说与判例研究》，北京：中国政法大学出版社，1998年。

保险给付，不得向雇主依侵权行为法的规定请求损害赔偿。

取代模式会产生这样的问题：如果工伤保险赔偿不能足额填补受伤的劳动者的损失，劳动者未能填补的损失怎么办？而实践中，恰恰是由于工伤保险制度的赔偿范围和计算标准与普通人身损害赔偿有着很大的区别，导致两种制度的赔偿结果相差很大。劳动者在适用工伤保险制度获得赔偿后，其损失可能尚未完全得以填补。工伤保险待遇一般低于侵权损害赔偿金的数额，取代模式实际上剥夺了工伤者获得完全赔偿的权利。对此，法律不能视而不管。在如此文明的工业社会，普通的劳动者仍是弱者，法律应当保护民事主体的原有的自我救济权利。与此同时，此模式下雇主只要交付了保险费就不再承担任何责任了，因此对于督促雇主采取积极措施预防工伤发生并制裁其一般的过失导致工伤的行为很不利。

（二）兼得模式

该模式也称相加模式，是指在发生工伤事故时，受害雇员可以同时请求工伤保险给付和侵权损害赔偿，任何一个主张均不影响另一个主张，从而获得双份利益。采纳此种模式的国家很少，最典型的是英国。根据英国1928年的《国民保险法》规定，受害雇员除可以获得侵权行为损害赔偿外，还可请领五年内伤害及残疾给付的50%。

兼得模式的赔偿是可以很好地对受伤的劳动者进行救济的，但同时又可能加大雇主的经济压力。双份利益补偿，意味着工伤职工可以就同一损害获得双份补偿，对其个人而言属一种"锦上添花"的优遇，对于社会资源和社会保险基金的有限而言，则属浪费[①]，不利于社会的再生产的进行，也会发生诉累，消耗大量的司法资源，诱发道德风险。另一方面兼得模式也会使创设工伤保险制度的目的落空。在第三人侵权的场合，兼得模式也会使得第三人深陷巨额赔偿义务中而受害者却高枕无忧地享受着双份赔偿。

（三）选择模式

所谓的选择模式是指当工伤事故同时符合普通人身损害赔偿责任要件和工伤保险赔偿给付的条件时，受害的劳动者只能在普通人身损害赔偿请求权和工伤保险赔偿请求权之间选择一种请求权行使。要么选择依据工伤保险的规定请求给付工伤保险赔偿，要么依据民法的规定请求人身损害赔偿。这也就是说受害的劳动者享有选择的权利，但这两种请求权是相互排斥的，只能选择其中的一种，选择

---

① 王泽鉴，《民法学说与判例研究》，北京：中国政法大学出版社，1998年。

了一种请求权就不得同时主张另一种请求权。英国和其他英联邦国家早期的《雇员赔偿法》曾一度采纳此种模式，但后来均被废止。

选择模式表面上将选择权交给了受伤的劳动者，赋予了劳动者充分的自由，实际上由于工伤保险补偿与侵权赔偿各自的缺点，对当事人很不利。如果选择普通人身损害赔偿模式，权利人可以获得较多的赔偿，但是权利人的举证责任就加大了。相对于用人单位来说，劳动者往往处于弱势地位，发生工伤后往往很难举证。同时普通人身损害赔偿诉讼也存在执行困难的风险，官司打赢了是否能真正执行也是一个不确定的事。相比而言，工伤保险赔偿比较稳固、直接，能迅速救济劳动者。但是工伤保险赔偿的数额比较低，很难足额填补受伤劳动者的损失。结果是受害人只能或求稳而接受较低的工伤保险补偿，或为求较高赔偿金而冒很大风险。无疑这是不公平的。

（四）补充模式

该模式是指在发生工伤事故后，受害雇员可以同时请求工伤保险赔偿和侵权损害赔偿，但其最终获得的赔偿或补偿总额不得超过其实际遭受的损害。一般而言，受害人先请求工伤保险给付，然后再对其实际损失与工伤保险给付的差额部分请求侵权损害赔偿。目前采用这一模式的国家有日本、智利及北欧一些国家。我国不少学者赞成补充模式，认为它避免了受害人获得双份利益，减轻雇主的工伤负担，节约有限的社会资源，又可以保证受害人获得较充分的赔偿，维持相关法律制度的惩戒和预防功能[1]。补充模式是现代侵权责任制度与工伤保险制度长期磨合的产物。

张新宝教授认为："这种模式也是低效率的，对一个损害的救济需要提起两次救济程序，增加了当事人求偿的难度，也浪费司法资源。同时，既然工伤保险是为了弥补侵权赔偿制度的诸多缺陷和风险而创设的，在依工伤保险不能获得完全赔偿时再请求侵权赔偿，侵权赔偿制度的诸多缺陷仍然存在，受害人仍然面临着举证不能和执行不能的风险。鉴于求偿的难度，这种补充的救济方式仍然形同虚设。因此，此种模式并不比选择模式高明。而且，在工伤保险给付水平足以弥补当事人损害的前提下，补充模式存在的基础也就丧失了。"[2]

---

[1] 吕琳，《工伤保险与民事赔偿适用关系研究》，《法商研究》，2003年第3期。

[2] 张新宝，《工伤保险赔偿请求权与普通人身损害赔偿请求权的关系》，《中国法学》，2007年第2期。

三、工伤保险赔偿与人身损害赔偿的差异以及竞合情况分析

根据相关的历史资料，工伤保险赔偿制度是从侵权损害赔偿制度中分离出来的，这种分离有诸多原因，最主要原因是为了弥补传统一般人身损害赔偿制度在工伤事故损害救济方面的缺陷和不足，其创立的初衷就是为了在工伤事故救济领域替代一般人身损害赔偿制度的救济。工伤保险制度创立之后，实践也证明其在对工伤事故损害的救济方面比一般人身损害赔偿制度的救济更迅速有效。那么，工伤保险与一般人身损害赔偿到底有什么差异呢？

（一）工伤保险赔偿与人身损害赔偿差异

1. 基本理念不同

侵权损害赔偿制度属于私法领域的法律制度，体现了法律对行为人所实施的违背法律和道德、侵害社会利益和他人利益的否定性评价。它意味着法律依据社会公认的价值准则和行为准则对某种侵权行为所作的否定性评价，也是矫正不法行为的重要措施。因此，我们可以说，人身损害赔偿是以矫正正义为法哲学基础。工伤保险赔偿制度属于社会法领域的法律制度，是以社会连带和社会风险为基本理念，作为责任社会化的制度设计而产生与发展起来的。通过社会保险手段，由雇主按事故发生率缴纳一定的保险费，将雇主个体责任转嫁到由保险机构来承担。其立法目的并不是追究谁的过错，而是通过筹集保险费对受害人的损害提供补偿。其着眼点在于一定的社会群体利益，而非个体利益。

2. 立法价值不同

民事侵权赔偿是调整一般平等主体之间的民事法律关系，责任仅及于侵权法律关系当事人之间。通过对赔偿主体的行为否定性评价，填补并救济受害人，同时一定程度上制裁侵权人的侵权行为。基于救济功能社会化的立法价值取向，经过多年的法律制度演化，工伤赔偿逐步发展成为以社会保险制度为主要内容的劳动保险法律制度，成为社会保险法律制度体系的重要组成部分。用人单位与劳动者之间的劳动法律关系为工伤保险法律关系的基础，而涉及的法律关系当事人不仅限于劳动者与用人单位双方，将用人单位对劳动者的职业受害的赔偿采用风险分担、责任社会化的救济方法，实现全面救济的法律效果。

3. 归责原则不同

遭受工伤事故的劳动者对侵权人提起人身损害赔偿诉讼时，应当要区别是一般侵权还是特殊侵权，具体问题具体分析。以过错为一般归责原则，以无过错为

归责原则之例外规定。工伤保险属于社会保险范畴，认定工伤与用人单位的过错没有必然联系，用人单位不能因为自己没有过错就拒绝劳动者享受劳动保险待遇的请求，因此适用无过错原则。

4. 救济程序不同

一般而言，通过劳动社会保障机构申请工伤保险待遇的程序相对简单，也较为迅速，工伤保险制度给劳动者及时获得赔偿提供了极大的便利，而通过诉讼程序寻求一般人身损害赔偿就显得耗时费力。如果被害人选择一般人身损害赔偿的侵权之诉，则可以直接向人民法院提起诉讼，其诉讼时效为 1 年。依法缴纳工伤保险费的用人单位参保职工遭受工伤事故后，被害人应当依法申请工伤认定，在伤残等级评定之后，可以依法向劳动社会保障机构申请工伤保险待遇。对于未参加工伤保险期间用人单位职工发生工伤的，由该用人单位按照规定的工伤保险待遇项目和标准支付费用。用人单位与劳动者因劳动保险待遇发生的争议属于劳动争议的范畴，应当在 60 日内依法申请劳动仲裁，对劳动争议仲裁委员会的裁决结果不服的，可以在 15 日内向人民法院提起诉讼。

5. 赔偿范围和标准不同

确定一般人身损害赔偿的主要依据是最高人民法院《关于审理人身损害赔偿案件适用法律若干问题的解释》。确定工伤保险待遇的主要依据是《工伤保险条例》。依据该两项规定，二者的差别主要体现在：一是普通人身损害赔偿的赔偿范围大一些，有些项目是工伤保险给付所没有的；二是工伤赔偿的许多项目的赔偿标准十分具体而且缺乏弹性，而普通人身损害赔偿的相当多项目的赔偿标准具有较大的弹性或可选择性；三是一些相同的赔偿项目，依据工伤保险给付计算出来的赔偿数额较低，而依据普通人身损害赔偿标准计算出来的赔偿数额则较高。综合观察，普通人身损害赔偿的赔偿范围较宽泛、赔偿标准较高、赔偿的金额较大。

（二）工伤保险与人身损害赔偿竞合的情况分析

在工伤事故产生后工伤侵权赔偿与民事侵权赔偿竞合形态是多样的，侵权人可能是单位、同事甚至是之外的第三人，归责原则也因侵权行为的不同而各不相同，权利性质也不相同。因此采用何种模式应根据其不同的竞合形态加以不同的分析，并分别提出相应的法律对策，采用不同的调整模式，才能真正既实现损害填补，又不对工伤保险存在的社会功能产生冲击，因此不宜模糊地在立法中作出统一的规定。

1．工伤保险与人身损害赔偿不能互相替代

从两项权利的法律性质来看，工伤保险赔偿是根据《中华人民共和国劳动法》和《工伤保险条例》及相关规定而行使的一种工伤保险赔偿请求权，该种请求权是向社会保险经办机构主张的，其本质是国家对劳动者劳动权益的社会保障措施，目的是将损害负担社会化，实现对劳动者利益的充分保护和快速补偿。其性质属于公法领域的赔偿。而侵权损害赔偿是基于侵权行为引起的，是平等民事主体之间的民事法律关系，不具有社会属性，其法律依据是《中华人民共和国民法通则》《中华人民共和国道路交通安全法》《人身损害赔偿司法解释》等法律规定，适用无过错原则（机动车与行人之间）或过错责任原则（机动车之间），其性质属于私法领域的赔偿。一属公法领域，另一属私法领域，两者请求权的基础不同，承担赔偿责任的主体也不同，法律性质不相同，不能互相替代。

2．工伤职工与用人单位之间发生的赔偿竞合

范某系玻璃厂职工，长期从事汽车玻璃门门夹黏结工作，期间接触多种有机溶剂及刺激化学物质。后范某被诊断患有"职业性亚急性中毒咽喉炎"，并被确认为患有职业病，依法享受工伤保险待遇。但范某认为，仅工伤赔偿并不足以弥补其损失及精神痛苦，故起诉要求判令玻璃厂支付残疾赔偿金、精神损害抚慰金、营养费等[①]。这是一起用人单位造成的工伤的案例。根据《最高人民法院关于人身损害赔偿案件适用法律若干问题的解释》第十二条第一款规定：依法应当参加工伤保险统筹的用人单位的劳动者，因工伤事故遭受人身损害，劳动者或其近亲属向法院起诉请求用人单位承担民事赔偿责任的，告之其按《工伤保险条例》的规定处理。从这一规定来看我国在工伤事故赔偿中采纳了取代模式。基于我国目前工伤保险待遇低这一现状，采纳取代模式实际上就等同于剥夺了工伤事故受害人享受获得完全救济的权利，这对于因公受伤职工的保护是极为不利的。此外，对于没有工伤保险的劳动者来说，发生工伤事故后无法申请工伤保险赔偿，只得申请一般人身损害赔偿。根据前文的论述，人身损害赔偿数额高于工伤保险赔偿，这样就使得参加了工伤保险的职工所获赔偿反而极大地低于未参加工伤保险的职工所获赔偿，造成了社会的不公平。

根据《中华人民共和国职业病防治法》第五十二条和《中华人民共和国安全生产法》第二十八条规定，当职工在工作中所受伤害与用人单位有关时，用人单

---

① 黄鑫，《工伤保险给付与侵权损害赔偿的冲突与契合》，《法治论丛（上海政法学院学报）》，2009年第1期。

位不应因支付了工伤保险赔付而免除赔偿责任。因此在工伤保险赔付之外，用人单位也应对受害职工进行赔偿。不过，由于在工伤保险制度中，用人单位缴纳了全部工伤保险费，并且工伤保险的目的之一是分担风险、分摊责任、减轻用人单位的负担，所以笔者认为用人单位承担民事补差赔偿责任，即当工伤保险赔付不足以弥补受伤工人的损害时，不足部分由用人单位补齐，也就是补充模式。这样做一方面体现了用人单位关心本单位劳动者，贯彻了国家以人为本的政治理论，更好地保护了受害人利益；另一方面也加重了雇主的注意义务，能更好地防范工伤事故的发生，并对违反相应义务的雇主给予一定的惩戒。有许多安全生产事故的发生都与用人单位片面追求经济利润，忽视劳动者生命安全有很大关系，在用人单位有过错的情形下，要求其承担一定的赔偿责任，能起到督促用人单位加重其安全生产义务的作用。

3. 工伤职工与用人单位以外的第三人之间发生的赔偿竞合

因第三人侵权所致工伤赔偿请求权与侵权赔偿请求权的发生就是因第三人侵权同时违反了《社会保险法》与《民事侵权法》的不同法律部门的相关规定而产生的两类不同性质的权利的竞合。这两种权利性质不同，符合多种责任构成要件，导致了多种责任并存，构成特殊的规范竞合，即责任聚合，可以同时并用。

第三人造成的工伤事故一般包括两种情形，一是因工外出期间，因工作原因受到伤害或者发生事故下落不明；二是在上下班途中受到机动车事故伤害。这两种情形在现实生活中表现最为典型的是因交通事故导致工伤而产生的工伤赔偿与民事侵权赔偿竞合。滕州市的王某于 2002 年 2 月 5 日外出给公司办事时发生交通事故，被撞身亡，2002 年 9 月经滕州市人民法院调解，由肇事司机向王某家属一次性支付王某死亡赔偿金 13 万余元。其后，王某的家属又向滕州市劳动和社会保障局提出工伤认定申请，2005 年 5 月，滕州市劳动和社会保障局作出了工伤认定结论。2005 年 9 月，王某的家属向滕州市劳动争议仲裁委员会提起申诉，要求用人单位支付工伤死亡赔偿 80517.5 元，劳动争议仲裁委员会裁决要求用人单位支付王某工亡补助金 80517.5 元。用人单位不服，向滕州市人民法院起诉，请求法院认定被告在已获得人身损害赔偿 13 万余元的同时不应再获得工亡补助金 80517.5 元。人民法院经审理后认为，王某属于工伤死亡，其家属应当享受工伤保险待遇。王某家属虽已追究第三人的侵权赔偿责任，但是工伤保险待遇属于对王某家属的照顾和抚恤，并非对所受损害的赔偿，原告理应向被告予以支付。

因此，滕州市人民法院对王某家属的主张予以支持[①]。

从上述的案例我们可以看出，我国在司法实践中部分采纳了兼得模式。根据《最高人民法院关于人身损害赔偿案件适用法律若干问题的解释》第十二条第二款规定：因用人单位以外第三人侵权造成劳动者人身损害，赔偿权利人请求第三人承担民事赔偿责任的，法院应予支持。例如，职工因公出差遭遇交通事故，工伤职工虽依法享受工伤保险待遇，但对交通肇事负有责任的第三人仍应当承担民事赔偿责任。

受害人获得双份赔偿的原因在于：从《侵权行为法》的功能角度阐述侵权行为法还有吓阻行为人从事侵权行为的目的。若加害人因保险给付无须负担行为结果的全部成本，则《侵权行为法》的吓阻作用丧失或减损，与侵权行为法的目的不合。我国法定的免责事由只包括不可抗力、受害人自身过错、正当防卫和紧急避险。除了这四种情况外第三人侵权是必须承担侵权责任的，包括赔偿医疗费、误工费、生活补助费、丧葬费、生活费等费用。而工伤保险赔偿作为一种社会保险，是基于参加工伤保险而享有的权利。保险制度旨在保护被保险人，非为减轻损害事故加害人的责任。保险给付请求权的发生，以定有支付保险费的保险契约为基础，与因侵权行为所发生的损害赔偿请求权并非出于同一原因。人的生命权和健康权是无价的，由于交通事故赔偿与工伤保险给付是两个不同的法律关系，交通事故赔偿与工伤保险给付竞合时，我国法律并没有规定工伤保险经办机构和用人单位可以扣减工伤保险待遇，也没有规定工伤保险经办机构和用人单位对侵权责任人享有代位求偿权，所以，交通事故赔偿与工伤保险给付竞合时允许被害人能够兼得交通事故赔偿和工伤保险给付，有利于保护作为社会弱者的广大受害劳动者的合法权益，有利于社会主义和谐社会的构建。

四、工伤保险与人身损害赔偿竞合的法律完善措施

（一）提高工伤保险待遇标准

工伤保险待遇与人身损害赔偿的项目及标准分别依《工伤保险条例》和最高人民法院的《人身损害司法解释》确定的，具体的赔偿数目及标准不同，最终的赔偿数额差异很大。例如在残疾赔偿、死亡赔偿等方面，后者标准明显高于前

---

① 喻承跃，《工伤赔偿与民事侵权赔偿的关系——从司法审判的角度审视》，《黑龙江省政法管理干部学院学报》，2008年第4期。

者，且后者还有精神损害赔偿。总体而言，人身损害的赔偿范围比工伤保险更为宽泛[①]。

提高工伤保险的给付水平，使工伤保险给付的水平与普通人身损害赔偿水平相当，有助于减轻用人单位的经济负担。用人单位为劳动者投保工伤保险，缴纳工伤保险费用，在补充模式下还负担着劳动者发生工伤事故后的差额补偿，虽然这样做体现了以人为本，但是用人单位的经济支出增加了。提高工伤保险的赔偿标准，既能使劳动者获得较高的工伤保险待遇，也能保护用人单位的利益。

（二）完善相关法律法规

我国现行立法对工伤保险与民事人身伤害赔偿竞合关系及处理原则未作统一明确的规定，各地的操作也是杂乱无章的。根据重庆市劳动保障局《关于贯彻执行〈工伤保险条例〉有关问题处理意见的通知》第十二条、第十三条规定，不论是由于上下班途中机动车事故引起的工伤，还是其他因第三人侵权引致的工伤，工伤职工必须先按《道路交通安全法》及其他有关规定请求民事赔偿。只有在交通事故赔偿或其他伤害赔偿的总额低于工伤保险待遇时才由用人单位或工伤保险经办机构补足差额。上海市《工伤保险实施办法》第二十二条规定："因机动车事故或者其他第三方民事侵权引起工伤，用人单位或者工伤保险基金按照本办法规定的工伤保险待遇先期支付的，工伤人员或者其直系亲属在获得机动车事故等民事赔偿后，应当予以相应返还。"厦门市《实施〈工伤保险条例〉规定》第三十七条"因第三人责任导致职工工伤的，第三人已经赔付的医疗费用，工伤保险基金不再重复支付"，是就第三人侵权引致工伤赔偿的规定。分析上述三个地区的立法可知，它们在赔偿内容上都不允许工伤职工获得双份赔偿。但不可双重获得的具体赔偿项目各地标准不一，而且在赔偿程序上各地做法也不一致，弊端明显。这些都有必要在立法上加以完善[②]。

2002年1月1日起实施的《工伤保险条例》没有对工伤保险待遇与人身损害赔偿两者之间的关系进行立法，造成立法漏洞。最高人民法院《关于审理人身损害赔偿案件适用法律若干问题的解释》第十二条，仅仅规定第三人不能免除责任，但对于能否同时提起两种请求和两种请求权的行使有无先后顺序，以及两种赔偿数额之间的关系如何处理没有作出明确规定，仍不能解决所涉及的问题。由

---

① 刘雪莲、宗学军，《关于我国工伤救济请求权竞合的立法检讨于完善》，《山东省经济管理干部学院学报》，2008年第2期。

② 黄丽娥，《浅谈第三人侵权引致工伤赔偿的立法完善》，《中国劳动》，2005年第1期。

于法律规定不明确，造成了适用的混乱以及不同地区对同类案件的不同处理，因此同样需要完善相关法律法规。

（三）协调完善工伤保险支付的可诉范围

工伤保险支付程序比诉讼程序的启动更加及时便利，救济时效性强，因此受害人会首选工伤保险赔偿。然而事实却并非如人所想。有的用人单位基于各种原因逃避缴纳或者欠缴劳动保险金，直接影响工伤受害人的工伤保险救济权实现。此时受害人的救济程序是以用人单位为责任主体提出工伤保险不作为责任之诉还是民事损害赔偿之诉，需要立法加以规定[①]。对于违反工伤保险条例，没有为职工办理工伤保险的用人单位，不仅要承担公法上的责任，还要对工伤职工承担契约责任或者雇主责任[②]。

（四）扩大工伤保险的覆盖范围

从现行的《工伤保险条例》的规定来看，国家机关、事业单位、社会团体和民办非企业单位都不属于工伤保险条例调整的范围，而对于事业单位的规定只是在第六十二条中有所规定："国家机关和依照或者参照国家公务员制度进行人事管理的事业单位工作人员因工作遭受事故伤害或者患职业病的，由所在单位支付费用。具体办法由国务院劳动保障行政部门会同国务院人事行政部门、财政部门规定。"那么那些不参照公务员管理的事业单位如果发生工伤事故又将如何救济呢？即使是参照公务员管理的单位，他们因工受伤害后，由于需要单位为他们支付医疗费或者其他费用，但他们的人身又依附于单位，这样就会造成寻求救济不成而与单位产生情绪冲突的事件。

此外，在因第三人侵权造成工伤保险赔偿与民事侵权赔偿竞合的情形下，纳入工伤保险的职工可以获得保险与侵权双重赔偿，未纳入工伤保险的职工只能获得侵权赔偿。参加与不参加工伤保险赔偿的范围差别太大，有违公平原则。

要解决以上问题，只能从扩大工伤保险的覆盖范围上加以完善。从2006年起，劳动与社会保障部会同人事部、民政部、财政部颁发的《关于切实做好事业单位、民间非营利组织工作人员参加工伤保险有关问题的通知》将得到具体落实。《通知》明确将事业单位的工伤保险分为萨姆类情况：不属于财政拨款支持范围或没有经常性财政拨款的事业单位，参加工伤保险基金统筹；依照或参照国家公务员制度管理的事业单位，执行国家机关工作人员的工伤政策；上述范围以外的事业

---

① 黄丽娥，《浅谈第三人侵权引致工伤赔偿的立法完善》，《中国劳动》，2005年第1期。

② 许天萍，《如何处理工伤赔偿与民事赔偿的关系》，《中国科技信息》，2006年第2期。

单位、民间非营利组织，可参加统筹地区的工伤保险，也可按照国家机关工作人员的有关工伤政策执行。另外《通知》授权省级人民政府根据当地具体情形确定具体办法。由此确定了将事业单位、民间非营利组织纳入工伤保险的覆盖范围。

（五）建立工伤保险基金的统筹和管理机构

工伤保险赔偿与人身损害赔偿两者竞合存在很多矛盾。为了解决这一问题，我们是不是可以先从其中一个方面击破呢？为此，我们应该建立工伤保险基金的统筹和管理机构，这样在职工发生工伤事故后，先由工伤保险管理机构支付保险金，再由工伤保险机构向侵害方进行代位求偿。这种做法既可以保障工伤保险金优先支付，也可以保证侵害方的责任承担[①]。

（六）优先适用工伤保险赔偿

现代工伤赔偿机制已从一元制发展为多元制，但工伤保险作为主要和首要的赔偿机制乃是国际通行做法。工伤保险给付在工伤赔偿来源中占据基础性和主导性地位[②]。工伤保险法是社会基准法，是对主体具有强弱差别的法律关系进行宏观调控的法律，是这些法律关系主体分配权利义务时应当遵守的最低限度的标准，这个标准实际上就是对社会弱势群体的最低限度的利益保障线。优先适用工伤保险赔偿的意义在于：只要出现工伤事故，受害雇员必能获得赔偿，而无论单位或雇员有无过错以及赔偿能力[③]。

现代工业社会，工伤是经常发生的侵害劳动者权益的问题，劳动争议案件不仅数量日益增多，而且复杂程度也逐渐提高。工伤损害填补机制由一元化逐渐向多元化发展，形成多种制度并存的局面。我国现行法律对此存在着一定的混乱，如何合理地填补工伤所带来的损害，尤其是如何确定普通人身损害赔偿与工伤保险赔偿的适用关系意义重大。在司法实践中应根据工伤发生的原因而适用不同的处理模式，因用人单位侵权产生的竞合应采用取代模式，因第三人侵权产生的竞合应采用兼得模式。从长远来看，工伤保险的给付水平应当与普通人身损害赔偿相当，以达到法律救济的平衡，减少因请求权竞合带来的审判、处理后果失衡现象。这样即使是第三人的加害行为造成损害的案件，程序便捷而且高效的工伤保险制度必将居于优势地位，同时受害人的权利才可能得到全面的保障，促进和谐

---

① 张凤翔，戴虹，《工伤保险与伤害赔偿竞合问题探究》，《人民司法》，1998年第2期。

② 吕琳，《工伤保险与民事赔偿适用关系研究》，《法商研究》，2003年第3期。

③ 李建文，《工伤保险与民事侵权赔偿适用关系问题刍议》，《湖北经济学院学报（人文社会科学版）》，2007年第10期。

社会的构建。

第五节　涉外经济主体对内法律规制——劳动秩序保障

生产事故的防范与劳动者权益的保障有着密切关系。生产事故的发生不利于劳动者权益的保护，要有效防范生产事故的发生。劳动者的权益在生产活动中得到及时有效的维护，就有利于减少生产事故的发生。

安全生产中劳动者权益保护与生产事故防范是相互促进、相辅相成的。当今时代，更加注重经济的健康发展，在这种形势下，安全生产就放到了十分重要的位置，这也决定了经济的发展不能以损害劳动者的权益为代价。安全生产领域的改革发展要求坚持安全发展，切实增强安全防范治理能力，大力提升我国安全生产整体水平，确保人民群众安康幸福，共享改革发展和社会文明进步成果[①]。同时做好了安全生产的事故防范，可以有效保护安全生产中劳动者的权益。

一、安全生产中有效保护劳动者权益有利于生产事故的防范

实现安全生产，减少生产事故的发生，就要切实保障劳动者的人身权。人身权是一种基本人权，劳动者的人身权在安全生产中，就具体体现在对劳动者生命权、健康权等方面的保护和尊重。生产事故给劳动者的生命和健康造成损害的同时，也给其亲属带来沉重的精神打击和经济负担。重视对劳动者生命权和健康权的保护，一方面，能够促使用人单位加强安全生产监督和管理，定期对机器设备、工作场所等进行检查，及时解决隐患问题，做好生产事故的防范工作；另一方面，对于劳动者自身来说，也能够严格按照操作规程来进行生产和工作，对一些潜在隐患能够及时上报，积极参加安全生产培训，在面对突发情况能够妥善避险和自救，从而也有利于减少或杜绝生产事故的发生。

二、加强对生产事故的防范有利于劳动者权益保护实现

做好生产事故防范工作，体现了对生命的尊重，这是加强劳动者权益保护在

---

① 国家安全监管总局，《中共中央、国务院关于推进安全生产领域改革发展的意见》，http://www.chinasafety.gov.cn/newspage/Contents/Channel_21356/2016/1218/280478/content_280478.htm.

安全生产中的重要体现。首先应在进行生产活动前做好事先防范工作。用人单位应按照相关法律法规来制定安全生产管理制度，在劳动者上岗前对其进行安全生产教育和技能培训，确保其工作流程符合规定。其次，在生产经营活动过程中要加强监督和管理。包括用人单位要严格执行安全生产管理制度的相关规定，劳动者要严格按照操作流程从事相关工作。此外，还应落实工伤保险制度。在生产事故发生造成劳动伤害之后，积极为劳动者提供补偿和救治。目前我国现行的工伤保险制度忽视了对劳动者精神健康的保护，并且劳动者在工作过程中情绪的不稳定极易引起事故的发生。工伤保险制度的贯彻和执行，能够减轻劳动者及其家人的经济负担，增加了劳动者的保障感，同时也能够激励用人单位加强安全生产监督，提高生产事故防范意识，从而减少生产事故的发生。

三、结语

生产事故的防范不仅仅是政府和用人单位的责任，而同样需要劳动者的积极参与。劳动者意识到安全生产的重要意义，意识到维护自身权益的重要性，这样会促使劳动者积极学习先进的生产技术，参加安全教育培训，在生产活动中主动做好防护工作，并且能够在生产事故发生后，运用法律手段维护自身权益。要使劳动者权益得到有效保护，用人单位必须改善劳动条件，主动为劳动者参保，从源头做好生产事故的防范工作，提升安全生产保障能力。可以说，劳动者权益的保护根本要求就是减少生产事故的发生。生产事故减少，才能使劳动者免受职业危害，才能确保劳动者在一个安全的环境中从事生产工作。生产事故给劳动者的生命和健康带来威胁，有效遏制各类生产事故，关键在于生产事故的防范，如果劳动者的权益在生产活动中得到及时有效的保护，就有利于减少安全事故的发生。同时，在生产事故发生后，劳动者的权益应得到及时有效的救济保护，对维护企业安全、社会稳定起到促进作用。

第六节　涉外经济主体外部——海上运输合同法律实践

未取得运输许可证和无船承运业务经营资格的企业所签订运输合同的效力问题是当前海事司法实践中的一个热点。强制性规范可类型化为取缔性规范和效力性规范，对运输许可证的强制要求在不同的主体间应被认定为不同类型的强制性规定。对于经营中国籍船舶的中资主体所签订的沿海运输合同应认定有效，对拥有非中国籍船舶的外国企业或是拥有外资份额的中国企业所签订的沿海运输合同则应认定无效。无船承运经营资格的强制性规范属取缔性规范，不具备无船承运经营资格的航运企业签订的合同并非当然无效。

一、海上运输合同效力的重要性

2002年1月1日起实施的《中华人民共和国海运条例》（以下简称《海运条例》）引入了"无船承运"的概念，使我国成为继美国之后第二个专门使用这一概念的国家。《海运条例》第七条第二款规定："前款所称无船承运业务，是指无船承运业务经营者以承运人的身份接受托运人的货载，签发自己的提单或其他运输单证，向托运人收取运费，通过国际船舶运输经营者完成海上货物运输，承担承运人责任的国际海上货物运输经营活动。"可见，与托运人相对，无船承运人是承运人。与该条例配套的由交通部制定的2003年开始实施的《中华人民共和国国际海运条例实施细则》（以下简称《实施细则》）第五条规定："无船承运业务经营者，包括中国无船承运业务经营者和外国无船承运业务经营者。其中中国无船承运业务经营者是指依照《海运条例》和本实施细则规定取得无船承运业务经营资格的中国企业法人；外国无船承运业务经营者是指依照外国法律设立并依照《海运条例》和本实施细则的相关规定取得经营进出中国港口货物无船承运业务资格的外国企业。"无船承运人既可以是中国的企业，也可以是外国的企业，但是都应取得无船承运业务资格，并应缴纳保证金。

无船承运人是国际海上运输经营活动的重要主体之一，其不拥有或经营船舶，但以承运人身份接受托运人的货物，签发自己的提单或者其他运输单证，向托运人收取运费，并将货物交由实际承运人完成运输。所以，一方面，无船承运人不进行货物的实际运输，即使没有船公司那样雄厚的资金、管理方面的实力也可以接收运输货物；另一方面，无船承运人要对货物的全程运输承担法律责任，一旦发生纠纷又必须承担责任。所以，准确界定无船承运人与托运人之间的海上运输合同的效力，不但可以拓展无船承运人的海上运输业务，也有助于消除托运人发生纠纷后追究责任的障碍，更有利于维系托运人和无船承运人之间良好的贸易往来。

从程序的角度来看，准确界定海上运输合同的效力也有着重要的意义。当托运人和无船承运人就合同效力发生纠纷进入诉讼后，最关键的就是证明责任的分配。《最高人民法院关于民事诉讼证据的若干规定》第二条规定，当事人对自己提出的诉讼请求所依据的事实或者反驳对方诉讼请求所依据的事实有责任提供证据加以证明。没有证据或者证据不足以证明当事人的事实主张的，由负有举证责任的当事人承担不利后果。这实质上确立了民事诉讼证明责任的一般分配原则，也就是罗森贝克的法律要件分类说。民事实体法分为权利发生规范、权利妨害规范、权利消灭规范和权利制约规范四个类型。凡主张权利的当事人，应就权利发生法律要件存在的事实负证明责任；否认权利存在的当事人，应就权利妨害法律要件、权利消灭法律要件、权利制约法律要件的存在事实负证明责任。第五条规定，在合同纠纷案件中，主张合同关系成立并生效的一方当事人对合同订立和生效的事实承担举证责任。同时，第七条又规定了证明责任的司法裁量，但是有着严格的条件限制。因此，海上运输合同的有效或者无效直接决定着证明责任的分配，并最终影响着诉讼的进程和裁断结果。

具备法律资格并履行法律程序的无船承运人与托运人之间的合同是否具有效力比较明显，笔者在此着重探讨无运输许可证和不具备无船承运经营资格的主体所签订的运输合同的有效性问题。

二、海上运输合同效力问题的两种主流观点

1997 年 12 月 3 日，《中华人民共和国水路运输条例》（以下简称《水路运输条例》）公布实施；2002 年 1 月 1 日，《中华人民共和国国际海运条例》（以下简称《国际海运条例》）开始实施。以上两个规范海路运输的行政法规，对我国的沿海运输业和国际海上无船承运业务分别规定了行业准入制度。规范国内水路运输业务的《水路运输条例》第十二条规定："取得运输许可证和运输服务许可证的单位和个人，凭证向当地工商行政管理机关申请营业登记，经核准领取营业执照后，方可开业。"可见取得运输许可证是经营沿海运输业务的必要前提。《国际海运条例》第七条第一款规定："经营无船承运业务，应当向国务院交通主管部门办理提单登记，并交纳保证金"；第二十六条规定："未依照本条例的规定办理提单登记并交纳保证金的，不得经营无船承运业务"。《实施细则》第十一条第五款规定："中国的申请人取得《无船承运业务经营资格登记证》，并向原企业登记机关办理企业相应登记手续后，方可从事无船承运业务经营活动。"这种规定建构起国家对无船承运这种海运业务的市场准入制度。保证金制度是市场准入的前提要件，也保证了海事损害赔偿救济的有力实现，有利于防范和消减

海运欺诈现象的滋生。

《水路运输管理条例》和《国际海运条例》虽然对沿海运输者和经营无船承运业务者的资格作了明确规定，但在市场上仍有未取得《运输许可证》的运输企业和未取得无船承运业务经营资格的货运代理人在实际从事着上述业务。那么，未取得运输许可证者或未获得无船承运业务经营资格的货运代理人以承运人或无船承运人身份与托运人订立的运输合同是否有效呢？对此，海事司法领域有着不同的认识甚至判决结果截然相反的案例。

第一种观点主张合同无效。因为根据《合同法》第五十二条列举的合同无效的情形包括"违反法律、行政法规的强制性规定"，而未获得运输许可证或无船承运业务经营资格者所订立的运输合同，属于违反了法律、行政法规的强制性规范，应视为行为人不具有相应的民事行为能力。同时，最高人民法院关于适用《中华人民共和国合同法》若干问题的解释（一）第十条规定："当事人超越经营范围订立的合同，人民法院不能因此认定合同无效。但是违反国家限制经营、特许经营以及法律、行政法规禁止经营规定的除外。"《水路运输管理条例》和《国际海运条例》的规范层级属于行政法规，因此，违反它们关于需具备运输许可证和无船承运人资格的要求而订立的运输合同当然无效。

第二种观点主张合同有效，主要有三种理由：第一，合同不得违反法律、行政法规的强制性规范应理解为合同的内容必须合法，而合同主体资格不在合同内容的范畴之内。因此，对于主体资格欠缺不能适用"违反法律、行政法规的强制性规定"，进而认定合同无效。第二，《合同法》解释第十条规定，当事人超越经营范围订立的合同，人民法院当然认定合同无效，但违反国家限制经营、特许经营以及法律、行政法规禁止经营规定的除外。目前，国家限制、特许及禁止经营的主要指某些特殊产品，比如天然气、原油、珍贵动植物制品和军用品等等，而沿海运输和无船承运业务并不在此类。第三，从现实出发，从交易的公平、诚信的大原则考虑，运输合同在履行过程中或履行完毕后，一旦法院确认合同无效，就要在当事人之间产生相互返还（即承运人退还运费利润并将已经运到目的港的货物回运至装运港）或赔偿损失的民事责任，这对于标的为运输的劳务合同而言，必然造成财产的巨大损失和浪费。并且，在这种情况下，处理结果往往会造成对一方的极大不公。比如托运人将难以要求"承运人"履行义务，在承运人延误船期发货的情况下，承运人就会获得无须将货物运到目的港的利益，不履行诺言者反而不承担违反诺言的不义，无辜的履约人却要承担巨大的损失，这显然很不公平。同样，在发生货损、货差及迟延交付的情况下，承运人也难以享受到相应的权利，比如免责和单位责任限制等。更加难以处理的是，合同无效，提单的效力又将如何认定，已被用以结汇的提单是否具备提单的法律功能，第三者提单持有人的权利还能否得到保护？

三、强制性规范的类型化分析——海上运输合同效力的关键点

笔者认为，仅仅因未获得运输许可证或无船承运业务经营资格而认定运输合同无效有所不妥，下面试从对强制性规范的类型化展开论述。

（一）强制性规范的类型

强制性规范，指不论当事人的意思如何均应适用的规范，具有强制适用的效力。通常，关系国家利益、社会秩序、市场交易安全及直接关乎第三人利益的事项，法律往往规定为强制性规范，以排斥当事人意思自治。而关系当事人自己利益的事项，法律规定为任意性规范，允许当事人意思自治。民事法律部门尤其是合同法部分，多属任意性规范。

史尚宽先生认为："强行法得为效力规定与取缔规定，前者着重违反行为之法律行为价值，以否认其法律效力为目的；后者着重违反行为之事实行为价值，以禁止其行为为目的"，"取缔性规范的目的系取缔违反之行为，对违反者加以制裁，以禁遏其行为，并不否认其行为之私法上效力"；而效力性规范一旦被违反则会导致行为无效的后果。

在德国强行法被分成四个部分，"一是以违反行为为无效且处以刑罚者，为超完全法规；二是仅以违反行为为无效，为完全法规；三是不以该违反行为为无效仅处以刑罚者，为次完全法规；四是不以该违反行为无效也不处以刑罚者，为不完全法规"。在德国，只有违反超完全法规和完全法规的行为才是无效的民事作为，违反次完全法规和不完全法规不会产生法律行为无效的后果。

在日本，学说、判例中也有"取缔法规"和"效力法规"的概念。"英美法系国家，虽然非法协议是无效的，但学说和判例认为，一项协议的违法，可能是协议的性质本身违法，或者是允诺含有违法因素或合同的对价违法。不过，在合同履行过程中存在某些违法行为并不意味着该合同违法。如果合同的成立没有违反法律，而且其履行也可以不违反任何法律，这个合同就不是无效的。"如在英国的一个判例中，船主超载，违反了了成文法的禁止性规定。法官认为，成文法的目的是禁止超载，而非禁止运输合同，因此超载不影响运输合同的效力。

　　理论上各国对违反强制性规范是否影响合同效力的一个基本共识是：应当对强制性规范进行进一步的分析和分类，来确定违反的是取缔规范（取缔性规范）或是效力规范（效力性规范），以判断是否导致合同无效。

（二）强制性规范的司法解读

　　目前，我国并无明确的法律规定或司法解释规定对取缔性规范和效力性规范进行严格区分，司法实践中也并未充分认识到强制性规范的不同类型对合同效力的不同影响。很多案件中，法院仅是总括性地认定某某行为违反了强制性规范，这样导致一些案件中合同被简单地认定为无效。比较有意义的是，最高人民法院发挥司法能动性，逐渐改变了传统的看法，比如针对商品房买卖和国有土地使用权转让合同的有效性问题曾先后出台司法解释。虽然该类合同不同于海上运输合同，但在合同有效性的判断问题上有类通之处，因此，有必要在此分别予以引介。一是 2003 年 6 月 1 日起施行的《最高人民法院关于审理商品房买卖合同纠纷案件适用法律若干问题的解释》中对于商品房买卖合同效力的认定，采取不轻易确认无效的观点。该解释第六条规定："当事人以商品房预售合同未按照法律、行政法规规定办理登记备案手续为由，请求确认合同无效的，不予支持。"有学者对该条款进行评析说："关于预售商品房的登记主要关系当事人的利益，法律设立该制度的目的是保护买受人的利益。所以要求办理预售登记的规范，应属于取缔规范，非效力规范。没有办理登记不应导致合同无效。只有违反了效力性规范的合同才作为无效的合同，而违反了取缔性的规范，一般来说可以由有关机关对当事人实施行政处罚，但不一定宣告合同无效。这就需要区分违法和合同无效的概念。""应尽量尊重双方当事人的意思表示，不轻易确认合同无效。同时要求法官应当注意区分司法审判权与行政管理权的不同职能，正确行使审判权。因此，人民法院对于出卖人预售资格的审查，主要是看是否取得商品房预售许可证明，对其他预售条件的审查主要是行政管理部门的权限。对商品房买卖合同的备案问题，我们认为这应当属于行政管理部门的一种合同管理措施，不是确认合同效力的必要条件。"同样的立法精神也体现在《物权法》中，其明确规定合同自签字或者盖章之日起生效，未经登记，不得对抗善意第三人。登记是对抗要件而不是生效要件。二是 2005 年 8 月 1 日起施行的《最高人民法院关于审理涉及国有土地使用权合同纠纷案件适用法律问题的解释》中的条款内容基本上采纳了违反禁止性条款合同并非当然无效的观点。比如，该解释中第四条规定："土地使用权出让合同的出让方因未办理土地使用权出让手续而不能交付土地，受让方请求解除合同的，应予支持。"可见，该第四条没有将其作为无效合同，因为如果是无效合同，就没有必要支持解除合同，只有在合同有效的前提下才有提出解除合同的必要。另外，该解释第九条规定："转让方未取得出让土地使用权证书与受让方订立合同转让土地使用权，起诉前转让方已经取得出让土地使用权证书或者有批准权的人民政府同意转让的，应当认定合同有效。"这一规定应该说是对《中华人民共和国城市房地产管理法》中要求土地使用权转让等行为需经县级以上人民政府审批的强制性规定是否影响合同效力的一个明确解释，依该解释的规定，只要当事人起诉前补足相关手续和取得相应证书，就不对合同的有效性产生影响，合同依然有效。

可见，在司法审判的实践活动中在认定"强制性规范"是否构成《合同法》第五十二条规定的"违反法律、行政法规的强制性规定"的强制性规范而导致合同无效时要具体对待。从上述司法解释可以看出，通常只有如违反强制性规范以后继续履行合同将损害国家或社会公共利益时这样的强制性规范才宜被定性为《合同法》第五十二条所指的强制性规范。

（三）强制性规范与合同效力问题的认定

我国法律法规有大量的强制性规范，实践中可采取以下标准来判定其是否为导致合同无效的强制性规范（效力性规范）：第一，法律法规明确规定违反该规定将导致合同无效或不成立的；第二，法律法规虽没有明确规定违反该规定将导致合同无效或不成立，但违反该规定以后如使合同继续有效将损害国家利益或社会公共利益的。

对于法律法规没有明确规定违反该规定将导致合同无效或不成立且违反该规定以后若使合同继续有效并不损害国家利益和社会公共利益，而只是损害当事人利益的，这类规范不应视为导致合同无效的强制性规范，而应归类为取缔性规范。

四、海上运输合同效力问题总结

前面已经论及，并非违反所有的法律、行政法规的强制性规范都能被作为合同无效的依据，不应简单地把法律规范分为强制性规范和任意性规范。他山之石，可以攻玉，借鉴大陆法系国家的通行做法，宜进一步把强制性规范分为两种：取缔性规范和效力性规范。法律法规明确规定行为违法将导致合同无效的，或虽未规定违法行为将导致合同无效，但违反该规定以后若使合同继续有效会损害国家利益和社会公共利益，该规定属于效力性规范。否则，则属于取缔性规范。

另外，《水路运输条例》第十二条规定经营沿海运输业务应取得"运输许可证"的目的是加强对沿海运输权的保护。根据国际惯例及对等原则，各国的沿海运输应由具有本国国籍的船舶经营。对此，《中华人民共和国海商法》第二条专门规定："中华人民共和国港口之间的海上运输和拖航，由悬挂中华人民共和国国旗的船舶经营。但是，法律、行政法规另有规定的除外。非经国务院交通主管部门批准，外国籍船舶不得经营中华人民共和国港口之间的海上运输和拖航。"同时，《水路运输条例》第七条规定："未经中华人民共和国交通部准许，外资企业、中外合资经营企业、中外合作经营企业不得经营中华人民共和国沿海、江河、湖泊及其他通航水域的水路运输。"由此可见，《水路运输条例》第十二条的真正目的是防止非中国籍的船舶和非中国自然人或法人为投资主体的航运企业介入中国沿海航运市场，以对中国的沿海运营权予以保护，并非禁止拥有中国籍船舶的中方全资航运企业经营沿海运输业务。对该类企业而言，《水路运输条例》的这一强制性规范当属取缔性规范，他们在不具备运输许可证情况下签订的沿海运输合同不宜认定无效。然而，对于拥有非中国籍船舶的外国企业或是虽拥有中国籍船舶但企业性质为三资企业的，其在不具备运输许可证情况下签订的沿海运输合同有害国家对沿海运输权的保护，这类合同若任其履行将构成对国家主权和社会公共利益的侵害，因而对待这类企业，《水路运输条例》的这一强制性规范当属效力性规范，对它的违反将导致合同无效。

《国际海运条例》第七条第一款、第二十六条未办理提单登记并交纳保证金的不得经营无船承运业务的规定，其目的是规范货运代理市场和无船承运行为，对无船承运人进行监管，规范其订立、履行运输合同的权利能力、行为能力和责任能力，建立适当的损害赔偿救济和行政责任承担制度，是为了防止货运代理人行"承运人之权利"，却无"承运人之实力"，而非为了禁止无船承运业务。该规定限制的是当事人的经营资格而不是合同标的，其中也并未明确规定未获得无船承运业务经营资格的主体与他人订立的运输合同无效。因此，《国际海运条例》的上述规定属于取缔性规范而非效力性规范，未获得无船承运业务经营资格的货运代理人所订立的运输合同不宜视为无效。

不具备无船承运人资格和无运输许可证者所订立的海上运输合同的有效性问题是目前海事司法实践中的焦点问题之一，笔者从对强制性规范的认识方面对问题进行了粗浅论述，认为合同主体违反强制性规范时对其所签订合同不宜轻易确认无效，司法实践中对该类案件的判断应持谨慎态度。

第七节　涉外经济主体外部——企业兼并收购法律实践

一、并购基本概念

公司并购是指一家公司或若干家公司对其他公司的股东权益之特定归属权即公司产权进行重组的自主性商业活动，包括兼并与收购两种主要形式。兼并分为吸收兼并和创立兼并，吸收兼并即《公司法》上的吸收合并，是指在两家或两家以上的公司合并中，其中一家公司因吸收了其他公司而成为存续公司的合并形式；创立兼并即《公司法》中的新设合并，是指两个或两个以上的公司通过合并同时消失，并在新的基础上形成一个新的公司。收购是指一个公司以购买股票或股份等形式，取得另一个公司的控制权或经营管理权，另一个公司仍然存续而不必消失。

二、企业并购的动因及功效

企业并购的动因。通常企业居于这些原因展开：并购扩大规模，降低成本费用；提高市场份额和战略地位、品牌经营和知名度；垄断利润；满足企业家的成功欲；股东不愿意继续经营企业，索性卖掉企业；股东通过卖掉企业使创业投资变现或实现创业人力资本化；企业陷入困境，通过被兼并寻求新的发展；通过被有实力的企业兼并或交换股份，"背靠大树好乘凉"，通过兼并获得资金、技术、人才、设备等外在推动力。企业并购的功效体现在，存量资产的优化组合效应、资产与经营者的结合效应、经营机制的转换效应、劣质资产淘汰效应、产业升级换代效应。

三、并购法律关系及标的主体和客体

（一）并购法律关系主体、客体

企业并购法律关系主体一般是，以本企业名义直接收购、设立SPV作为收购主体、委托信托公司进行收购。并购法律客体是，收购有限责任公司、收购非上市股份有限公司、收购上市公司。

（二）并购法律关系的标的

公司收购从收购标的的角度，基本分为资产收购和股权收购。

股权收购是指一家企业收购另一家企业的股权以达到控制该企业的行为。其优点是程序相对简单，并能节省税收，弊端是债权债务由并购后的企业承担，有潜在风险，但可通过协议避免。

资产收购是指一家企业收购另一家企业的资产以达到控制该企业的行为。其优点是，债权债务由出售资产的企业承担，弊端是税收有可能多缴。而且需要对每一项资产尽职调查，并进行所有权转移和履行报批手续。

股权收购和资产收购的差异体现在：主体客体差异，股权收购的主体是收购公司和目标公司的股东，客体是目标公司的股权，而资产收购的主体是收购公司和目标公司，客体是目标公司的资产。负债风险差异，股权收购中，对于目标公司的或有债务往往难以预料，因此股权收购存在一定的负债风险。资产收购中，收购公司只要关注资产本身的债权债务情况就基本上可以控制收购风险。税收差异，股权收购中，纳税义务人是收购公司和目标公司的股东，而与目标公司无关。除了合同印花税，目标公司股东可能因股权转让所得缴纳所得税。资产收购中，纳税义务人是收购公司和目标公司本身。根据目标公司的不同，纳税义务人需要缴纳的不同税种，主要有增值税、营业税、所得税、契税和印花税等。第三方权益影响差异，股权收购中，影响最大的是目标公司的股东。根据我国《公司法》的规定，对于股权转让必须经过其他股东过半数同意，并且其他股东有优先受让权。资产收购中，影响最大的是对该资产享有某种权利的人，如担保人、抵押权人、商标权人、专利权人、租赁权人等。对于这些财产的转让，必须得到相关权利人的同意，或者必须履行对相关权利人的义务。

四、并购非上市公司法律要求

（一）收购有限责任公司法律要求

如果有限责任公司的股东准备将其持有的出资转让给股东之外的第三人，必须经全体股东过半数同意（按出资比例行使表决权）。不同意转让的股东应当购买该转让的出资，如果不购买，则视为同意转让。经股东同意转让的出资，在同等条件下，其他股东有优先购买权。

（二）收购股份有限公司法律要求

1. 收购非上市股份公司

股东转让其股份，必须在依法设立的证券交易场所进行。发起人持有的本公司股份，自公司成立之日起一年内不得转让。公司董事、监事、经理等高级管理人员所持有的本公司股份，在其任职期间内转让受限，每年转让不得超过1/4，公开上市一年内不得转让，离职半年内不得转让。股东大会召开前20日内或者公司决定分配股利的基准日前5日内，不得进行记名股票转让有关的股东名册变更登记。

2. 收购含国有产权的公司时，有下列特殊规定

国有资产监督管理机构决定所出资企业的国有产权转让。其中，转让企业国有产权致使国家不再拥有控股地位的，应当报本级人民政府批准。所出资企业决定其子企业的国有产权转让。国有资产监管机构所出资企业的重要子企业的重大国有产权转让事项，应当报同级国有资产监督管理机构会签财政部门后批准。其中，涉及政府社会公共管理批准事项的，需预先报经政府有关部门审批。对于国民经济关键行业、领域中对受让方有特殊要求的，企业实施资产重组中将企业国有产权转让给所属控股企业的国有产权转让，经省级以上国有资产监督管理机构批准后，可以采取协议转让方式转让国有产权。企业国有产权转让事项经批准或决定后，如转让和受让双方调整转让比例或者企业国有产权转让方案有重大变化的，应当按照规定程序重新报批。

3. 收购含国有股权的公司还需履行下列特殊规定

根据国有资产管理法律法规的要求对目标公司资产进行评估；收购事项经目标公司职工代表大会通过；收购项目经国有资产管理部门审查和批准；收购完成时需根据国有资产管理法律法规的要求办理资产产权变更手续。

五、外国投资者并购境内公司

在收购上市公司时，通常有证券交易所的集中竞价交易方式收购、要约收购、协议收购。种类有：强制性要约收购、自愿性要约收购。容易出现的问题有：规避要约豁免义务、恶意操纵股份可能。

（一）关于外国投资者的判断

我国法律一般都按照投资者的国籍和住所进行划分。凡是没有中华人民共和国国籍或在中华人民共和国境内没有住所的自然人和法人都属于外国投资者。虽然香港、澳门和台湾属于中华人民共和国的领土，但我国的外商投资法律一直将

上述地方的自然人和法人视为外国投资者。如果外国投资者在中国境内设立的投资性公司并购境内企业的，我们也将其视为外国投资者。

（二）在目标企业选择上的限制

外国投资者在中国进行并购活动时，应考虑该并购活动是否符合中国的产业政策。我们国家将外商投资项目分为鼓励、允许、限制和禁止四类。这些政策主要规定在《外商投资产业指导目录》中。其中，鼓励、限制和禁止类的外商投资列入《外国投资企业指导目录》，允许类的外商投资项目不列入《外商投资企业指导目录》。对于鼓励类外商投资，国家给予一定的优惠政策。对于限制类产业，国家执行相对严格而复杂的审批手续，国家有的只允许合伙，有的只允许中方控股，有的规定了外资比例。禁止类产业则不允许外国投资者进入。

（三）并购操作程序

（1）目标公司的选择与确定上，目标公司的共性：公司发展前途大，但管理班子比较弱，具有较大的成本下降、提高经营利润的潜力空间和能力，这样收购之后很容易创造出管理效益；股东持股比例上比较分散，这样收购的难度就不是很大；高层管理人员掌握的股票不多，大量股票分散在机构性股东手中，这样股东就更容易抛售股票而且收购后的融合也比较容易；账面现金充足，或企业具有比较强的且稳定的现金流产生能力；企业债务比较低，很少或没有在外发行的债券，这样就适合杠杆收购以利收购后的还贷。

（2）中介机构的选择与确定上，律师事务所为企业设计企业并购的法律框架及合法操作程序，规避法律风险；财务顾问（又称为投资银行）为企业的并购提供财务方案及建议；会计师事务所、评估事务所为企业提供资产核算和资产评估等方面的专业服务。

（3）签署收购意向书和尽职调查。签署收购意向书，意向书是一种收购双方有预先约定的书面文件，用于说明双方关于进行合约谈判的初步意见。意向书使交易的基本条款具体化，体现了双方口头协商的主题。意向书将阐明交易方式、交易价格及交易的支付方式及其他重要而普遍存在的交易问题，它还阐明完成交易的先决条件。意向书通常不具备法律约束力。

尽职调查方面，一是调查内容。公司的历史沿革、治理结构，关联方及其关联交易情况，债权债务情况，资产状况，诉讼/仲裁情况，董监事、管理人员的简历和任职情况，员工情况，行政处罚情况，或有债务情况，重大合同/协议情况，同业竞争情况，历次会议的召开以及决议情况。二是调查形式。拟订调查清单，要求目标公司配合提供相关资料；与目标公司董监事、管理人员进行交谈（要求目标公司董监事、管理人员作出必要的承诺和保证）；与其他中介机构进行沟通和交流；向政府有关部门查询相关信息等。

六、律师在并购中的法律服务

（一）并购准备阶段的法律服务

1. 前期调查和咨询

协助并购公司拟定初步的并购方案和对并购可能涉及的政策、法律提供专业服务。根据有关并购的政策和法律、产生的法律后果、有关批准手续和程序向公司提供法律意见和并购方案，并对各种并购方案的可行性、法律障碍、利弊和风险进行法律分析。

2. 协助并购双方签署保密协议

鉴于并购涉及双方公司的商业机密，所有参与的人员要签署保密协议，以保证在并购不成功时，目标公司的利益也能够得以维护，并购者的意图不过早外泄。因此在并购实施前，律师应该协助并购双方签署有关的保密协议并约定赔偿责任条款。

3. 尽职调查

尽职调查是指就股票发行上市、收购兼并、重大资产转让等交易中的交易对象和交易事项的财务、经营、法律等事项，委托律师、注册会计师等专业机构，按照其专业准则，进行的审慎和适当的调查和分析。并购公司对并购交易中的隐蔽风险进行研究，对目标公司实施包括法律、财务和经营在内的一系列审查和审计，以确定其并购的公司或资产对其是否存在隐蔽的、不必要的风险。律师尽职调查的主要步骤有，由并购方指定一个由律师、会计师和财务顾问等专家组成的尽职调查小组；由并购方和其聘请的专家顾问与目标企业签署保密协议；由目标企业根据并购方的要求把所有相关资料收集在一起并准备资料索引；由并购方准备一份尽职调查清单；指定一间用来放置相关资料的房间（又称为数据室或尽职调查室）；建立一套程序，让并购方能够有机会提出有关目标企业的其他问题并能获得数据室中可以披露的文件的复印件；由并购方聘请的专家小组（包括律师、会计师、财务顾问）作出报告，简要介绍对决定目标公司价值有重要意义的事项。

（二）并购协商阶段的法律服务

1. 协助并购公司参与并购谈判

在尽职调查有了初步的结论之后，并购当事人进入谈判阶段，根据调查了解到的实际情况开始进行有针对性的谈判。谈判过程中并购当事人的相互了解会进一步加深，知己知彼的境界在逐渐提升，各自的相同与不同之处会逐步地显现出来，整个谈判的过程都直接关系到并购的成败。律师参与其中可以帮助双方寻求到双赢互利的解决方案，可以就谈判过程中涉及的法律问题给以解答。谈判主要涉及并购的形式（是收购股权还是资产，或是整个公司）、交易价格、支付方式与期限、交接时间与方式、人员的处理、有关手续的办理与配合、整个并购活动进程的安排、各方应做的工作与义务等重大问题，是对这些问题的具体细则化，也是对意向书内容的进一步具体化。

律师在谈判中提供的法律服务有，一是帮助并购公司拟定谈判策略：提前准备好相关法律问题概要；在谈判中回答对方有关法律方面的问题；根据谈判实际情况提出合法的、建设性意见，并告知其法律后果。二是制作谈判记录和谈判意向书：谈判涉及的内容多，时间长，谈判双方最好将所有的谈判内容及达成的一致作出详细的纪录。从并购双方进入谈判阶段到正式订立并购合同是一个漫长的过程，为了保障各自的权益，并购双方会在并购谈判的各个阶段缔结相应的意向书。由于并购公司在并购活动中投入人力、物力、财力较大，意向书中一般会加入排他协商条款、提供资料及信息条款、不公开条款、费用分摊条款等，以避免并购的风险。同时，意向书中还会应目标公司要求加入终止条款、保密条款，以防止并购公司借并购之名获取非法利益。

2. 协助签订并购合同

并购双方经过谈判交锋达成共识，同时按照规定进行了相应的审计、评估之后，就应签署集中反映尽职调查、谈判、并购公司案的并购合同。并购合同的签订是一个漫长的过程，通常是并购公司的律师在双方谈判的基础上拿出一套并购合同草案，然后，双方的律师在此基础上要经过多次的磋商，反复修改，最后才能定稿。并购合同的条款是并购双方就并购事宜达成的意思表示一致，合同约定是并购双方的权利义务，也是实际并购操作的准则和将来争议解决的根据，合同一旦生效对双方就具有如同法律一般的约束力，所以在拟定并购合同条款时必须谨慎对待。一份比较完备的并购合同一般包括以下条款：定义条款、先决条件条款、陈述和保障条款、介绍转让的国有资产和国有股权的条款、支付条款、过渡期安排、违约责任和法律适用及争议解决条款。

（三）并购实施阶段的法律服务

签订并购合同仅仅表示并购双方就公司并购事宜达成了意思表示的一致，而并购合同能够实际履行还要看并购合同中约定的日期到来之前，并购双方能否履行各自就履行并购合同所负担的义务。

1. 出具相关的法律意见书、履行有关报批手续

律师在下列情况下，应当出具法律意见书，并向有关的政府部门报批：要约收购时，并购公司应当聘请律师对其要约收购报告书内容的真实性、准确性、完整性进行核查，并出具法律意见书，连同收购要约报告书一并公告；当并购公司持有目标公司30%或以上的股份时，并购公司提出强制要约收购豁免申请的，应当由律师事务所就其所申请的具体豁免事项出具专业意见，向有关机关报批。协助并购双方履行相应的报批、公告手续，主要包括：并购公司大额持股情况及所持股份数额变化的公告；并购公司收购意图的公告；收购结果的公告。

2. 办理各项变更登记、重新登记、注销登记等手续

相关过户手续的办成与否往往是一个并购合同的先决条件，同时也直接影响到新公司的生存和发展。为此，律师可从专业的角度出发协同办理有关房屋、土地使用权、专利、商标、供水、供电、保险等过户手续，主要包括：不动产变更登记；股东名册登记变更；关于公司形式的登记变更与注销。

（四）并购完成后整合阶段的法律服务

1. 处理原目标公司签订的重大合同

包括：通知缔约对方关于合同当事人变更；与缔约对方进行合同延期履行磋商；进行赔偿或者索赔。

2. 诉讼、仲裁等法律服务，代为清理障碍

目标公司可能是个天天有法院上门查封账号和财产的公司，即使在并购后的一段时间内，这种麻烦也少不了。因此，律师应当在并购后整理有关诉讼、仲裁、调解、谈判的资料，并通知法院、仲裁机构、对方当事人关于当事人变更的事实。如果诉讼、仲裁、调解、谈判还未开始，则应当作好应诉准备。

3. 协助新公司正常运行

协助制定新公司内部规章制度，办理公司纳税申报，劳动合同的签署，办理相关保险，理顺各种行政关系。

4. 协助安置目标公司原有人员

包括协助并购后的公司留住人才和依法安置目标公司富余员工。

第四章

新型冠状病毒肺炎疫情后的
"一带一路"下涉外经济法的新发展

随着新型冠状病毒肺炎疫情在全球的爆发和持续演进，全球经济衰退趋势加剧，毫无疑问，疫情结束后，它所带来的次生灾害将会长期存在。中国在涉外经济发展中，应如何通过法律的构建维持全球化，保护中国进出口实体经济，对未来必然产生的大量法律纠纷如何合理解决，该如何对国际秩序经济秩序的恢复有序进行？同时，中国在"一带一路"继续推进过程中，如何解决维护企业在涉外经济活动中已出现问题；如何减少、避免新问题的产生；如何在党的领导下重视人权构建，让发展经济与促进人权相向而行；如何从法律上进行国际经济合作，合理地化解国家间争端、企业间争议，实现世界共赢也是本章探讨的重点。

第一节 司法救助制度与经济发展中的人权保障

通过立法建立司法执行救助制度彰显了一国的人权保护。特殊历史时期，建立司法执行救助制度有助于降低涉法涉诉上访量、维护社会安定、防止恶逆变、完成司法职能的回归、树立政府良好的国内国际形象。该制度已具备政治、经济、社会、法理和制度依据。建议以单行法形式确立财政投入为主、其他多种渠道配合的司法执行救助资金筹集方式；明确适用案件、对象和条件；规范决定和执行的机构与程序；明确资金返还和监督制度，保障制度的长期性和稳定性。

一、建立司法执行救助制度的必要性

（一）有助于维护社会安定

司法是定纷止争的主要途径和手段，但近年来因判决不能执行而遭遇不断上访。出现这一现象的原因是多方面的，体制方面如社会转型导致利益冲突加剧；制度方面如我国的社会诚信体系、个人破产机制、社会保险机制尚不健全；个人方面如受教育水平低、缠诉闹访的心理等。但问题却集中体现于法院，民众将无法执行归因于法院的玩忽职守、贪污腐败等，这给法院的工作和法官的形象带来了极大的负面影响。这样的案件（案件胜诉却不能执行）使当事人陷入困境，他们甚至采用过激手段给政府和法院施加压力。在此特殊历史时期，如果建立司法执行救助制度，有助于帮助弱势群体改变生活境况，维护社会的安定。

（二）有助于满足受害人合理期盼，防止恶逆变

公民的权利被侵害后，一般有两个心理需求：惩罚和赔偿。前者可以通过刑事惩罚或者行政处罚而获得实现；后者作为公民的重要期盼，可以缓解侵害造成的生活与情感困境，为恢复正常的生活提供物质条件。但因案件胜诉却不能执行，受害人生活可能陷入困境，甚至发生恶逆变，这时需要国家给予一定帮助，防止受害人变成侵害人。如果建立国家的司法执行救助制度，从司法执行救助基金中拿出部分资金先期对受害人进行一定的物质补偿，帮助其改善生活、抚慰其受创的心理，一方面可以满足权利人以及家属、亲人的合理期盼，同时也可以减少信访、群体性事件以及社会动荡的发生。

（三）有助于树立政府在民众心中的扶危帮困形象

事实上，我国政府早已采取了对司法执行困难人员的帮扶做法，帮助其垫付一定资金，解决当事人的实际困难。但这种做法尚无制度和规范依据，在实践中出现两种问题：一是当事人提出不合理要求，如要求政府全额给付执行款，甚至超额给付执行款[①]；二是滋生攀比心理，"为什么给他不给我？""为什么给他多给我少？"。如果建立司法执行救助金法律制度既可以"明示公开、公平补偿"，将政府的"暗中埋单""悄悄花钱买太平"的帮扶行为转化为公开的法律行为，又可以防止当事人提出不合理要求，减少攀比心理；同时体现政府对弱势群体的关心，有助于树立政府的正面形象。

（四）有助于维护法律的尊严，完成司法职能的回归

由于我国特殊的法律文化背景、公民的法律意识和司法制度的制约，当事人不但将法院定位为裁判者，更是将法院视为兑现裁判的责任者。一旦胜诉案件由于各种原因不能执行，当事人即主观归因于法院的过错，就要进行各种形式的上访。对此，一方面，需要通过法治国家的建设逐步改变人们的观念，另一方面，如果建立国家专门的司法执行救助制度，通过政府给予陷入困境的执行申请人必要和适当的补偿，可以最大程度上维护法律的尊严、确保国民对法律秩序的信赖、确保社会和谐稳定；也可以转变公民的法制观念，完成司法职能的回归。

（五）可以保障人权，提升我国的国际威望

我国参加并已对我国生效的《经济、社会、文化权利国际公约》第2条第1款规定："每一缔约国家承担尽最大能力个别采取步骤或经由国际援助和合作，特别是经济和技术方面的援助和合作，采取步骤，以便用一切适当方法，尤其包括用立法方法，逐渐达到本公约中所承认的权利的充分实现。"[②] 同时，中国投票赞成通过的1985年11月联合国大会第20/32号决议——《为罪行和滥用权力行为受害者取得公理的基本原则宣言》第4条、第5条规定："对待罪行受害者时应给予同情并尊重他们的尊严。他们有权向司法机构申诉并为其所受损害迅速获得国家法律规定的补救；必要时应设立和加强司法和行政机构，使受害者能够通过迅速、公平、省钱、方便的正规或非正规程序获得补救。应告知受害者他们

---

① 笔者在访谈中发现，一些多年未执行的案件中，就有当事人提出"现在什么都涨价了，当年的8万，现在要得给80万"。

② 联合国人权事务高级专员办事处，《核心国际人权公约》。

通过这些机构寻求补救的权利。"①表明国家通过立法形式建立司法执行救助制度是国际社会衡量一国人权保护状况的重要标准，人权的保护程度是衡量一个国家法治程度的标准。建立该制度使民众和国际社会知晓政府的人权保护行为，有助于提升我国的国际威望。

二、建立司法执行救助制度的可行性

第一，十七大报告中"以人为本"的治国方略，是建立该制度的政治基础。"以人为本"的理念，已经深入人心。针对我国特殊的历史阶段中产生的特殊问题，人民（作为合法纳税人）完全可以理解并支持各级政府从财政收入中拿出一部分，用于司法执行救助，帮助因胜诉无法执行而陷入困境的弱势群体，以保持社会的整体和谐稳定。

第二，我国经济发展到现阶段的实力，是建立该制度的经济基础。我国虽然还不够富裕，但是经济实力已经大为增强。国家和各级政府基本具备了重点投向公共领域和改善民生的财力，有能力建立司法执行救助制度，给予案件执行陷入困境的各类困难人群以救助。

第三，我国现行的综合治理社会治安模式，是建立该制度的社会基础。现在我国采取了政府、司法机构、各类团体综合治理社会治安的模式，各个系统、部门共同分担解决社会矛盾的责任。现有的机构设置，为司法执行救助制度的建立和发展提供了机构依托；这种相互配合的工作模式也为制度的建立提供了社会基础。

第四，国家责任理论、社会福利视角以及风险共担观念，是建立该制度的法理依据。学者们在讨论刑事案件被害人补偿时提出了社会保险说、被期待说、命运说和国家责任说等②，笔者认为不论是国家责任理论、社会福利视角还是风险共担观念，可以共同为司法执行救助制度的立法提供法理依据。

---

① 联合国人权事务高级专员办事处，《人权：国际文件汇编——世界文书》。
② 樊学勇，《关于对刑事被害人建立国家补偿制度的构想》，《中国人民大学学报》，1997年第6期。

三、司法执行救助制度立法建议

（一）司法执行救助制度立法形式

建议以单行法或法规的形式建立完善、长效的司法执行救助制度。司法执行救助的对象，不仅有穷尽执行手段的刑事附带民事赔偿案件特困执行申请人，也有交通肇事的受害人，还有劳动争议等案件的特困执行申请人，其中既涉及刑事法律又涉及民事、劳动等较多领域；司法执行救助的决定和执行需要多机构、多部门的相互配合；司法执行救助的返还和监督更是需要规范操作。为避免涉及法律法规既多又零散，难以施行，借鉴世界上其他国家的立法实践，笔者认为以单行法律、法规形式进行立法较为适宜。

（二）司法执行救助资金来源

建议通过立法确立财政投入为主、其他多种渠道配合的司法执行救助资金筹集方式。

1. 司法执行救助资金首要来源为政府财政投入

政府财政投入是各级各地政府现在对案件执行陷入困境的各类困难人群施以救助的资金来源。这样的运行模式比较适合现阶段的中国国情，在社会力量尚比较薄弱的时期，以政府财政投入作为司法执行救助资金首要来源是客观现实的需要。

具体的操作办法上，各地比较成功的经验有：（1）在费用列支方面，这项政府拨款列支于社会综合治理费用中；（2）在资金保障方面，这项政府拨款纳入财政常项预算，每年有人大进行预算的规范审批，资金直接来源于案件所属地的政府，有各级政府分级负担；（3）在款项分配方面，政府根据执行案件数量按一定比率直接拨付司法执行救助资金的额度给对应级别的法院，在民政部门设立司法救助资金专项账户，将政府财政机构拨付的资金放入该账户；（4）在款项操作方面，民政部门根据法院执行机构依据法定程序确立的可以救助的对象和数额，进行发放；（5）此笔资金的使用，由司法和审计机构联合定期检查监管。这些做法经实践证明是比较成功的，可以在立法中予以明确。

2. 辅助资金来源

社会募集也应逐步成为司法执行救助资金的重要来源。司法执行救助的本质是扶助、救助，这就决定了这项工作不应完全是政府的责任，社会应该承担相应的责任。在市民社会发育不足、社会组织力量薄弱的情形下，暂时由政府承担主要的责任，但随着社会的不断发展，社会责任应适时回归。这样，制度的建设应该具有适当的前瞻性，为社会责任的承担留有适当空间，建议现阶段主要由政府与社会协调募集，将来法律明确由社会组织承担募集责任。

另外，可将诸如服刑人服刑期间劳动所得、自然人和法人执行后的再收益等法定纳入司法执行救助资金；其他如收缴的各种非法所得、各种经济处罚款项、负有社会责任单位的部分利润等，可以由政府统一纳入司法执行救助资金募集范围。

四、司法执行救助制度的操作规程

（一）执行救助适用案件

现阶段各地实践中，执行救助适用案件的标准采用的具体列举的方法，能够得到救助的案件主要集中于以下五种：刑事附带民事案件、人身损害赔偿、交通事故损害赔偿、特困企业劳动纠纷和赡养案件。按照各国的通行做法，能够得到救助的一般是刑事附带民事案件，但目前，我国处在特殊历史时期，存在的特殊情况，导致其他案件的救助在我国成为必要。将来，随着我国的社会诚信体系、个人破产机制、社会保险机制建立、健全、执行救助适用案件也将为刑事附带民事案件。

行政救助适用案件的范围，建议国家法律、法规用抽象标准界定，而地方可以根据自己的情况具体确定适用案件的范围，这样既保证了平等性，又可保证因地制宜。

（二）执行救助适用条件与对象

同类的案件，也并不应该都给予救助，主要还是要依靠执行制度自身的完善，能够得到救助的只应是满足条件的部分人员。笔者认为可以向法院提出救助申请者应同时满足如下条件：（1）救助申请人应是案件执行的申请人；（2）生活陷入困境的人或者丧失劳动能力；（3）判决确定的赔偿金额全部或者大部分没有执行；（4）申请人对无法执行不存在过错。

同时为了防止逃避执行、双重获益等，在以下情况下国家全部或部分不予支付救助金：（1）申请人和被申请人之间存在亲属关系；（2）申请人或者近亲属由于本事由已得到国家赔偿的；（3）申请人或者近亲属已经从被申请人得到部分损害赔偿，应当从救助份额内减除。在作出救助与否的决定时，应当重点考虑以下情形：（1）申请人受损性质、程度和自救能力；（2）申请人的生活状况；

（3）尽量使救助的力度与困难程度相当。

（三）执行救助的决定及执行机构

执行救助决定权可由人民法院行使，案件在哪一个法院执行就由哪一个法院执行组织决定是否救助。法院行使救助金的决定权比公安机关、民政机关或专门成立的机关等单位决定补偿金有其优势，法院执行人员熟悉案情，便于确定救助补偿的对象和数量。救助金的发放可由民政部门或社会非政府组织（如红十字会等）完成。由这些机构发放可因权力的分离保证资金的安全，也可使机构之间相互监督；同时，让民众清楚资金的性质、来源以及法院的职能定位。

（四）执行救助的决定程序

（1）案件判决后确定在一定时期内不能执行时，由执行人员告知适格的执行申请人有申请救助的权利。选择权利主动告知的方式有助于提升国家帮助困难群众的主动性，树立服务政府的良好形象和对司法的信任，并有助于改变公民"不闹不解决、小闹小解决、大闹多解决"的意识。

（2）由救助申请人在告知后两年内向执行法院提出救助申请。适当期限的规定有利于权利的及时、有效维护。

（3）救助审查采用公开听证方式进行。法院执行人员主持召开听证会，对下列情况进行审查：①救助申请人的性别、年龄、职业状况、固定收入、有无扶养家属；②遭受侵害行为的性质、被害程度、后果、治疗费数额；③申请人与被申请人的关系，有无过错及程度；④损害赔偿情况；被申请人是否予以赔偿，赔偿的数额，是否获取人身保险金等赔偿及赔偿的数额；⑤审判和执行过程中，国家机关以及申请人自己有无瑕疵。

（4）执行救助的决定应充分听取终审法院审判员、申请人所在单位领导、申请人居住地的居委会（或村委）人员、律师和民政部门人员的意见。听取多方意见有助于了解实际情况。执行救助决定的主要内容包括是否救助、救助的金额。

（五）司法救助金返还（划转）制度

司法执行救助是国家对司法判决执行不能，而导致陷入生活困境民众的人道救偿，这种救助行为并不能也不应该导致案件执行的终结。当被执行人有可供执行的财产、具有被执行能力时，已经获得救助的执行申请人仍然有权利和义务向人民法院申请执行。

再次执行回的资金优先补偿申请人未予执行的部分。当判决中的赔偿金救助后又被全额执行时，法院应当从执行财产中将先期救助数额扣回，返还司法救助资金专项账户。如果发现救助对象恶意损害国家利益的（如救助对象和被执行人恶意串通），人民法院可依法行使代位求偿权，向被执行人要求执行判决，也可以向救助申请人追回司法救助金额，划回司法救助资金专项账户。

（六）执行救助基金的监督制度

1. 审计监督

了解各级政府财政投入和社会捐赠资金、物资的管理、分配、使用和发放情况，检查救助金发放程序是否合法，发现救助金管理和使用中存在的问题；评价救助金管理状况和资金使用效果，研究分析存在问题的原因。

2. 社会监督

可以考虑设置独立社会监督员，社会监督员持证上岗，依法依纪独立开展工作，履行监督职责。

3. 现有的监督机制积极运作

如人大、政法委等监督机构的职能积极发挥。

第二节　新型冠状病毒肺炎疫情后中国改革开放与企业走出去法律风险防范

一、中美经贸磋商与中美贸易争端

2018 年 6 月 2 日，美国针对中国，通过国防授权法案。美国总统唐纳德·特朗普（Donald Trump）等美国政府高官，大规模地对中国输美工业产品征收关税，中国也调整对美农产品等征收关税。但中美双方谈判磋商的大门是敞开的，中美贸易谈判一直在持续。2020 年 1 月，中美双方就贸易争端已达成第一阶段协议。实际中美双方都不能承受制裁，贸易战没有赢家，因为这不仅关乎（中国）购买更多（美国）商品，还关乎结构性变化。目前，美方官员分为交易派与结构派。如果双方的具体购买合同可以落实，双方在歧视性投资措施上进一步谈判、协商，无论交易派与结构派都不能阻止中美的合作。合作中，我们最重要的核心筹码，其实是我们自己，中国将是未来全球最大的消费升级市场，这个市场容量是美国无法割舍的。早期的《中美经贸磋商联合声明》里，中方表示，大幅减少美国对华商品贸易赤字、增加美国农产品和能源出口、扩大制造业产品与服务贸易、知识财产保护、双向投资、中美能源合作。但中国在国体、政体、政治稳定、共产党领导、社会主义制度和中国特色社会主义道路、主权安全、领土完整、国家统一、中国社会经济可持续发展等核心利益上始终不容挑战。

二、从中美贸易争端的演进看中国进一步改革、开放

(一)美国"301 调查"报告下，中美贸易争端实质

一个贸易谈判对手的中立评价：美国前贸易谈判代表苏珊·施瓦布说，我相信中国没有刻意要使得产能过剩，但是，只要中国政府一说什么是重点发展的，社会上每个人都说这是要重点发展的，这样不出现产能过剩是不可能的。苏珊·施瓦布说得有一定道理。2011 年，中国正值入世十周年，WTO 时任总干事拉米前来中国参加纪念活动。在成都，他公开表示中国入世后的表现是 A+（A plus）。一份编造的中国承诺清单：2015 年 9 月，美国智库美国信息技术与创新基金会（Information Technology and Innovation Foundation，以下简称 ITIF）的主席阿特金森与其合作者发表了一篇报告，指责中国没有履行入世承诺，他认为中国存在"创新重商主义"，对美国技术优势形成威胁。西方发达国家向来对中国的不平衡贸易问题和不公平贸易手段怨声载道，但往往因中国的"发展中国家"地位而无计可施。中美贸易战不是偶发事件，而是过去 20 年全球化的总清算。301 调查从 1972 年以来一共发起过 125 起。

本次 301 调查有三个特点：一是这次 301 调查的指控全部指向技术领域；二是指控全部都指向政府干预问题；三是指控大多不涉及现有的具备约束力的国际规则，或仅仅涉及少数存在争议的规则。

美国"301 调查"报告从实质看，中美贸易逆差只是表象，这只是第一层次的中美经济争端；重要的是中国经济发生变化引发了对产业竞争力的竞争，这是第二个层次中美经济争端；第三个层次就是经济发展模式的差异导致的全球价值链主导权的竞争解决的应对举措。

(二)中美经贸法律争端中的国际法问题

（1）美所谓 500 亿美元加征关税的法律问题。

（2）中国技术转让制度中使用的行政审查和许可程序与服务贸易总协定《GATS》中的国民待遇、正面清单等法律问题。

（3）许可技术改进的所有权、技术合同到期后的技术使用与中国入世议定书的承诺（"中国禁止强制技术转让承诺的范围与例外"）及限制性商业条款等法律问题。

（4）中国政府针对美国公司的、以窃取能够为本国经济提供竞争优势的机密性商业信息的网络攻击活动。

（三）中美贸易争端解决的应对举措

美国"301调查"报告下，中美贸易争端解决的国内应对举措：

（1）使用谈判协商等外交方法的同时，依照世贸组织规则，实施对等报复。

（2）实施对等报复的同时，坚持对外开放和经济结构改革，应对贸易争端。

（3）在双边、区域与多边层面积极推动规则谈判，特别是促使美欧在双边投资协定的谈判桌上讨论对等开放问题，对可能发生的诉诸WTO的法律争议点，提前组织、聘请、召集国内外经济、贸易和法律专家探讨、研究，一方面理清法律争议点，一方面形成舆论上和法律上有利于中国的格局。

（4）在《中华人民共和国外国投资法》已正式生效的情况下要进一步加快实施条例细则的制定，应对美国"301调查"报告下指责"中国许可和行政审批不透明"引发的争端。

（5）加强知识产权保护的立法和司法实践，应对美国"301调查"报告下，指责中国政府的民事执法工作、刑事和行政执法不力、不一致的问题引发的争端。

（6）避免在政府宣传中或实际行为中，大规模、短时间集聚的产业、行业补贴等措施，避免对WTO等有关规则的违反。

（7）在WTO争端解决机制DSB停摆的格局下，加强与欧盟国家合作，依据临时机制妥善处理争端。

三、关于企业"走出去"的形势及风险

伴随"一带一路"建设工作的深入推进以及中国企业"走出去"规模和范围的扩大，中国企业面临的境外合规风险问题愈加突出。2018年12月26日，国家发展改革委、外交部、商务部、人民银行、国资委、外汇局、全国工商联等七部委联合颁布了《企业境外经营合规管理指引》（以下简称为《境外合规指引》）。外在原因，内在动因使得企业的机会多、机遇多，但企业面临的挑战、风险也多。

企业投资境外面临的风险有：

（一）一般风险

语言、文化、经营理念的差异使交易双方无法进行有效沟通；企业掌控跨国交易及经营的能力不足；投资目标国的政治环境与风险；经济状况和经济制度差

异增加管理和经营成本：投资目标国法律制度和外资政策上的风险等。

（二）投资境外的法律风险

（1）在投资阶段的法律风险主要包括东道国外商投资的政策法律限制、反垄断和国家经济安全的审查、本国的管制、合作对手的法律状况和守约意识等多方面。

（2）在经营阶段的法律风险包括环境保护、劳工、公司治理、知识产权、税务、合约管理、法律文化冲突、国有化征用等多方面。

（3）当地政府机构和执法部门的执法水准和执法状况、对外资的态度，以及东道国法律政策的变化也会对企业的经营产生影响。

（三）国情不同，风险不同

1. 发展中国家

政策和法律风险表现在政策多变和无法可依，如吉利公司 2005 年计划在马来西亚制造、组装和出口吉利汽车，当生产工作一切准备就绪并准备年底正式开工时，马来西亚政府出于保护本国汽车产业的目的，突然宣布新进入的汽车品牌在该国生产的汽车不能在该国销售，必须 100% 出口。这一政策变动使吉利公司蒙受巨大损失。高铁建设上马国政府也多次变动，使城建人受到损失。

2. 发达国家

发达国家则表现在法律法规烦琐、多样、处处设防。

3. 总的来讲

就目的国对外资的管制状况，一般而言，对于关系国家安全、国计民生、国家支柱产业的领域，各国对于吸收境外投资均有不同程度的限制。

（四）针对中国企业的特殊风险

除了政策限制、法律规制，国外竞争对手还多以贸易救济、技术性贸易壁垒、知识产权、汇率问题等非关税壁垒对我国已形成的竞争优势提出挑战。加大研究国家经济安全的审查制度（如最惠国待遇的例外等的案件：联想集团宣布以 17.5 亿美元并购 IBM 公司个人电脑（PC）业务，三一重工案，华为案）。

四、企业走出去的风险管控对策建议

（一）企业要有对策

基于目前中国企业在境外投资的主要形式是新设公司或并购公司，企业境外投资通常应注意的问题：

1. 反腐败、反贿赂

在"走出去"过程中，许多中国企业依然延续了在国内不规范经营的思维模式和行为习惯，过分寻求与当地政府进行交涉，依赖当地政府解决经营中的各种问题。为了保持与当地政府的良好关系，经常会采取一些不正当的手段，这些做法遭遇反腐败调查和处罚的可能性极大。另外，根据中国公司法务研究院、荷兰威科集团和方达律师事务所联合发布的《2016—2017 中国合规及反商业贿赂调研报告》，商业贿赂是中国企业遭受境内外执法的首要原因。随着各国政府及国际组织不断加大反腐败、反贿赂的工作力度，中国企业在境外的此类合规风险也不断增大。

2. 数据安全与个人隐私

在数字化时代，数据安全与个人隐私是不可避免的课题。2018 年 5 月欧盟颁布了《一般数据保护条例》。该条例被称为有史以来最为严格的数据保护规则，在该条例之下，企业将承担更多、更为严格的义务以维护个人数据安全与隐私。

3. 生态环境保护

中国企业在生态和环境保护方面的合规意识尚远不到位。中海外联合体承建的波兰 A2 高速公路 C 标段建设项目的失败原因之一即在于，未能及时妥善处理该路段珍稀两栖动物的保护问题。

4. 贸易救济领域合规热度不减

截至 2016 年 12 月 11 日，中国入世已满 15 周年，15 年的"非市场经济地位"承诺失效。在此背景之下，欧盟于 2017 年 12 月颁布了修订原反倾销法的第 2017/2321 号条例，删除了非市场经济国家名单，引入了"市场扭曲"概念，并对存在"市场扭曲"的国家适用特殊的"正常价值"认定规则。

在欧盟新反倾销条例之下，中国企业要面临的欧盟反倾销调查风险依然很大，并且还将要面对新法适用的不确定性，以及欧盟在反倾销措施不力的情形之下转向增加依赖反补贴和保障措施的可能性。

（二）政府要有作为："走出去"企业的指导、引导工作

2018 年 12 月 26 日，国家发展改革委、外交部、商务部、人民银行、国资委、外汇局、全国工商联等七部委联合颁布了《企业境外经营合规管理指引》（以下简称为《境外合规指引》）。根据《境外合规指引》，开展对外货物和服务贸易的企业应着重把握贸易管制、质量安全与技术标准、知识产权保护、"两反一保"等方面的具体要求。开展境外投资的企业需要着重把握市场准入、贸易管制、国家安全审查、行业监管、外汇管理、反垄断、反洗钱、反恐怖融资等方面的具体要求。对外承包工程的企业需要着重把握投标管理、合同管理、项目履约、劳工权利保护、环境保护、连带风险管理、债务管理、捐赠与赞助、反腐败、反贿赂等方面的具体要求。从国际经验来看，发挥商协会代言工商、协调维权的作用是普遍做法和国际惯例，我们应该重视利用这个渠道，发挥其作用。中国贸促会涉外商事法律保驾护航作用：中国贸促会是我国最早开展涉外商事法律服务的机构之一，涉外商事法律服务功能齐全，内容丰富，在业界具有广泛的影响力。贸促会的法律服务具有鲜明的公益性、涉外性和独特性。贸促会涉外商事法律服务内容包括：专利商标代理、国际经济贸易仲裁、海事仲裁、国际商事调解、签发货物原产地证书、办理 ATA 单证册、海损理算、法律顾问等。

五、多元化纠纷解决方式与走出去企业的风险与防范

诉讼、仲裁、调解作为解决商事争议的三大途径，也是我国"走出去"企业在国际投资争端与国际商事争议解决的重要方式。判决、裁决、和解协议是定纷止争的终极，各国执行外国法院判决、仲裁裁决、和解协议，就意味着对外国司法理念和民商事规则的认可，这也是法律全球化的一项重要指标，也是人类命运共同体相互依存、相互协作的重要表现。中国自改革开放以来，先后加入了有关仲裁的《纽约公约》、有关选择法院协议的《海牙公约》，迈出在司法领域与世界接轨的重要两步，2019 年我国又加入最新的有关调解的《新加坡调解公约》，这使得我国未来在国内经济、对外经济的双循环发展中，能有法律上的应对。在应对中，企业及其法务在涉外活动及纠纷处理中还需注意以下内容：

首先，中国企业外国仲裁败诉原因之分析。通常原因如下：代理人或仲裁员选择不当、外籍仲裁员不了解中国法律、外籍仲裁员歧视中国企业和中国企业消极应诉或应诉不当。

其次，外国仲裁败诉风险及其应对。从企业层面，强化争议解决条款的风险管理；慎重约定仲裁条款；尽可能地选择中国境内的仲裁机构；尽可能选择相对公平的外国仲裁机构；积极谨慎应诉。从司法层面，统一外国仲裁承认与执行的尺度；了解规则之仲裁条款谈判技巧浅析。

再次，了解国际投资争端的现状及特殊性。投资者与东道国之间依据条约进行的国际投资仲裁案件与日俱增，经常在投资争端领域，有人反映：秘密进行的会议，未知的仲裁员，作出的不公开的裁决；然而正是这一小撮人（指个别仲裁

员）对投资者与外国政府之间的争端作出的仲裁裁决，使一个国家的法律被废止，司法体系受到质疑，环境法规遭到挑战。对此在已有的几个投资争议案件中，仲裁庭就曾表示，公众对国际仲裁过程合法性的接受，是涉及国家和公共利益的问题上，依赖于公开性及公众对程序运行知识的，投资仲裁（ICSID）积极倡导透明度条款。这有别于国际商事仲裁的保密性原则。

最后，国际商事争议。了解国内外众多仲裁机构，如 CIETAC、新仲、香港仲裁中心。了解规则之仲裁条款谈判技巧，知己知彼，解构重组仲裁条款的若干要素，如：仲裁机构；仲裁条款之要素；仲裁规则的连接点；仲裁地（开庭地，开庭地点——必要主场优势，对于外国仲裁机构在中国作出的裁决能否得到中国法院的承认与执行问题，存在很多的不确定性）；商事仲裁的适用规则；了解仲裁程序进行的规则和依据，如《贸易法委员会国际商事仲裁示范法》。知悉国际商事仲裁外，国际商事调解也是争议解决的有意义的方式，特别是在《新加坡调解公约》即将生效的情况下。

第三节　突发事件下对邮轮救助的国际法律合作机制

在全球新型冠状病毒肺炎疫情的冲击下，目前世界上的邮轮公司基本停运。由于对国际邮轮及人员如何进行救助、处置，既无国际法的法律依据，也缺乏国际合作机制，一度出现"钻石公主号"等多艘大型豪华邮轮在国际公海上长达近半个月的游荡，无法进港靠岸的困境，各国对国际邮轮及人员应如何救助、各国的责任分配及国际合作机制的构建等问题凸显，此问题的解决，对国际社会、世界经济很重要，对我国今后发展邮轮经济至关重要。

一、"钻石公主号"邮轮责任引发的涉外经济体责任问题

当"钻石公主号"邮轮在公海上游荡多日，最终进入日本港口期间，日本有关专家认为："钻石公主号"邮轮的责任，本在国际法上没有规定。《联合国海洋法公约》本来就是一个宪法性质的公约，没有很详细的规定也没什么强制力。国际海事组织 IMO 的强制性条约中也没规定传染病该谁负责。日本厚生劳动相加藤胜信在 2020 年 2 月 20 日的众议院预算委员会会议上表示，"谁拥有什么样的管辖权，并没有明确，不仅是日本，今后必须加以捋顺"，关于包括日本领海

在内的海上的船舶，指出要推动国际规则的制定，并将讨论将顺航行船舶的管辖权的归属、明确合作规则等方案。日本外相茂木敏充也在 2 月 20 日对记者表示，"关于旗国、正航行的国家和领海所属的国家如何合作进行职能分工，今后必须加以思考，如今相互推卸责任也没有办法"。2020 年 3 月 14 日，国际邮轮协会 CLIA 总裁兼首席执行官 Kelly Craighead 说："CLIA 邮轮公司的成员正在自愿并暂时中止在美国的运营，因为我们致力于解决这一公共卫生危机。"随后，皇家加勒比邮轮集团将国际邮轮停运的航次扩大到全球范围。从 2020 年 1 月 25 日中国天津对"歌诗达赛琳娜号"处置到 2 月 3 日日本对"钻石公主号"邮轮的处置，尽管两国处理措施、方式有所不同，但无疑都提出一个共同的问题：在突发新型冠状病毒肺炎疫情的国际公共卫生事件下，对国际邮轮及人员如何进行处置、管控、救助的国际合作，处于空白状态。既缺乏国际法上的法律依据，又缺失对国际邮轮及人员处置的国际合作法律机制。此问题的及时、有效解决，对国际社会、世界经济很重要，对我国的经济发展也非常重要。因为，我国邮轮经济正处于谋篇布局的关键阶段，未来中国不仅是国际邮轮的母港大国，而且是国际邮轮游客来源地大国。所以，基于对人民的生命保护、企业的财产安全的维护及经济社会发展的可持续性，相关国际组织、行业协会、国家都有必要对这次国际邮轮疫情处置过程中凸显的法律困境问题进行探讨、研究，推动邮轮救助的国际立法、国内立法和国际合作机制的构建。未来国际立法的推进和国际合作机制的安排，将会助力未来中国及世界邮轮经济恢复、建设和发展。

二、"钻石公主号"邮轮的几个客观事实和法律连接点

首先，船舶情况。船籍是登记在英国，船的运营方是美国法人，靠港地是日本。诚然"钻石公主号"的船舶所有权，是归美国嘉年华邮轮公司还是美国旗下的日本公司或是船舶经营人注册英国的 Carnival PLC 存在疑问。但有一点确定，船舶的国籍与日本无关，船舶发生私法上的某些争议涉及法律适用，是英国法。其次，游客和船员。日本游客占大多数，也有来自美国、英国、中国大陆、中国台湾、中国香港、乌克兰等地的游客，船员也还涉及印度、印尼、泰国等不同国家。

三、国际法上对疫情邮轮救助问题的研究缺失

实际上，国际法上对疫情邮轮救助问题没有探究，现行国际法涉及船舶的问

题，只在以下方面有研究：

（一）船旗国的权利

主要集中于，当一个国家的船舶位于该国领域外的公海或其他无主地时，毫无疑问，船旗国的国内法"地的效力"将及于船旗国的延伸领域——船舶。进入港口前在公海上航行，船旗国对船舶具有管辖权，也有义务，进入港口后依据属地管辖原则受港口当局管辖。由于船籍，船舶便与船籍国产生了法律上的隶属关系。国内法上，船籍国需要对船舶予以管辖和保护。国际法上，船籍国对国际社会和其他国家享有权利义务以共同维护海洋秩序。《联合国海洋法公约》对船旗国、沿海国及港口国的防污管辖权进行了分配，其中船旗国是防污的主要执行者，可对悬挂其旗帜的船舶进行完全的防污控制。

（二）无害通过权制度下沿海国的权利

至于沿海国是否应开放港口供外国船舶进出，有正反二说。但百年来各国实践表明，一个国家不能主张其船舶有权进入他的港口，即港口国有权限制外籍船舶进入其港口。港口国在其内水中行使完全的管辖权，其法令规章具有完全的效力，但对该原则的解释，尚未完全统一，即港口国是否有拒绝外籍船舶为海事商业目的而进入其海港的权能，相关解释的争论仍未一致。港口国拥有排除他国船舶进入内水的其他港口的权利是毫无疑问的。港口国有权限制外籍船舶进入其港口。如果一艘遇难船舶的通过，不符合《联合国海洋法公约》第18条无害通过的目的或者通过符合无害通过目的，但不符合"继续不停和迅速进行的"要求，又或者此种通过不属于"无害"，那么《海洋法公约》第25条第（1）款规定赋予沿海国"可在其领海内采取必要的步骤以防止非无害的通过"。这些步骤可以包括拒绝进入领海，在领海以违法为由扣押船舶，或者附其他条件才允许船舶进入其内水。无害通过制度下，沿海国对无害通过领海的外国船舶可以行使一定范围的管辖权、保护权和管理权。无害通过领海的外国船舶仍然受船旗国管辖。从1982年《联合国海洋法公约》的规定上看，无害通过制度下沿海国的权利要大于过境通行制度下沿海国的权利，这点尤其体现在沿海国可以暂时停止无害通过而不能停止过境通行。

（三）邮轮旅客人身损害赔偿

人身损害赔偿既关乎旅客相关权利的保护，也同样牵扯到邮轮承运人的责任。《中华人民共和国海商法》中，除船舶碰撞外未规定其他海事侵权责任的法律适用，《涉外民事关系法律适用法》也仅有第四十四条规定了侵权责任法律适用的一般规则，呈现出我国现行法律对于邮轮旅客人身、财产损害赔偿责任同样存在不适应。我国曾经一度有要在《海商法》中增设海上人身损害赔偿法律制度的呼声，但没有实现，目前正在进行中国《海商法》修法活动，在发生新型冠状病毒肺炎大流行的情况下，有专家学者又提出此问题。

（四）邮轮承运人责任及责任限制

《2004年海上旅客及其行李运输雅典公约》规定的承运人责任包括严格责任及其例外，过失责任和共同过错。严格责任指法律规定无过错的绝对责任，如疏忽或侵权意图。损害已经发生的事实足以确定赔偿责任，只要所造成的损失与事故之间存在因果关系。承运人对船舶失事、倾覆、碰撞或搁浅，或船舶发生爆炸或起火，或船舶发生故障等航运事故负有无过错责任。航运事故的定义不是由其原因决定的，而是由其结果决定的，严格赔偿责任只适用于引起索赔的缺陷与船舶的某些部分和船舶的操作有关的情况，而这些因素不在乘客的控制范围之内。恐怖主义和战争风险进一步加大了承运人责任确定的困难。在全球责任限制方面，雅典公约不得修改承运人的权利或义务，意味着承运人责任可以受到适用这些规则的国家的全球限制规则的约束。邮轮承运人责任在西方被认为是各种因素的混合。在承运人的注意义务上，义务的范围要有具体的区分性的变化，比如邮轮旅游期间的岸上观光陆地活动中发生事故的情况。

四、对疫情邮轮救助的国际法强制义务缺位

基于前面的梳理，我们知道，实际上对发生疫情的"钻石公主号"游轮，日本在国际法上，没有让"钻石公主号"游轮必须进日本港靠岸的义务。事实上，日本更多的可能是出于国际人道主义、出于对本国邮轮上日本公民的救助义务，同意让"钻石公主号"游轮进入日本港口。

（1）"钻石公主号"邮轮在公海上行驶时，根据《联合国海洋法公约》第94条和多部IMO（国际海事组织）公约的规定，船旗国应对悬挂该国旗帜的船舶有效地行使行政、技术及社会事项上的管辖和控制，即英国对该"钻石公主号"船在公海上时，行使行政、技术及社会事项上的管辖和控制。

（2）依据国际法，"钻石公主号"游轮，可以在哪里进港靠岸？当邮轮在公海区域时，船旗国有义务对本国船只进行管辖；当"钻石公主号"游轮发生了疫情，船可以去哪里靠港？一是从船舶的法律连接因素看，英国船旗国、美国实际承运人、船舶所有权人日本（起运港、目的港、母港）三国应为"钻石公主号"

的相关国家。因此，从国际法角度看，似乎这三个国家有义务让船舶进港靠岸。二是依据国际法，每个国家对本国国籍的人具有管辖权及救助义务，国家有义务对本国公民给予保护的义务，那么"钻石公主号"上的游客和船长、船员等人员有关的各国籍所属国，在国际法上有义务让船进港靠岸。三是基于国际法上的国际人道主义，世界上任何有能力国家有义务让船进港靠岸，在人道主义原则下，世界上有能力国家都有人道主义救援责任，让"钻石公主号"邮轮入港。同理，"歌诗赛琳娜号"邮轮，2020 年 1 月 25 日在天津进港靠岸。该船的船旗国是意大利，实际船东是美国嘉年华集团，母港挂靠中国天津港。另一艘船"维斯特丹号"邮轮，国籍、实际船东均是荷兰，被柬埔寨基于人道主义同意进港。需要指明的是，上述所说义务，并非国际法下的强制义务。

（3）当"钻石公主号"游轮发生新型冠状病毒肺炎疫情下，各个国家都有权基于国家主权原则，中止他国船只自由进入本国港口的义务。依据《国际卫生条例（2005）》也认可邮轮入境口岸国基于本国的国内卫生法拒绝"病毒邮轮"入境（第 43 条），同样，《国际海港制度公约》第 2 条、第 16 条和第 17 条也规定，港口国可以在发生影响国家安全或重大利益的紧急情况时，采取应对措施，中止他国船只自由进入本国港口的义务，也可以基于公共卫生或安全的原因禁止相关旅客过境本国。总之，各个国家拒绝救助不违反国际法，即使《国际卫生条例（2005）》规定，原则上入境口岸国不应当因公共卫生原因而阻止船舶或航空器在任何入境口岸停靠（第 28 条）。

（4）"钻石公主号"游轮进入日本横滨港后，并非其他国家就没有了国际救助义务。居于国际合作原则，基于 WHO 成员国的义务，面对有疫情进入日本横滨港的"钻石公主号"游轮，世界各国有国际法上的义务和道义协助日本，未来国际社会将会对此进行相关国际立法、国际合作机制构建的讨论与合作。因为，一是根据目前的国际法，国家有权实施边境控制，拒绝外国船舶、外国人入境，这也同样适用于日本政府，而在"钻石公主号"邮轮靠岸后，船旗国英国居于属人原则和港口国日本居于属地原则，对"钻石公主号"游轮都具有管辖权。同时，船上游客、船员的各国籍国，基于属人管辖权，对停靠在日本横滨港的"钻石公主号"及其上面的人员，船旗国，邮轮公司所属国，乘客、船员所属国均有救助义务。二是"钻石公主号"游轮在日本港口停靠后，日本有权利依据其国内法如日本《出入国管理法》《卫生防疫法》等进行人员登陆和防治等措施。三是在"钻石公主号"上的疫情防治过程中，日本政府并没有法定的国际责任与义务，同时，依据《国际卫生条例》和《国际海港制度公约》，对日本采取措施的评判标准主要包括：必要性、合理性、适当性、平等性、非歧视性等。日本采取的隔离14天的措施，体现了尽量避免造成陆上感染的考量，当然，此次措施是否在疫情防控上合理，不是这里讨论的问题。

（5）"钻石公主号"邮轮的国际法困境，敦促国际社会应当重视国际航行船舶，扩大停靠国和沿岸国的管辖权范围的"停靠国管辖权"和"沿岸国管辖权"的国际规则立法，就如何应对国际游轮船舶内传染病、构建国际合作体制，进行立法探讨。因为，一是正如日本外相茂木敏充在2020年2月21日日本内阁会议后的记者会上表示：在"钻石公主号"事态告一段落后，应对如何应对船舶内传染病展开讨论。应构建国际合作体制，推动船只管辖权的梳理。如果停靠国在应对疫情扩大方面负有巨大责任，拒绝接纳的情况有可能不断出现。二是这一立法趋势实际已经进入国际社会的视野，从2020年2月21日，IMO发布了主题为《IMO-WHO关于应对COVID-19疫情的联合声明》的第4204号通函件的又一补充件Circular Letter No.4204/Add.2，旨在协助各国确保以尽量减少对国际交通和贸易不必要干扰的方式执行卫生措施，并鼓励会员国和国际组织尽可能广泛地传播本联合声明，根据《联合国海洋法公约》第98条第2款规定，每个沿海国应促进有关海上和上空安全的适当和有效的搜寻和救助服务的建立、经营和维持，并应在情况需要时为此目的通过相互的区域性安排与邻国合作。WHO和IMO建议船旗国当局、港口国当局和相关管理机构、公司和船长应通力合作，确保在适当情况下，乘客可以上下船，货物作业可以进行，船舶可以进出造船厂进行修理和检验，物资和供给可以装载，证书可以颁发，船员可以交换，并且WHO和IMO随时准备协助和支持成员国和航运业界应对当前新型冠状病毒肺炎的爆发给航运业带来的挑战。

五、突发新型冠状病毒肺炎疫情下邮轮救助国际合作机制的构建

（一）国际公法上，首要救助义务国家的权利、义务责任及其范围

首先，对于船旗国的权利义务在《联合国海洋法公约》有明确的规定，当一个国家的船舶位于该国领域外的公海或其他无主地时，进入港口前在公海上航行，船旗国对船舶具有管辖权，也有义务，进入港口后依据属地管辖原则受港口当局管辖。其次，对于沿海国的权利义务在《联合国海洋法公约》第25条规定，无害通过制度下，沿海国对无害通过领海的外国船舶可以行使一定范围的管辖权、

保护权和管理权，无害通过领海的外国船舶仍然受船旗国管辖。最后，《国际卫生条例（2005）》中世界卫生组织对符合相关条件和要求的港口国认证为国际邮轮母港的"国际卫生港口"，规定了国际邮轮母港国家的口岸核心义务。但对船旗国、沿海国、母港港口国的权利、义务责任及其范围，在国际法中的规定是不清晰的，特别是，当国际邮轮遇到突发国际公共卫生事件时，船旗国、沿海国、母港港口的国家，是否有容许国际邮轮进港、靠岸的强制义务，国际社会将有必要探讨，在 IMO 组织协调下，国际社会如何提高船舶登记、透明度制度等。探讨在国际邮轮遇到突发国际公共卫生事件时，船旗国、港口国、船舶经营人所属国的权利、义务责任及其范围需进行国际立法。确定在国际邮轮遇到突发国际公共卫生事件时，国际法上的强行法规制的依据，才能赋予前述有关国家对疫情邮轮的首要救助义务。

（二）国际公法上，协助救助义务国家的权利、义务责任及其范围

依据《经济、社会、文化权利国际公约》规定及从国际人权法角度考量，自然人的国籍国负有保护其国民健康权的义务。同时，依据国际法的属人法原则，每个国家对本国公民具有管辖权及救助义务，国家对本国公民给予保护的义务。国际社会应论证，当国际邮轮遇到突发国际公共卫生事件时，国际邮轮的游客和船长、船员等人员有关的国籍所属国，在对本国公民救助的国际人道主义义务下，在国际法上能否扩展到容许国际邮轮进港、靠岸的协助救助义务。

（三）国际私法上，港口经营人、邮轮公司、旅行社的责任制度

国际邮轮法律关系的特征就是复杂化，既涉及国际公法之法律关系，又涉及国际私法之法律关系，邮轮法律关系的复杂化必然带来法律适用及救济的多元化。因此解决好私法上港口的经营人、邮轮公司、旅行社等的责任及分配问题，实际上不仅关系到疫情邮轮上的游客权益保护问题，而且关系到邮轮经济、邮轮产业的存在和可持续发展问题。在突发国际公共卫生事件下，在国内法律及机制层面，对邮轮母港港口的经营人（港口企业）规划、布局、港口应急预案制定中，增加应对紧急公共卫生事件方面的内容，如应急指挥小组的权限及启动、防护物资的储备、专业人员的配置、口岸相关部门合作机制等；邮轮公司自有责任，如应当有公司规范流程等方面明确和细化针对紧急公共卫生事件的内容。我国提供邮轮游的旅行社，在包价游模式下，旅行社直接与游客订立旅游合同，邮轮公司与游客之间没有直接合同关系，发生此次疫情，旅行社几乎无能力承担涉疫邮轮游客的权益损害，受害的游客也无向邮轮公司主张权益的合同法依据，因此，对涉疫

邮轮的游客权益保护问题，未来在我国的《旅游法》《公共卫生法》《海商法》等法律法规的修改中，有必要对重大突发性事件下的责任承担及分配，作原则性立法规定。

（四）对国际邮轮救助义务的国际合作法律机制的构建

基于国家主权原则，依据《国际卫生条例（2005）》，国际社会认可邮轮入境口岸国基于本国的国内卫生法拒绝"病毒邮轮"入境（第43条），同时，《国际海港制度公约》第2条、第16条和第17条也规定，港口国可以在发生影响国家安全或重大利益的紧急情况时，采取应对措施，中止他国船只自由进入本国港口的义务，也可以基于公共卫生或安全的原因禁止相关旅客过境本国。从目前来看，国际法没有取得各国强制让渡相关权利的授权，所以没有"硬"法强制要求。船旗国、港口国（母港国或某沿海国）、船舶经营人所属国、邮轮游客和船员国籍国等各个国家拒绝救助疫情邮轮不违反国际法。今后，有必要在厘清相关国家概念的基础上，应聚焦船旗国和港口国。同时，邮轮疫情，涉及国际公法和国际私法交叉领域的责任和权利承担问题，未来，针对国际邮轮，在国际卫生法领域，可以考虑借鉴国际环境法、国际人权法下的国际监督机制对国际邮轮的救助，在船旗国、港口国（母港国或某沿海国）、船舶经营人所属国、邮轮游客和船员国籍国间形成合作机制，其中，港口国和船旗国负有优先救助责任，船舶经营人所属国、邮轮游客和船员国籍国负有协助救助责任。

第四节　传媒监督与司法公正促进"一带一路"经济的发展

从传媒监督与人权保护、司法公正之间存在平衡和冲突的关系中可以看出，新闻自由是有限的，确立新闻自由有限原则，是建立新闻法治化机制的前提。为了平衡传媒监督与司法公正的冲突，在保证新闻传媒自由的同时保护人权和保障司法公正，使传媒监督在促进人权保护、司法公正方面发挥积极作用，我国应参照外国一些做法，建立新闻法治化机制，因为立法是实现传媒监督与司法公正共同目标的基础，制度机制是实现传媒监督与司法公正共同目标的根本保证。

2008年11月3日《人民日报》刊发的华清同志署名文章《切实提高舆论引导能力》中提到：加强新闻工作法治化建设，是依法治国的必然要求，也是做好新闻工作、提高舆论引导能力的重要保障。就司法而言，新闻法治化尤为重要，因为传媒监督是一把双刃剑，传媒的正当监督有利于维护司法公正，监督不当就会破坏司法公正。世界各国都反对"舆论干扰司法""传媒审判",因为它使司法公正难以实现,从而损害法律的权威,使人们丧失对法律的信仰,司法作为维护社会正义的最后一道防线就变得形同虚设。同样,不受监督的权力必然导致腐败,司法如果失去了传媒的监督,司法公正就缺少了一道保障。如何平衡传媒监督与司法公正,在保证新闻传媒自由的同时保护人权和保障司法公正,构建具有中国特色的传媒监督法制化机制,对于推进我国的民主法治建设具有重大的理论价值和现实意义。

一、传媒监督对人权保护、司法公正的影响

传媒的正当监督有利于人权保护、司法公正,监督不当就会破坏人权保护、司法公正。司法公正是指程序的公正和实体的公正。传媒对司法的监督就是新闻自由权在司法领域的具体实现形式,从它们之间的冲突可以看出,新闻自由权不是绝对的、无限制的自由。要平衡它们之间的冲突就要对传媒监督进行限制。

(一)传媒监督与人权保护、司法公正的平衡

最高人民法院原院长肖扬也曾指出:"新闻媒体的监督是改进和完善司法机制的良药和促进剂。要依法保护新闻单位和新闻记者的采访权和舆论监督权。"[①]

(1)传媒监督与司法活动的根本目的是一致的,都是为了维护最广大人民群众的利益,满足人们的知情权。传媒监督是群众监督的一种重要形式,通过传媒的监督和报道,满足人民群众的知情权,保证人民赋予的权力始终用来为人民谋利益。公开审判原则是一项重要的司法原则,除了法律规定的特别是如涉及国家秘密、商业秘密、个人隐私和未成年人犯罪的案件外,一律公开进行。"近年来,最高人民检察院、公安部、司法部还就检务公开、警务公开、政务公开分别作出相应的规定。因为公开才可能公正,公开是司法公正的前提和有力保证,而要公开就需要新闻舆论的参与。"[②]可见传媒监督与司法活动的最终目的都是为了维护最广大人民群众的利益,满足人们的知情权。

(2)传媒监督与司法活动的价值追求一致,都是在于追求司法公正。"从价值目标角度来看,传媒与司法的最终价值都在于追求社会公正。司法通过法律来解决纠纷,保障当事人的合法权利,以追求法律上的公正;传媒通过道德来评

---

① 贺卫方,《传媒与司法三题》,《法学研究》,1998年第6期,第7页。
② 刘斌,《论传媒与司法公正》,《社会科学论坛》,2005年第6期,第28页。

判是非，批评不合理、不合法的现象，以追求道德上的公正。二者在价值层面上是统一的。"[1]传媒积极宣传法治精神和法律知识，为人权保护和司法公正创造良好的社会舆论和外部环境，进而最终促进司法公正。司法部门通过法律解决纠纷，保护人权，以求实现司法公正。

（二）传媒监督与人权保护、司法公正的冲突

传媒和司法之间的不同特性、职业要求、运作方式决定两者之间必然存在冲突。传媒监督与人权保护、司法公正的冲突的主要表现是新闻自由权的无限扩张造成的"传媒审判"。典型案例就是"夹江打假案""张金柱案"。传媒审判是指"作为舆论监督载体的新闻媒体凭自己的主观想象，想当然地认定案件的事实和证据，判断案情，在案件未审结时对案件说三道四或者先入为主，作出定论，从而侵犯司法独立"[2]，即媒体或舆论在案件审理过程中"超越司法程序抢先对案情作出判断，对涉案人员作出定性、定罪、定量刑以及胜诉或败诉等结论"[3]。

1. 传媒监督干扰司法的程序公正、不利于人权保护

新闻的及时性原则要求新闻的时效性，即快速、及时地报道和评论。而司法活动具有严格的程序性，当传媒超越司法程序抢先作出定性报道，例如直呼犯罪嫌疑人为罪犯，这种抢先性的事实报道和评论冲击司法的理性压力，可能损害司法权威，干扰司法审判，形成了传媒审判，容易对司法活动的诉讼参与人特别是犯罪嫌疑人和被告的人权造成侵害，从而影响司法公正。

2. 传媒监督干扰司法实体公正，不利于人权保护

传媒有时受到利益的驱动搞有偿新闻或者为了吸引眼球，往往采取"炒作"的方式，夸大事实，发表具有明显倾向性和煽动性的言论。而司法活动具有很强的中立性和严肃性，司法中立指法院不受外界因素的影响，严格依照法律的规定办案，比如在刑事诉讼过程中要坚持罪刑法定和无罪推定原则。司法中立是司法公正的前提。如果传媒为了猎奇制造虚假新闻或者对司法裁判妄加评论，侵犯公民获得公平审判的权利，在法官适用法律时左右法官对案件的认定，作出有失司法公正的判决，也就形成了"传媒审判"，使传媒监督对人权保护、司法公正产

---

① 尚尔鹏，《从无序走向有序——论传媒与司法关系的构建》，《理论界》，2005年第9期，第167-168页。

② 顾学松，《寻求舆论监督与司法公正的平衡》，吉林大学博士学位论文，2007年4月20日，第34页，第107页。

③ 魏永征，《新闻传播法教程》，北京：中国人民大学出版社，2002年版，第113页。

生消极影响。

二、确立新闻自由有限原则，是建立新闻法治化机制的前提

从世界各国的新闻法律或出版自由法中都能肯定两点：一是新闻自由是有限制的。如瑞典《出版自由法》第6条："印刷者应将其印刷企业发行的所有印刷品各留一册，为期一年，以备应警察当局的要求进行审查。"第7条："在王国境内的印刷企业生产的任何印刷品，应在其出版时留一册（通称为审查本），由印刷者送审。在斯德哥尔摩送交司法部领导人；在其他地方，则送交由司法部委任的代表。但经司法部领导人的批准，出版物的送审可延至出版后的一段固定时间。"这些就是对新闻自由的限制。二是出版自由材料排除法院。如瑞典《出版自由法》第1条第1款："出版自由系指凡瑞典国民，不受任何部门或其他公共机构预先设置的障碍的限制，均有权出版任何书面材料，随后不得因出版物的内容而受指控，但在法院提出的不在此限；亦不得因此而在任何情况下受到惩罚，但其内容违反为维护公共秩序，但并不禁止一般情报资料的发表而制定的法律明文条款的规定者除外。"对于前者我国在立法上已经规定也应当确认新闻自由是有限制的。而对于后者，鉴于我国的国情，第一，我国现处在社会转型期，各种社会矛盾、腐败现象在司法领域反映相对国外较多。第二，在我国，司法过程封闭性较强。这种封闭性不仅体现在应予公开的司法过程在很多情况下不能公开，或达不到法律所要求的公开程度，更体现于法律虽无明确要求，但依照民主原则应当受到社会检视的司法过程未能向社会公开。这在很大程度上隔绝了传媒的信息源，限制了传媒对司法的渗透能力。因此，笔者认为在此不可完全以国外"舆论干扰司法"的法律规则为依据，拒绝舆论监督。必要时，依据一定的程序和方式，让新闻媒体对审判活动进行及时、全面、客观、公开的报道，可以杜绝"暗箱操作"，把司法的过程与结果置于阳光之下，提高人民群众对国家、政府和司法的合理期盼。

三、立法是实现传媒监督与司法公正共同目标的基础

在如何建立新闻法治化机制，达到传媒监督与司法公正平衡，实现二者的共同目标——公平与正义问题上，笔者认为，应当在借鉴国外先进经验的同时，必须在充分客观考虑中国社会历史发展的现状和中国特定的人文环境及中国现有司

法制度特点的前提下，进行不断的法制化建设和完善。

（一）不同阶位、不同部门的多层次的新闻立法模式

从《中华人民共和国宪法》到《关于进一步做好新闻采访活动保障工作的通知》可以看出，目前我国对新闻自由限制、传媒监督等的新闻立法散见于不同阶位、不同部门的多层次立法模式。

《中华人民共和国宪法》第三十二条规定："中华人民共和国公民有言论、出版、集会、结社、游行、示威的自由。"第二十一条规定："中华人民共和国公民对于任何国家机关和国家机关工作人员，有提出批评和建议的权利。"2007年出台的《中华人民共和国政府信息公开条例》和《中华人民共和国突发事件应对法》这两部法律中，什么问题——信息或事件必须公开、什么问题——信息或事件不公开，将政府新闻发布的范围和新闻媒体公开报道的界限作了明确的法律界定，要求各级政府和政府部门及时、准确、客观、统一地发布有关突发事件的新闻信息，对于迟报、漏报、谎报、瞒报要追究相关责任。前述法律对传媒监督司法没有明确法律规定。同时，《中华人民共和国宪法》第一百二十六条规定："人民法院依照法律规定独立行使审判权，不受行政机关、社会团体和个人的干涉。"第一百三十一条规定："人民检察院依照法律规定独立行使检察权，不受行政机关、社会团体和个人的干涉。"《人民法院组织法》第二条和《人民检察院组织法》第九条也作了相同的规定。另外我国《刑法》《民法》《出版管理条例》《广播电视管理条例》《全国人大常委会关于维护互联网安全的决定》等相关基本法律和单行法规对传媒监督都有相应规定。从这个意义上说，国家新闻出版总署2008年11月7日发布《关于进一步做好新闻采访活动保障工作的通知》（以下简称《通知》）表明，在传媒监督司法上，我国开始了新闻工作法治化建设。然而，笔者认为，该《通知》在传媒监督司法上操作性较差，反而容易引发传媒与司法的冲突。一是从法律的位阶上看，《通知》属于部门规章，显然在传媒对具体案件行使监督权时，首先必须依据《中华人民共和国宪法》《中华人民共和国政府信息公开条例》和《中华人民共和国突发事件应对法》等上位法，其次才是《关于进一步做好新闻采访活动保障工作的通知》。二是当《通知》与前述上位法有冲突时遵循上位。三是《通知》并未界定媒体介入司法的合理界线——时间、范围，无章可循。

（二）完善新闻立法，确立传媒监督的原则

鉴于我国新闻立法的现有上述模式和中国的国情，笔者建议尽快进行人大新闻立法或国务院对《关于进一步做好新闻采访活动保障工作的通知》进行行政法规层面的解释，以实现发布《通知》的目的——传媒正当监督司法，司法不干涉传媒正当监督。

1. 制定《新闻法》

在新闻立法中"西方各国大都从立法上予以规范，制定一系列《新闻法》，如 1991 年《俄罗斯联邦关于新闻媒体的法律》，1932 年美国的《通讯法》，1922 年澳大利亚的《广播法》，1972 年瑞典的《关于出版自由的法律》，法国 1986 年的《报纸法》《广播电视法》等"[①]。制定《新闻法》，为媒体监督司法拓展监督空间，切实保障媒体监督。《新闻法》的制定，是平衡传媒监督和司法公正的最佳方案。

2. 立法中规范传媒监督介入的原则、时间和范围

在将制定的人大《新闻法》或国务院行政规章（对《通知》的解释）中笔者认为，应规范传媒监督介入的原则、时间和范围。

（1）立法上确立传媒监督司法的原则

一是媒体应树立"无罪推定"的法律意识，防止预先归罪的报道，并且不要滥下结论。二是客观公正原则，媒体报道应注重给各方当事人同样的机会与条件、同样的信息量，不能有偏颇。三是理论性的报道应尽量在生效判决作出之后面世，对调查性报道则力求采用第一手资料，争取做到报道与评论分开。四是尊重他人权利，不得侵犯其他监督对象的合法权利，这也是媒体监督的界限。五是司法机关有条件接受媒体监督，因为正义不仅应当得到实现，而且应当以人们能够看得见的方式得到实现（西方古老的法律格言）。

（2）立法上确立媒体介入司法的时机

媒体介入分为审前、审中、审后。不同审判阶段媒体报道的尺度应有不同条件。审前、审中，对传媒报道要求要更加严格，媒体可以对案件进行客观公正的报道，但只能进行事实性的阐述，而不能对具体案件进行评论性报道。新闻记者未经审判长或独任审判员许可，不得在庭审过程中录音、录像和摄影。审理案件的法官在审理期间不能接受新闻媒体的采访，不能就案件如何审理表态。"因为纯粹的客观报道只是向公众反映已经或正在发生的某一具体的司法活动或具体案

---

① 冯湘勇，《媒体监督与司法活动的若干思考》，湖南师范大学硕士学位论文，2002年4月，第39页。

件，这既是公开审判的要求，也是满足公众知情权的要求。"[①]在审后，媒体可以客观陈述裁判的结果，但是不能妄加评论、贬损、污蔑法官。

（3）立法上区分"事件和案件"

案件指法院立案或公安机关立案侦查（的涉嫌刑事案件）等已经启动司法程序。传媒监督对事件有当然的监督权，对具体案件行使有条件的监督权，当"事件"启动司法程序演变为"案件"时，传媒监督权行使时，受新闻媒体与公安、检察、法院等的"申请与审查"程序约束。

（4）规范传媒监督介入的范围

《新闻法》或国务院行政规章（对《通知》的解释）中应规范传媒监督介入的范围。传媒具有知情权、采访权、发表权、监督权和适当的新闻自由权。法院明文规定不公开审理的案件，传媒不得进行采访和报道法庭审理的具体内容。"凡公开审理的案件应准予媒体采访报道，司法机构通过新闻发言制度等方式，建立与传媒通话的正常渠道；依法应予公开的法律文书均应允许传媒机构查阅；建立裁判理由说明制度，并在判决书上公开；对社会有重大影响的案件，司法机构应给予媒体以特殊便利，在法律规定的范围内，配合媒体适时报道。"[②]还应对干预司法机关独立审判的外部势力进行监督，配合司法工作，真实准确报道一些有教育意义的典型案例。但不得故意捏造事实歪曲报道，不得超越司法程序抢先报道或者违反客观公正原则对案件作出不当评论，不得对司法人员进行恶意的人身攻击。

四、制度机制是实现传媒监督与司法公正共同目标的根本保证

（一）建立司法机关常设新闻发言人机制

《马德里规则》（1992 年的《关于新闻媒体与司法独立关系的基本原则》）的《附录·实施的策略》中指出："法官应当接受有关处理媒体事务的规定。应当鼓励法官提供牵涉到公共事务的案件的判决书的简写本或者以其他形式向媒体提供信息。尽管对于法官回答媒体的问题可以通过立法作出合理的规定，但法官不应当被禁止回答公众提出的与司法有关的问题。"因此，笔者建议，一是公安机关主动定期通过发言人窗口——宣传处，通过发言人适时地发布事件的信息，

---

① 景汉朝，《传媒监督与司法独立的冲突与契合》，《现代法学》，2002年第1期。
② 孙江，2008年5月27日，正义网，《检察日报》，http://finance.sina.com.cn/review/y/20080527/10474914529.shtml.

以便使公众和媒体及时地了解事件的真相。二是司法机关通过法制处、研究室等发言人窗口，在法律规定的范围内，根据案件的不同情况和诉讼的不同阶段，确定可以公开或应予公开的内容，通过发言人适时地发布司法活动的信息，让公众了解案件的诉讼进展。

（二）建立裁判文书公开发布制度

"最高法院于 2000 年 6 月宣布建立裁判文书公布制度，要求各级法院逐步做到将所有裁判文书向社会公布，方便公众查阅。裁判文书公开发布制度是司法机关为主动配合舆论监督而采取的一种新的措施。这项制度要求：对重大典型且全国关注的案件的裁判文书，在新闻媒体上全文公布；对有典型意义的案件，在互联网上公布；设立裁判文书查阅室供公众查阅；定期出版裁判文书集，向社会公开发行。"[1] 公正客观地展示人民法院的审判过程，查阅和报道依法应予以公开的司法文书，如已审结的案卷。

（三）建立新闻媒体与司法机关间"申请与审查"机制

从《关于进一步做好新闻采访活动保障工作的通知》中可以看出，传媒监督的对象是涉及国家利益、公共利益的"事件"，涉及公共利益的"信息"如实向社会公布，不得封锁消息、隐瞒事实，而非司法"案件"。因此，笔者建议，如果是案件，新闻传媒行使监督权时，必须通过"申请与审查"程序进行。第一，新闻人员持有新闻传媒的合法证件向公安、检察和法院三机关的办公室提出书面申请。第二，公安机关的法制处（科）、检察和法院的研究处负责审查申请人的请求，作出同意或不同意新闻媒体行使采访权、报道权、发表权等。若不同意仅告知申请人，无须解释，除非请求内容是对案件终审案卷和裁判文书的知情权。

（四）建立新闻媒体机构的保证机制

为完善法庭信息公开制度，借鉴美国的做法，对全国或省市有重大影响的案件，我国传媒和法院可以通过协商达成一份解决相互关系的指导意见或者"设置'判决报道人'，由最高人民法院或各省、直辖市高级人民法院授权记者代表在最高或高级法院判决宣告后，向大众传媒提供判决简报"[2]。法院根据案件的不

---

① 顾学松，《寻求舆论监督与司法公正的平衡》，吉林大学博士学位论文，2007年4月20日，第34页，第107页。

② 于猗澜，《法治社会中传媒与司法的平衡》，中国政法大学硕士学位论文，2007年5月，第36页。

同情况、诉讼的不同阶段，确定给予公开的内容，结合新闻媒体各自不同特点和要求，提供有关法院活动和审理案件的背景和内容等有关材料，以便于满足人民知情权，有利于传媒监督促进人权保护、司法的公正。此外，鉴于现阶段我国新闻监督被滥用较多、新闻监督责任不明的情况，笔者建议，借鉴美国的对新闻媒介的事先约束，即发出"司法限制言论令"，建立"媒体报道保证机制"，即在"申请与审查"后，司法机关同意的媒体人员所在新闻媒体机构应书面承诺：就具体案件进行报道时，一是报道具体案件诉讼程序的信息；二是如果报道涉及具体案件的内容、背景资料时，承诺给予双方当事人（公民之间、法人之间或公民、法人与国家机关之间）同样的报道，必须严格依照法律程序，客观报道司法调查和司法审理的进程，不得超越司法权而擅自对案件进行定性或随意对事实、证据及当事人作肯定或否定性指认；三是在报道上不应有倾向性评论权，除非案件审理终结，发生法律效力。同时，通过前述两个法制机制的建立和实施也可以依法保护新闻机构的合法权益。

（五）建立不当监督处罚机制

建立不当监督处罚机制，是为了防止新闻监督被滥用。如果媒体报道失误，媒体应承担有关责任，这在世界各国已有明确的法律规定和相关制度。如希腊的1938年2月通过的《第1092号新闻法令》第39条第1款"刑事审理案件，在法院未作出最后裁决前，禁止刊登任何有关此案的评论，对被告的指责等。禁止发表有关审判的通知书、起诉书等"、第3款"案件审理时，检察官同审讯官协商后，可以宣布禁止刊登审讯过程、犯罪者或受害者照片，公审前的预审，由检察官发布禁令。在禁令期间，如果报刊违令刊登，则发行人、主编要罚款一千至一万德拉克马"、第7款"违反上述规定者，判刑六个月或处以罚款"。英国报道限制的《蔑视法庭罪》，就是为了防止新闻监督被滥用的典型法律规定。因此，笔者建议在新闻监督立法时，对新闻媒体滥用自由权损害司法公正的行为，确立制裁性的法律制度以维护法律权威并保障司法公权不受侵害。参照希腊、美国做法，我国法院要在遵循维护新闻自由原则、促进司法公正的原则，符合宪法和法律的规定前提下，对传媒侵犯可以采取以下措施："由法院作出限制性命令，禁止侦查人员、检察人员、证人、被害人、犯罪嫌疑人、被告人、辩护律师向外界（包括传媒）散发信息。违反者，以妨害诉讼论处。法庭可以合理地限制新闻媒体进入法庭的人数、时间、地点，所用器材种类、数量及其使用方式。"①对于舆论压力较大的案件，可实行法官封闭隔离。可建立事后惩罚机制，如果媒体有违反有关法律、法院禁制令或者侵犯公民的荣誉权、隐私权、接受公平审判权等行为，传媒的发行人、主编及人员应承担相应的行政处罚责任和刑事责任等。然而，在中国，社会传媒与司法自身的发育都远未成熟，都处于探索与改革之中，只能作为一种尚在发展中的社会力量而存在。司法机关需要明确由于客观条件的限制，新闻报道不可能与客观事实完全一致，司法机关不能太过严格地苛求报道的真实性，对媒体的一般过失应予宽容。否则，将会使媒体监督成为一种背负风险的行为，进而损伤媒体监督司法、反对司法腐败的热情。如瑞典《出版自由法》第4条："负责对滥用出版自由的情况作出判断，或保证按本法令的规定行事的任何人都应时刻牢记出版自由是自由社会的基础，要经常更多留意的是关于题材及思想的不合法，而不是表现形式的不合法，是关于发表的目的，而不是发表的方式；在有疑问时，宁可宣判无罪，而不宜判有罪。"相信，随着我国传媒监督制度和司法制度的不断完善，传媒监督在促进人权保护、司法公正方面将会发挥更大的作用。

五、结语

诚然，在中国，社会传媒与司法自身的发育都远未成熟，都处于探索与改革之中，只能作为一种尚在发展中的社会力量而存在。司法机关应当对待媒体监督持宽容态度，司法机关需要明确由于客观条件的限制，新闻报道不可能与客观事实完全一致，司法机关不能太过严格地苛求报道的真实性，对媒体的一般过失应予宽容，否则，将会使媒体监督成为一种背负风险的行为，进而损伤媒体监督司法、反对司法腐败的热情。同样，媒体介入司法，应当是善意和建设性的。媒体具有引导功能，因而传媒报道审判活动时要有选择、有分析地进行报道或评论，并应当考虑社会承受能力，考虑社会效果，要尽力化解不良社会情绪，避免推波助澜的负面效应，维护司法机关的公信力，维护社会稳定；同时，还应当以对人民、对社会高度负责的精神，加强自我约束，严格规范自己的行为。在具体的监督过程中，要充分考虑到司法独立和司法公正的要求，考虑到传媒导向和社会的承受能力。笔者确信，随着新闻法制化机制的建立和不断完善，传媒监督与司法

① 许艺杰，《传媒与司法关系的现状与重构》，厦门大学硕士学位论文，2002年5月。

会在公平正义的目标上和谐交汇。

第五节 互联网+涉外经济下争议解决方式的新趋势

中国连续五年位居全球范围内境内和跨境互联网交易量的首位。特别是近三年来，包括股权众筹融资、P2P 网络借贷、互联网支付的互联网金融交易，中国也成为世界首位。伴随巨大交易量的是纠纷的迅速增长，但面对互联网纠纷案件，尤其是互联网金融纠纷案件，似乎司法诉讼的纠纷解决手段，难以应对。本节试图以第 72 届联合国大会表决通过的联合国贸法会《关于网上争议解决的技术指引》为视角，探讨《关于网上争议解决的技术指引》所倡导的纠纷解决方式、程序规则等制度安排、设计，以期成为包括互联网金融纠纷在内的商事纠纷解决的新路径。

一、中国互联网 + 金融争议下的现有解决方式

互联网金融是近几年中国认可和鼓励发展的行业，一方面，互联网金融为中小微企业发展起到了融资作用。另一方面，尽管央行等金融监管机构进行监管，但现实是，"互联网 + 金融"由于中国经济的持续下行、高负债、高杠杆、产能过剩、经济结构调整、资本市场异常波动以及民间金融活动的泛滥和缺乏监管等诸多因素的影响，金融资本市场的违约纠纷事件明显增加，到 2015 年，中国民间金融风险事件频发，呈现井喷之势，抛开法院系统的数据不说，仅就中国国内几家主流商事仲裁机构的统计数据而言，金融投资争议案件在案件数量和争议总金额两个方面都呈现了非常明显的增加。而且，除案件数量增加外，金融争议案件的具体形态也出现了明显的多样性和复杂性变化趋势。

（一）纠纷类型

央行联合十部委发文（《关于促进互联网金融健康发展的指导意见》）明确了互联网金融的信息中介性质后，从案件统计看，互联网金融投资争议已经愈加成为中国主要仲裁机构的主要案件组成部分，具体的纠纷体现在：

合同纠纷。互联网金融企业在发展中，会与外界签署各类合同。作为提供一般服务的平台，会与会员签署注册协议（点击合同）；作为提供中介服务的平台，会与投资人、融资人签署中介服务合同；作为提供增值服务的平台，会与相关方

签署支付服务、担保服务、风控服务等合同。这些合同，履行中都可能出现争议，从而产生纠纷。

侵权纠纷。互联网金融平台提供或连接金融产品和服务，相对于消费者来说，仍属于占有信息优势的一方，加之监管滞后，一些企业经常会发生侵害消费者权益或泄露客户个人信息的现象，引发侵权纠纷。在 P2P、互联网理财、互联网基金销售等领域，竞争非常激烈，这诱使一些平台采取与法律规定不符的竞争策略，这也引发不正当竞争侵权纠纷。另外，互联网金融处于初始开发期，模仿之风盛行，如互联网理财中的各种"宝宝"产品，名称和形象都存在同质化，这导致知识产权侵权纠纷。

合规纠纷。这是互联网金融领域较为特别的纠纷类型，原因在于监管法律、法规与政策的不完备。在部分互联网金融领域，平台摸索前行，监管部门不断优化、强化其监管手段。这导致平台必须不断调整步伐，保持与监管沟通，并对监管提出的意见予以积极回应。另外，平台基于推广需要所进行的一些夸大言辞、虚假承诺行为，容易触犯广告法，引发行政处罚。更有甚者，有的平台沦为非法集资等违法犯罪的工具。

（二）现有解决方式：法院诉讼与仲裁机构仲裁

互联网金融争议纠纷，虽然是仲裁机构案件的主要增长案件来源，但大多解决方式，还是通过诉讼方式进行。解决网贷平台撮合的借贷交易发生违约，鉴于网贷的运作特点和目前的诉讼体制，投资人通过司法手段救济仍然困难重重。同时，新的监管要求《关于促进互联网金融健康发展的指导意见》也带来了新的问题

（1）从争议主体来看，根据新的监管要求，网贷平台只能作为信息中介，不得提供投融资担保，因此，平台自身并没有起诉借款人的主体资格，借款关系是发生在投资人与借款人之间的。

（2）网贷平台存在投资人分散的问题，往往一个项目的投资人遍布全国各地，且单个投资人投资的额度可能很小。这种情况下，让分散在各地的投资人到同一地法院起诉的难度大，特别是投资人可能投资的仅仅是很少钱的情况下。

（3）对于裁判机构来讲，每个借款案件涉及几十、上百个投资人，也会给裁判机构带来工作量的激增。

（4）由于一切交易都发生在互联网的虚拟空间，从签署合同到放款都没有实物证据，因此，投资人的取证也很困难，甚至借款合同都难以获取到。这无疑又增加了投资人的诉讼成本。

（三）《关于促进互联网金融健康发展的指导意见》倡议的互联网金融多元化纠纷解决机制

在网贷平台无法参与案件，无法代投资人或基于受让投资人的债权向借款人起诉的情况下，投资人以自身名义通过司法途径维护自身权益也是困难重重。为应对蓬勃发展的涉及中介平台参与的民间金融纠纷，2015 年 7 月，人民银行等十部门联合出台的《关于促进互联网金融健康发展的指导意见》，倡导建立互联网金融多元化纠纷解决机制：

在线解决（Online Dispute Resolution，ODR）是信息通信技术与替代性纠纷争议解决机制（Alternative Dispute Resolution，ADR）相结合的产物，最为符合互联网金融的业务特点，包括在线协商，平台在线调停、在线仲裁，乃至在线诉讼等。在线解决是以网络为纠纷解决的基本工具，其纠纷解决原理仍依赖于其他机制。

现场接待是传统的纠纷解决办法，其最大的好处是让一直仅限于网络交流与交易的参与方，终于能面对面坐下来。这种类线上到线下（O2O）式的沟通，能增强金融消费者对平台的信任，加大互联网金融业务给消费者的体验，使得纠纷主体能够理解对方，从而有利于纠纷解决。

监管受理投诉可能是纠纷解决最直接的一种方式。在业务资质、营销推广、消费者权益保护等相关纠纷中，向监管部门投诉，恐怕是目前最为有效的解决方式之一。监管部门及时依法秉公处理，可大大提升消费者信心，化解互联网金融矛盾。

第三方调解一直是民事争议解决的一大途径，但究其效果而言，恐怕不会太明显，原因在于目前环境下缺少有公信力的第三方，缺乏受调解约束的救济习惯。互联网金融监管强调行业自治，未来是否会出现中立的第三方（行业协会或行业协会下属专门工作委员会）推动互联网金融纠纷的调解解决，值得期待。

诉讼和仲裁。这二者是传统纠纷解决方式。互联网金融纠纷多样，导致其纠纷解决路径也可以是多样的，尽管《关于促进互联网金融健康发展的指导意见》中，倡导上述包括在线解决在内的多元化纠纷解决方式，但面对蓬勃发展的涉及中介平台参与的民间金融纠纷，仅有一两个管理办法是不够的，同时现有的管理办法中也缺乏规则设计，解决机构特别是仲裁机构有必要了解、设计一整套有针对性的法律程序制度，而第 72 届联合国大会上表决通过的联合国贸法会《关于网上争议解决的技术指引》，无疑可以为"互联网＋仲裁"提供有益的示范文本。

二、联合国国际贸法会《关于网上争议解决的技术指引》的启示

（一）《关于网上争议解决的技术指引》产生的背景

伴随网上跨境交易迅猛增加，国际社会需要建立针对此类交易所产生的争议的解决机制。因此，联合贸法会的第 43 届会议（2010 年 6 月 21 日至 7 月 9 日，纽约）商定，应当设立一个工作组，在与跨境电子商务交易有关的网上争议解决领域开展工作。讨论其中一种机制是网上争议解决（网上解决），网上解决包括多种办法和形式（包括但不限于监察员、投诉局、谈判、调解、调停、协助下调解、仲裁及其他），以及采用既含网上部分又含非网上部分的混合程序的可能性。同时，不论是在发达国家还是发展中国家，网上解决都为订立跨境商业交易的买卖双方寻求解决争议提供了重要机会。联合贸法会委员会第 44 届会议（2011 年 6 月 27 日至 7 月 8 日，维也纳）确认，这项工作应当包括企业对企业和企业对消费者交易，并且应当考虑到消费者保护问题。委员会第 45 届会议（2012 年 6 月 25 日至 7 月 6 日，纽约）一致认为工作组应当审议规则草案如何响应发展中国家和面临冲突后局势国家的需要。委员会还请工作组继续探讨确保网上争议解决的结果得到有效执行的一系列方式，包括仲裁以及可能的仲裁替代办法。委员会第 48 届会议（2015 年 6 月 29 日至 7 月 16 日，维也纳）工作组拟订了一部无约束力的说明性文件，在其中反映工作组早先已达成共识的网上争议解决程序的各项要素，在工作组第 32 届和第 33 届会议（2015 年 11 月 30 日至 12 月 2 日，维也纳；2016 年 2 月 29 日至 3 月 2 日，纽约）上，根据委员会的指示，工作组继续审议标题为"关于网上争议解决的技术指引"的案文草案，并完成了对案文的审议工作。

2016 年 3 月中国成功推动联合国国际贸易法委员会（以下简称联合国贸法会）第三工作组形成了以中国方案为基础的关于跨境电子商务网上争议解决的法律文件：《关于网上争议解决的技术指引》（以下简称《技术指引》）。联合国贸法会第 49 届会议，于 2016 年 7 月初审议《技术指引》审议通过，提交本届联合国大会认可后生效。

（二）《关于网上争议解决的技术指引》目的、性质

（1）《技术指引》目的是促进网上解决办法的发展，网上解决可协助当事人以简单、快捷、灵活和安全的方式解决争议，而无须亲自出席会议或听讯，并协助网上解决管理人、网上解决平台、中立人以及网上解决程序各方当事人。《技术指引》反映了对网上解决系统采取的方针，这些方针体现了公正、独立、高效、

实效、正当程序、公平、问责和透明原则。《技术指引》着眼于使用电子通信订立的跨境低价值销售或服务合同所产生的争议。《技术指引》并不倡导以任何网上解决做法作为最佳做法。

（2）从《技术指引》的性质上看，《技术指引》不具约束性。《技术指引》是一项说明性文件，既不着眼于具有穷尽性或排他性，也不适合用作任何网上解决程序的规则。《技术指引》并不提出对当事人或者对管理网上解决程序或使之能够进行的任何人和（或）任何实体具有约束力的任何法律要求，也不意味着对当事人可能选用的任何网上解决规则作任何修改。

（三）《关于网上争议解决的技术指引》基本内容

1.《关于网上争议解决的技术指引》的基本原则

公平原则为首要原则，其次是透明度原则，透明度原则主要体现在披露、公布、查询等。依照《关于网上争议解决的技术指引》可取的做法是，披露网上解决管理人与特定卖方之间的任何关系，以使服务使用人了解潜在的利益冲突。如《关于网上争议解决的技术指引》第11条规定：网上解决管理人应本着所适用的保密原则，公布关于网上解决过程结果的匿名数据或统计数字，以使当事人能够评价其全面记录。第12条规定：所有相关信息均应以用户相宜、便于查询方式放在网上解决管理人的网站上。独立性原则也是《关于网上争议解决的技术指引》中强调的，独立性可取的做法是，网上解决管理人对其中立人采用职业道德守则，以便就利益冲突以及其他行为守则向中立人提供指导。如第12条规定：网上解决管理人不妨采用针对利益冲突调查和处理的内部政策。再次，专长原则，即网上解决管理人似应实行关于中立人选择和培训的全面政策。其中第16条的规定就是此原则体现，内部监督/质量保证程序可有助于网上解决管理人确保中立人遵守其为自己确定的标准。《关于网上争议解决的技术指引》最后落脚在同意原则，也主张网上解决过程应当以取得各方当事人的明确、知情同意为基础。

2. 网上解决过程的范围

合同性质的争议是《关于网上争议解决的技术指引》所指的网上争议解决范围，指跨境、低价值电子商务交易所产生销售合同和服务合同的争议。争议主体：企业对企业交易，企业对消费者、交易者之间。

3. 网上解决程序

首先，程序主体，申请人、被申请人。《关于网上争议解决的技术指引》所使用的"申请人"是提起网上解决程序的当事人，"被申请人"是被发给申请人通知的当事人，这与传统的、非网上、非诉讼争议解决办法的用语一致。

其次，特别的中立人。中立人是协助当事人调解争议或解决争议的个人。《关于网上争议解决的技术指引》第26条规定，为提高效率和降低成本，可取的做法是，网上解决管理人仅在按照适用的网上解决规则需要为争议解决程序提供中立人时指定中立人。在需要为争议解决程序提供中立人的网上解决程序的时间节点，可取的做法是，网上解决管理人"迅速"指定中立人（即一般在程序的协助下调解阶段启动之时）。一经指定，可取的做法是，网上解决管理人迅速将中立人的姓名以及与该中立人有关的其他任何相关信息或身份识别信息通知当事人。同时强调了中立人的专业性，如第27条规定，可取的做法是，中立人拥有使其能够处理有关争议的相关专业经验和争议解决技巧。然而，在遵守任何专业条例的前提下，网上解决中立人不一定必须是有资格律师。同时，《关于网上争议解决的技术指引》还对中立人的指定和职责作出示范规则，如第28条。同时《技术指引》也强调了程序简化的指定和质疑。如第50条规则提出：虽然为网上解决程序指定中立人的程序须适用非网上环境下此种程序所适用的同样的正当程序标准，可取的做法是，使用简化的指定和质疑程序，以顾及对于网上解决以简单、省时且有成本效益的办法替代传统的争议解决办法的需要。

再次，网络管理人和网上解决平台。《技术指引》为了允许使用技术手段，从而能够进行争议调解程序，网上解决过程要求必须有一套以确保数据安全的方式生成、发送、接收、存储、交换或以其他手段处理通信的系统。这种系统在此处称作"网上解决平台"。

网上解决管理人是一个实体，它可以独立于网上解决平台，也可以是平台的组成部分，网上解决平台应当是加以管理和协调的，当然，网上解决管理人作为一个实体、盈利性法人，还是公益性法人团体，《技术指引》没有规定，笔者的理解，应当是《技术指引》希望各国根据本国国情，在法律适用上灵活掌握，或由各国在国内法另行规定。

最后，纠纷程序进行过程中可能发生的通信、电子地址、投邮主义。《技术指引》建议争议双方都应当有一个指定的"电子地址"，"电子地址"一词依照贸易法委员会其他法规中已有的界定，"以借助电子手段、电磁手段、光学手段或类似手段生成、发送、接收或存储信息的方式进行的任何通信（包括陈述、声明、要求、通知、答复、提交书、通知书或请求）"。同时，为提高效率，《技术指引》认为，可取的做法是，网上解决管理人迅速确认任何通信已为网上解决平台收到；通知当事人网上解决平台收到的任何通信可供检索；以及将程序不同阶段的启动和终结事宜随时告知当事人。对通信等的生效问题，《技术指引》采取了投邮主义，《技术指引》规定，为避免时间损失，可取的做法是，管理人通知一当事人可在平台上检索某一通信之时，视为该当事人收到该通信的时间；程序截止时间将自管理人发出该通知之时起算。同时，可取的做法是，网上解决管理人应有权延长最后期限，以便酌情留出一定灵活余地。

4. 启动网上解决程序

《技术指引》规定，申请人将通知发送给网上解决管理人后，网上解决管理人通知各方当事人可在网上解决平台检索该通知之时，可视为网上解决程序启动的时间。即申请人向网上解决管理人发送一份载有内容的通知——网上解决管理人程序启动的时间——被申请人向网上解决管理人发送其答复，意味着启动网上解决程序。《技术指引》赋予网上解决的程序主体商定网上解决程序启动的时间及为解决争议提出的任何办法，同时《技术指引》为被申请人程序主体提出"合理时间"的答复规则，如《技术指引》规定，被申请人在被通知可在网上解决平台检索申请人通知的合理时限内向网上解决管理人发送其答复，并且该答复包括下述内容：申请人和受权在网上解决程序中代表申请人行事的申请人代表（如果有的话）的名称和电子地址；申请人所了解的被申请人以及被申请人代表（如果有的话）的名称和电子地址；提出申请的依据；为解决争议提出的任何办法；申请人首选的程序语文；以及申请人和（或）申请人代表的签名和（或）其他身份识别和认证方法。

5. 争议解决方式

网上争议解决方式分三个阶段，第一阶段为谈判。《技术指引》第38条规定，第一阶段可以是当事人之间经由网上解决平台进行谈判。谈判的程序（第一阶段）的启动时间，可以是在被申请人的答复发至网上解决平台之后，并且：该答复的通知已发给申请人，或者不作答复的，通知发给被申请人后的一段合理时间内。《技术指引》认为可取的做法是，谈判未在合理时限内达成和解的，网上解决程序进入下一阶段，即第二阶段，协助下和解。依据《技术指引》规则，在这一阶段指定一位中立人，由其与各方当事人沟通，设法达成和解。同时，《技术指引》也规定，如果经由平台的谈判由于任何原因（包括未参加或者未在某一合理时限内达成和解）未果，或者争议一方或双方请求直接进入程序下一阶段，这一阶段即可启动，指第二阶段。《技术指引》认为未能在合理时限内实现协助下和解的，程序可以进入最后阶段。《技术指引》认为，中立人协助下和解未成功的，可取的做法是，网上解决管理人或中立人向当事人告知最后阶段的性质以及这一阶段可能采取的形式。

6.《关于网上争议解决的技术指引》的语文

《技术指引》指出，网上解决所利用的技术工具能够为程序使用的语文提供极大灵活性。即使网上解决协议或网上解决规则指明了程序使用的语文，可取的做法是，程序的一方当事人仍然能够在申请人通知或答复中表示其希望以另一种语文进行程序，以便于网上解决管理人能够确定可供当事人选择的其他语文。

三、结语

通过对联合国贸法会《关于网上争议解决的技术指引》规则的论述，给我们的启示与预见是：互联网金融的业务特点决定了仲裁以及"互联网＋仲裁"是互联网金融合同纠纷解决的最佳途径，最适合解决互联网金融纠纷的机制是在线仲裁，也称为网络仲裁。网络仲裁与互联网金融合同纠纷解决之间，事实上是天然匹配的。究其原因，第一，因为互联网金融平台涉及的合同均为电子化合同，只要通过一定的技术（如电子商务认证授权机构（CA）认证、时间戳等），即相当于文件原件，能直接在互联网上快速、便捷传送。第二，网络仲裁对于仲裁申请人与被申请人的地域性要求不高，这正好解决了互联网金融参与人分布广泛的问题。第三，网络仲裁机构的高效、接受创新、批量处理集团诉讼等特点，正好也符合互联网金融业务发展的需要。第四，网络仲裁也是仲裁，遵守不公开审理的原则，这种保密性也符合互联网金融平台不愿声张，不希望引起连锁反应、挤兑等的要求。联合国贸法会《关于网上争议解决的技术指引》的规则，可以为仲裁机构制定网络仲裁规则，搭建网络平台，接收与传送电子化仲裁文书，完成在线上举行开庭、质证、答辩等仲裁活动提供有益的借鉴，可以作为网上争议解决规则的示范文本。当然，网络仲裁要成为广为接受的解决互联网合同纠纷的解决机制，还有一段路要走。首先是平台搭建、平台技术支持问题，是仲裁机构自己建还是委托独立第三方建设并维护？其次，平台建设成本如何消化？再次，平台功能设计方面，能不能满足用户体验，保证程序上的公平？最后，需要对平台参与方，进行仲裁习惯的培育及对于网络仲裁的方式需要进一步宣传，包括它的可信度宣传、优势宣传。

第六节 《中华人民共和国商事调解法》立法之建议

调解制度在我国由来已久，早在《周礼·调人》中就有了关于周朝专门负责调解纠纷的"调人"一职的记载，其职责就是"掌司万民之难而谐和之"。调解理念在中国有着悠久、深厚的历史文化渊源，孔子、老子以及其他古代先贤都对调解有过精辟的阐述，"和为贵"思想不仅具有深远的历史意义，也具有重要的现实意义。

一、《中华人民共和国商事调解法》立法必要性

（一）我国"一带一路"倡议和中国资本的走出去，呼唤中国需要建立现代的商事调解制度，亟待进行现代商事立法

我国的调解制度在西方素有"东方经验"的美誉，发展至今，调解制度在我国可谓种类繁多，如诉讼调解、仲裁调解、行政调解、人民调解、行业调解等。然而由于我国对调解制度并未作统一规定，各种调解制度"各自为政"，因而也导致调解制度在各个领域的发展良莠不齐，"一带一路"倡议和中国资本的走出去需要商事调解，但是商事调解制度是我国调解制度的一个薄弱环节，亟待立法完善。

（二）现代社会，无论国内国外，商事调解已成为纠纷多元化解决的重要方式，但我国立法上的缺位使得该种化解矛盾、纠纷的方式无法有效使用

如今的中国，自 1987 年中国贸促会北京调解中心正式成立以来，现代商事调解制度已经广泛应用于当事人在贸易、投资、金融、证券、知识产权、技术转让、房地产、工程承包、运输、保险等方面的争议的解决，其发展前景相当广阔。同时，在过去的 20 年中，多元化纠纷解决机制受到世界法律界的普遍重视。其中，调解作为替代性纠纷解决机制（Alternative Dispute Resolution，简称 ADR）的重要一环，其影响力已经渗透到民事，特别是商事纠纷解决的各个方面。现在的调解已经从主要依靠法院力量向依靠民间力量转变。调解的主持人已经变得越来越多元化和非官方化。早在 2007 年，Herbert Smith 公司对全球 21 家大公司调查显示，对调解的满意度高于仲裁，商事调解已经是解决纠纷的主要方式。

（三）中国已有的有关调解的专门法《人民调解法》的调解规定无法满足现代调解制度的建立，现有人民调解法应当和商业调解法分别立法很有必要

我国与商事调解有关的法律中有关于调解的规定，也是各自零散进行立法规定，但这些规定既无法适应现实多元化解决纠纷的需求，又不符合国际上流行的现代调解制度规则，因此，很有必要对商事调解单独立法。

商事调解通过市场化运作，向当事人收取费用，为当事人提供调解服务。《中华人民共和国人民调解法》（简称《人民调解法》）第一条规定"人民调解委员会调解民间纠纷，不收取任何费用"。人民调解解决纠纷的类型在一定程度上仍局限于传统婚姻家庭纠纷等。部分群众仍存在人民调解是"和稀泥"，"只能解决家庭邻里之间芝麻绿豆小事、婆婆妈妈的琐事"等看法，对一些较复杂的纠纷，仍然多选择通过诉讼方式解决。商事调解克服了中国现实中人民调解受案范围的局限性，允许当事人寻找纠纷领域的专家协调矛盾，充分发挥专家在纠纷当中的优势地位，利用已有知识发挥自身在社会中的功能。基于人民调解对专业性商事纠纷的解决力度的有限性，专门的商事调解机构能够解决在法院调解和人民调解中存在的问题，是解决商事争议的有效方法，所以现有人民调解法应当和商业调解法分别立法为宜。

（四）我国商事有关调解的立法模式和内容有缺陷：商事调解机构众多，规定不一，职权不明，不存在商事调解的专门规定，有必要进行商事调解的专门立法，实现我国推进的多元化化解矛盾的方式

（1）纵观我国商事调解立法的规定，从立法形式看，我国尚未出现专门的商事调解立法，有关商事调解的规定散见于各类法律规定当中，1982年颁布的《民事诉讼法》有"调解"专门规定，后来修改后的1991年《民事诉讼法》也有专门一章即第八章"调解"共七条规定民事诉讼中的调解问题，同时，2007年《仲裁法》也有规定，此外主要在《证券法》，如《证券法》第一百七十六条规定："证券业协会履行下列职责：对会员之间、会员与客户之间发生的证券业务纠纷进行调解。"证券业协会属于非营利性社会团体法人，是证券业自律组织，因此，证券业协会的调解是一种典型的行业协会调解，类似的还有《商标法》《专利法》《合同法》《物权法》《企业法》《知识产权法》等领域均有所规定，就某一专门领域商事纠纷进行调解。这类调解未明确规定调解纠纷的主体，只是规定了纠纷涉及的专门领域。

同时，《中国国际贸易促进委员会/中国国际商会调解中心调解规则》《青

岛国际商事调解中心调解规则》《惠州商事调解中心调解规则》民间调解机构的调解规则对商事调解的规定虽较为具体，但不经当事人选择又不具有法律效力。

（2）关于商事调解基本问题的界定。现有立法未对"商事调解"进行界定，目前只能从调解涉及的领域判断其是否属于商事调解。商事调解未作为一个专门独立的调解方式以立法形式出现，与诉讼调解、仲裁调解尚未分离，我国关于商事调解概念的界定亟待明确。

同时，对于商事调解的适用范围，法律也未作明确规定。关于商事调解机构，我国立法并未确立专门的商事调解机构，目前法律中规定可以进行商事纠纷调解的机构包括法院，仲裁机构，行业协会（如《证券法》中的证券业协会），行政机关（如《商标法》《专利法》中的管理机构），以及民间成立的商事调解机构，包括商会、调解中心等。商事调解机构众多，规定不一，职权不明，也与商事调解概念界定不明密切相关。

二、《中华人民共和国商事调解法》立法可行性

我国已参加《新加坡调解公约》，该公约将于 2020 年 9 月生效，使得我国商事调解法立法具有可行性。

（一）商事调解的国际化特征，使得国际有益经验可供商事立法借鉴，从而立法具有可行性

从法律环境上看，以英格兰和威尔士为例，自《1998 年民事诉讼规则》通过以来，ADR 特别是调解，已经超越"替代诉讼"的功能，而成为民事纠纷解决的主流方法。英国在 2003 年建立了民事调解委员会（Civil Mediation Council，CMC），此委员会为旨在促进民事、商事调解发展的中立、独立机构，商事调解的形式可为友好调解，也可以机构为中介，可供借鉴。

《联合国国际贸易法委员会国际商事调解示范法》可以为我国商事调解立法提供可用的参考。2002 年 6 月 22 日，联合国国际贸易法委员会以协商一致的方式通过了《国际商事调解示范法》，该示范法对国际商事调解的适用范围、商事调解的程序问题以及调解的后续问题进行了详细规定。尽管示范法相较于国际公约不具有强制的约束力，但是《国际商事调解示范法》的出现表明在商事调解领域有通过立法进行规制的必要，同时，也有在国际范围内进行法律协调和统一的可能性。该示范法指导着各国国内调解立法以及各调解机构制定调解规则的方向。

（二）中国贸处会、中国部分地方仲裁机构、行业组织等为《中华人民共和国商事调解法》制定提供有益的尝试

《中国国际贸易促进委员会/中国国际商会调解中心调解规则》、北京仲裁委员会，制定了新的调解规则等都借鉴联合国国际贸易法委员会国际商事调解示范法、调解规则，更加接近国际商事调解中一些通行的做法。

（三）国家大力推进的多元化纠纷方式得到社会广泛认可也会使立法具有可行性，会得到社会各界支持

三、《中华人民共和国商事调解法》主要内容

（一）适用范围、定义、基本原则

（1）本法应适用于在中国境内进行的商事调解。

（2）基本原则：独立原则、自愿原则、有偿原则、保密原则、专业性原则（调解组织的专业性、调解员的专业性）。

（二）机构调解、非机构调解

（1）机构调解，本法应当确立机构调解为主，有关机构如何设置的规定。

（2）非机构调解，同时也应当配合"一带一路"，考虑是否设立特别调解ADHOC（即无机构仅由调解员的临时调解）。

（3）联合调解。

（三）调解员

（1）调解员组成选择、数量、要求等。

（2）国内调解、国际调解的不同。

（四）披露制度

（1）调解员的披露制度。

（2）调解员的披露程序。

（五）调解程序

（1）调解前置强制程序的设立规定，例如，香港建筑业中的商事争议进行强制调解的经验——诉讼费令规则，就可以借鉴到内地的仲裁立法或各调解中心的调解规则中来，从而为增强调解协议的可执行性提供更强有力的支持。

（2）一般原则：程序的提出、推进、结束等设计。

（六）调解协议及法律确认

（七）调解协议的执行

（1）仲裁确认：确认的时间、主体等规定。

（2）司法确认：确认的时间、主体等规定。

（八）调裁调诉衔接制度

调解不成情况下的制度设计：

（1）调解与仲裁衔接制度。

（2）调解与诉讼衔接制度。

（3）调解中有关的开示的证据问题的制度。

（注：以上内容的立法建议只是提起立法立项的预设计内容，细节需要进一步论证。）

四、《中华人民共和国商事调解法》与相关法的关系

《中华人民共和国商事调解法》与《人民调解法》应当是并行的关系，二者的冲突就是在有偿性原则有冲突，但本法对调解多了界定应当不会产生法律适用中的问题。

其他的就是如何与《民事诉讼法》和《仲裁法》衔接，因为《仲裁法》存在要修订的现实，所以，如果《中华人民共和国商事调解法》制定的过程与《仲裁法》修订衔接，可以解决调节的法律效力确认。如果在《中华人民共和国商事调解法》中的调解的法律效力通过司法确认，可以协调最高人民法院通过司法解释民诉法解决。适应"一带一路"发展，出现我国资本接受的东道国当事人选择中国调解的话，可能存在非机构临时调解或称特别调解，非机构调解的管理涉及税法。

参 考 文 献

[1] 杨国华.WTO上诉机构的产生与运作研究[J].现代法学，2018（2）：147-156.

[2] 孔庆江.一个解决WTO上诉机构僵局的设想[J].清华法学，2019（4）：197-207.

[3] 周书佳.WTO上诉机构改革困境研究[J].南方论坛，2019（10）：16-20.

[4] 王笑笑.论WTO争端解决机制上诉机构的完善[J].法制博览，2019（11）：58，60.

[5] 张乃根.上诉机构的条约解释判理或先例之辨——兼论WTO争端解决机制改革[J].国际经济评论，2019（2）：44-56，5.

[6] 柳平三，杨树青."一带一路"倡议下泉州跨境电商发展的现状与策略研究[J].商业经济，2020（1）：65-66，83.

[7] 余存知.出口跨境电商店铺运营问题与对策研究[J].商讯，2020（1）：187.

[8] 秦夏.跨境电商扩大进口有利于外贸调结构[N].中国贸易报，2020-01-21（1）.

[9] 任茗婕.跨境电商蓬勃发展对国际贸易法有何影响[J].法制与社会，2019（2）：70-71.

[10] 谢丽彬.第三方跨境电商平台满意度评价模型构建研究——基于卖方视角[J].辽宁工业大学学报（社会科学版），2020（1）：55-58.

[11] 罗睿.电子商务背景下国际贸易面临的机遇与挑战[J].中国商论，2020（3）：114-115.

[12] 于迪.国际贸易中跨境电商的产业升级[J].中国商论，2020（3）：124-125.

[13] 梅寒.跨境电商发展及其对我国国际贸易"降本促效"效应研究[J].商业经济研究，2020（1）：116-119.

[14] 卢琦.跨境电商运营现状分析[J].中国商论，2019（21）：92-93.

[15] 凌慧明.WTO金融服务贸易法律框架与中国金融法制的完善[J].当代法学，

2003（4）：96-100.

[16] 高祖贵，姚琨.国际移民问题概况、影响及管理[J].国际资料信息，2007（8）：22-25.

[17] 兰细贤.论跨境电商发展对当前国际贸易法统一的影响[J].法制与经济，2019（4）：91-92.

[18] 联合国国际贸易委员会第四十九届会议秘书处.议案《跨境电子商务交易网上争议解决（关于网上争议解决的技术指引）》[EB/OL].纽约：联合国，2016.

[19] 翁里.国际移民法理论与实践[M].徐公社，译.北京：法律出版社，2001.

[20] 但丁.论世界帝国[M].朱虹，译.北京：商务印书馆，1985.

[21] 李步云.走向法治[M].长沙：湖南人民出版社，1998.

[22] 徐显明.国际人权法[M].北京：法律出版社，2004.

[23] 张志洲.关于人权的思考[J].当代世界与社会主义，2001（3）：50-53.

[24] 邓小平.邓小平文选：第三卷[M].北京：人民出版社，1993.

[25] 程伟.坚持以科学发展观统领社会主义人权建设[J].怀化学院学报，2007，26（2）：4-6.

[26] 石广生，等.世界贸易组织乌拉圭回合多边贸易谈判结果法律文本[M].北京：法律出版社，2002.

[27] 彭江平.商业银行风险管理的理论与系统[M].成都：西南财经大学出版社，2001.

[28] 张海涛.金融背后的风险[M].北京：石油工业出版社.1999.

[29] 郭雳.美国证券私募发行法律问题研究[M].北京：北京大学出版社，2004.

[30] 杨亮.内幕交易论[M].北京：北京大学出版社，2001.

[31] 杰克逊.世界贸易体制[M].张乃根，译.上海：复旦大学出版社，2002.

[32] 赵维田.世贸组织的法律制定[M].长春：吉林人民出版社，2000.

[33] 孟龙.保险监管国际规则述要[M].北京：中国金融出版社，2003.

[34] 孟昭亿.中国保险监管制度研究[M].北京：中国财政经济出版社，2002.

[35] 杰克逊，西蒙斯.金融监管[M].吴志攀，等译.北京：中国政法大学出版社，2003.

[36] 韩汉君，王振富，丁忠明.金融监管[M].上海：上海财经大学出版社，2003.

[37] 陈建华.金融监管有效性研究[M].北京：中国金融出版社，2002.

[38]　岳彩申.跨国银行法律制度研究[M].北京：北京大学出版社，2002.

[39]　白钦先.金融监管的国际协调与合作[M].北京：中国金融出版社，2003.

[40]　周英.金融监管论[M].北京：中国金融出版社，2002.

[41]　汪叔夜，黄金老.当前在华外资银行的业务发展竞争战略分析（一）[J].国际金融研究，2005（2）：42-49.

[42]　冰凯.外资银行：挺进中国以后[J].现代商业银行，2004（6）：16-19.

[43]　何文虎，赵巍德.加强对外资银行监管的思考[J].河南金融管理干部学院学报，2004（5）：41-42.

[44]　王小能.中国票据法律制度研究[M].北京：北京大学出版社，2001.

[45]　于永芹.票据法前沿问题研究[M].北京：北京大学出版社，2003.

[46]　陈自强.无因债权契约论[M].北京：中国政法大学出版社，2002.

[47]　梅慎实.现代公司治理结构规范运作论[M].北京：中国法制出版社，2002.

[48]　沈四宝.西方国家公司法概论[M].北京：北京大学出版社，1988.

[49]　杨良宜，杨大明.国际商务游戏规则：英美证据法[M].北京：法律出版社，2002.

[50]　卡塞斯.国际法[M].蔡从燕，等译.北京：法律出版社，2009.

[51]　陈琪.航次租船合同仲裁条款并入提单引发的若干问题探讨[J].中国航海，2003（1）：11-15.

[52]　吴宏才.试论新时期加强党的依法执政能力建设[J].中共贵州省委党校学报，2008（1）：40-42.

[53]　潘平.以民生为本增强执政能力[N].重庆日报，2008-04-01.

[54]　张珍.我国跨境电商面临的挑战及对策分析[J].现代营销（经营版），2020（2）：100.

[55]　袁晓宇，刘诗雨，屈伟.新医改背景下农民工尘肺病纳入医疗保障制度的思考[J].现代预防医学，2015（7）：1233-1235.

[56]　杨立新.工伤事故的责任认定和法律适用（上）[J].法律适用，2003（10）：8-12.

[57]　张新宝.中国侵权行为法[M].2版.北京：中国社会科学出版社，1998.

[58]　王泽鉴.民法学说与判例研究[M].北京：中国政法大学出版社，1998.

[59]　张新宝.工伤保险赔偿请求权与普通人身损害赔偿请求权的关系[J].中国法学，2007（2）：52-66.

[60] 黄鑫.工伤保险给付与侵权损害赔偿的冲突与契合[J].法治论丛，2009（1）：135-139.

[61] 喻承跃.工伤赔偿与民事侵权赔偿的关系——从司法审判的角度审视[J].黑龙江省政法管理干部学院学报，2008（4）：90-93.

[62] 刘雪莲，宗学军.关于我国工伤救济请求权竞合的立法检讨与完善[J].山东省经济管理干部学院学报，2008（2）：79-81.

[63] 黄丽娥.浅谈第三人侵权引致工伤赔偿的立法完善[J].中国劳动，2005（10）：23-25.

[64] 恩格斯，马克思.马克思恩格斯全集（第23卷）[M].中共中央马克思恩格斯列宁斯大林著作编译局，译.北京：人民出版社，1972.

[65] 亨金.权利的时代[M].信春鹰，吴玉章，李林，译.北京：知识出版社，1997.

[66] 弗莱纳.人权是什么[M].谢鹏程，译.北京：中国社会科学出版社，2000.

[67] 康洁.马克思主义哲学视野中的科学发展观[J].宁波大学学报，2007（1）：90-93，98.

[68] 刘斌.论传媒与司法公正[J].社会科学论坛，2005（6）：23-42，161.

[69] 尚尔鹏.从无序走向有序——论传媒与司法关系的构建[J].理论界，2005（9）：167-168.

[70] International Organization for Migration（IOM）.Irregular Migration and Smuggling of Migrants from Armenia[R].Yerevan：IOM，Jan，2002.

后　记

　　在《涉外经济法新问题研究》一书中，笔者对新型冠状病毒肺炎疫情影响涉外经济的现象进行了梳理，也对相关国际经济法理论进行了论述，写作中，既有对新问题的思考，又有对新问题涉及理论问题的回顾，也有对现有问题未来的应对展望。《涉外经济法新问题的研究》中的"新问题"是指在经济发展过程中，特别是当下席卷全球的新型冠状病毒肺炎疫情的情况下，在国际经济几乎停滞的非常时期，中国涉外经济面临的法律风险。本书旨在分析中国在经济复苏中如何合理进出口；经济利益与人权保护如何平衡；未来中国如何进行国际法律合作，发展中国涉外经济；中国如何进行"一带一路"倡议的推进等。

　　本书是笔者对于涉外经济法新问题研究成果的一个阶段性总结，也是对研究方向、方法和视角的一次新尝试。因此，笔者在此真诚地希望能够得到读者的批评和指正，以促进今后的研究工作。在此，再次衷心感谢读者及燕山大学出版社的关怀和支持。

2020 年 2 月 25 日